"대입 면접 논술 대비"

The 똑똑한

청소년 시사 상식

생각하는 리더로 이끄는
청소년 종합 필독서!

시대에듀

Always **with you**

사람의 인연은 길에서 우연하게 만나거나 함께 살아가는 것만을 의미하지는 않습니다.
책을 펴내는 출판사와 그 책을 읽는 독자의 만남도 소중한 인연입니다.
시대에듀는 항상 독자의 마음을 헤아리기 위해 노력하고 있습니다. 늘 독자와 함께하겠습니다.

시대에듀

머리말

여러분은 각자의 꿈을 가지고 열심히 매일의 일과를 해나가고 계신가요? 아침에 집을 나와 대부분의 시간을 학교에서 보낸 후 학원으로 가서 부족한 공부를 보충하고, 다시 집으로 돌아와 그날그날의 숙제를 하거나 복습을 하고…. 이렇듯 청소년 여러분은 거의 똑같은 일상을 보내고 있을 것입니다.

하지만 하루의 일상이 비슷하다고 해서 각자의 생각도 같을까요? 아니오, 그렇지 않습니다. 모두가 같은 생각을 한다면 어른이 되어서도 모두가 같은 일을 하고, 개성 없이 똑같은 모습으로 살고 있을 테니까요. 아마도 여러분 모두가 저마다 꿈꾸는 것이 있고, 그것을 통해 이 세상을 변화시키는 멋진 사람이 되고 싶으실 것입니다.

미국의 유명한 토크쇼 진행자인 오프라 윈프리는 "What we dwell on is who we become"이라는 말을 하였습니다. **"우리가 무슨 생각을 하느냐가 우리가 어떤 사람이 되는지를 결정한다"**라는 의미인데요. 우리가 가고자 하는 그 길에 들어서는 첫 걸음이자 지금 할 수 있는 일이 있다면 그것은 바로 '자신만의 생각을 하는 것'입니다.

하지만 바쁜 일과에 치여 자신의 생각조차 정리하기 쉽지 않은 청소년 여러분의 현실을 잘 알기에 저희 시대에듀에서는 전 범위의 상식을 조금이나마 빠르고 쉽게 공부하여 자신의 생각을 정리하고 세워나갈 수 있도록 〈The 똑똑한 청소년 시사상식〉을 준비했습니다.

분야별로 꼭 알아야 하는 시사상식을 키워드에 따라 이해하기 쉽게 설명했고, 키워드와 관련된 내용을 폭넓게 알 수 있도록 보충설명을 더하여 구성하였습니다. 또한 사회 트렌드를 살펴볼 수 있는 최신시사상식과 이에 맞춘 대학별 논술 구술 기출문제도 함께 담았습니다.

각 분야에서 리더가 되고자 하는 청소년 여러분에게 '더' 많은 도움이 되고자 '더' 많이 담은 〈The 똑똑한 청소년 시사상식〉이 여러분의 꿈을 이루는 데 길잡이가 될 것을 확신하며, 이 책을 추천합니다.

---

❶ 생각을 키우는 폭넓은 시사상식으로 수능, 면접, 논술, 학교시험, 수행평가, 토론을 한 번에 마스터할 수 있다!

❷ 최신시사상식으로 사회 트렌드를 파악하고, 이에 맞춘 대학별 면접·논술시험에 출제된 상식 키워드로 대학입시까지 성공할 수 있다!

❸ 일상에서 모르는 시사용어가 생겼을 경우 '찾아보기' 색인을 통해 손쉽게 찾고 공부할 수 있다!

시사상식연구소 씀

구성과 특징

01 국제·정치

❶ 9·19남북군사합의

남북이 일체의 군사적 ...지하기로 한 합의

...이 군사적 긴장과 충돌의 근원이 되는 상대방
2018년 9월 남북정...리나라도 이에 군사적으로 맞대응하면서 합의
...에 대한 일체의...평가가 나왔습니다. 결국 2023년 11월 북한의 군사
정찰위...해 정부가 합의 일부조항의 효력을 정지하고, 이에 북
한이 사실상 합의 파기를 선언하면서 긴장감이 고조됐습니다. 2024년 6월에는 정
부가 북한의 대남 오물풍선 살포에 대응해 모든 합의 조항의 효력을 정지하고 6년
만에 대북 확성기 방송을 재개하기도 했습니다.

브릭스(BRICS)
브라질·러시아·인도·중국·남아공의 신흥경제 5국을 하나의 경제권으로 묶은 용어

브라질(Brazil), 러시아(Russia), 인도(India), 중국(China), 남아공(South
Africa) 등 5국의 영문머리 글자를 딴 것입니다. 90년대 말부터 빠른 성장을 보
인 신흥경제국으로 매년 정상회의를 개최하고 있습니다. 2011년에 남아공이 공
... 오피아를 ...기존 'BRICs'에서 'BRICS'로 의미가 확대됐습니다. 또...
...이란, 아랍에미리트(UAE), 아르헨티나, 이집트,...
...면서, 정식회원국은 11개국으로 늘어났습니다.

❷ Q 대학별 면접·논술

국제적 신흥시장에 대... | 상명대학교 |

---

01 핫! 이슈 시사상식

최근 이슈가 된 키워드를 선별하여
청소년의 시각에 맞춰 이해하기
쉽게 설명하였습니다.

02 대학별 면접·논술 기출문제

최신 이슈 키워드에 맞춘 대학별
면접·논술 기출문제를 제공함으
로써 생각의 깊이를 더하고 실전
실력도 키울 수 있도록 하였습니다.

---

01 정치·국제·법률

❸ 간접민주정치...
...어 간접적으로 정치에 참여하는 것

국민이 선거를 통해 ...접 정치에 참여하는 직접민주
...가하고 국가의 범위가 커짐에
고대 아테네에서 ...현실적으로 불가능하게 되었습
...리제도를 ...국민들은 투표를 통해 자신의 의
...대표자를 선출하고, 이들을 통해 정치에
간접적으로 참여하는 제도인 간접민주정치를 발달시키게 되
었습니다. 이러한 간접민주정치의 형태로는 의원내각제와 대
통령제가 있습니다.

❹ **MORE**
...에 의존하는 정부 형태를 의미합니다.

의원내각제
...및 행정권을 행사하는 정부 형태를...
정부의 성립과 존속...

대통령제
의회로부터 독...

국민·영토·주권
국가가 존립하기 위해서는 국민(사람)과 영토, 주권(정부)이
라는 3가지 요소가 있어야 합니다. 그중 주권은 국가의 의사
를 결정할 수 있는 권력을 말합니다.

---

03 분야별 핵심 키워드

방대한 분량의 상식에서 핵심만을
콕 집어 빠른 시간 안에 필요한 내
용만을 공부할 수 있게 하였습니다.

04 더 알아보기

'MORE'를 통해 키워드와 관련된
상식까지 더 많이 알고 폭넓게 공
부할 수 있도록 구성하였습니다.

⑤ **쉬어가기**

부학 강의

호사들의 겨울 이

오늘날 카페로 사용되고 있는 암스테르담 의학조합 와이하흐 길드 건물

17세기 네덜란드 레이던 대학의 해부학 극장

야코프 피에터르스의 〈세바스티안 에그베르츠 박사의 해부학 강의(1603)〉

2024학년도 대학별 구술면접 기출문제

⑥ ◆ **상경계열**　　가천대학교

Q 고등학교 때 경영 활동 중 기억에 남는 것은 무엇인가?

[답변예시] 3학년 의 심리를 분석하는 활동을 했다. 경영은 사람을 대하는 것 이다 대한 이해를 높이는 것이 중요하다는 것을 알았다. 합리적 소 적 소비, 베블런 효과 등 소비자 심리와 관련된 개념을 탐구하고 는 활동을 했다. 더 나아가 심리지표인 MBTI를 활용한 소비자 유형 테 스트를 만들어서 반 친구들에게 호응을 얻을 수 있었다.

[추가질문] 베블런 효과가 무엇인가?

Q 1학년 때 기업분석활동을 했는데, 어떤 기업을 분석했는가?

[답변예시] 중고거래 플랫폼을 운영하는 기업에 대해 분석했다. 해당 기업은 믿음을 활용 해 동네주민끼리의 중고거래라는 영역의 친근함을 극대화하는 데 성공했다.

Q 마케팅 믹스에 대해 설명해보시오.

Q 가격탄력성에 대해 설명해보시오.

Q 재무제표를 분석하는 활동을 했는데, 재무제표의 종류에는 무엇이 있나?

[추가질문] 재무상태표의 구성요소 세 가지는 무엇인가?

◆ **미디어계열**

Q 공익광고기획자를 꿈꾸고 있는데, 많은 광고 분야 중 왜 공익광고인가?

[답변예시] 사회의 올바른 발전에 이바지할 수 있는 일을 하고 싶다. 특히나 인접국의 역 사왜곡을 홍보할 수 있는 공익광고를 제작하고 싶다. 물론 공익광고로 이익 을 기대하기는 어렵지만, 모든 사람이 이익을 추구하여 상업광고에만 뛰어들 수는 없다. 누군가는 이 같은 일을 해야 한다고 생각한다.

---

06 2024학년도 기출문제 총정리

실제 대학입시 구술면접 시험에 출제되었던 기출문제를 담아 대학 별 시험유형을 파악하고 실전감각 도 키울 수 있도록 하였습니다.

이 책의 목차

PART 1

트렌드를 파악하는
최신시사상식

틈틈이 보고, 생각은 더 크게!

01 국제·정치

9·19남북군사합의

남북이 일체의 군사적 적대행위를 전면중지하기로 한 합의

2018년 9월 남북정상회담에서 남북이 군사적 긴장과 충돌의 근원이 되는 상대방에 대한 일체의 적대행위를 전면중지하기로 한 합의입니다. 그러나 윤석열정부 들어 북한이 도발수위를 높이고, 우리나라도 이에 군사적으로 맞대응하면서 합의가 사실상 무용지물이 되었다는 평가가 나왔습니다. 결국 2023년 11월 북한의 군사정찰위성 3차 발사에 대응해 정부가 합의 일부조항의 효력을 정지하고, 이에 북한이 사실상 합의 파기를 선언하면서 긴장감이 고조됐습니다. 2024년 6월에는 정부가 북한의 대남 오물풍선 살포에 대응해 모든 합의 조항의 효력을 정지하고 6년 만에 대북 확성기 방송을 재개하기도 했습니다.

브릭스(BRICS)

브라질·러시아·인도·중국·남아공의 신흥경제 5국을 하나의 경제권으로 묶은 용어

브라질(Brazil), 러시아(Russia), 인도(India), 중국(China), 남아공(South Africa) 등 5국의 영문머리 글자를 딴 것입니다. 90년대 말부터 빠른 성장을 보인 신흥경제국으로 매년 정상회의를 개최하고 있습니다. 2011년에 남아공이 공식회원국으로 가입하면서, 기존 'BRICs'에서 'BRICS'로 의미가 확대됐습니다. 또 2023년에는 사우디아라비아와 이란, 아랍에미리트(UAE), 아르헨티나, 이집트, 에티오피아를 새 회원국으로 품으면서, 정식회원국은 11개국으로 늘어났습니다.

 대학별 면접·논술 기출문제

> 국제적 신흥시장에 대해 알고 있는 것이 있는가? |상명대학교|

중동 갈등

2023년 이스라엘–팔레스타인 전쟁으로 촉발된 중동정세 악화

2023년 10월 이스라엘과 팔레스타인의 무장정파 하마스 간에 벌어진 전쟁으로 다시금 중동 갈등이 격화됐습니다. 전쟁 초기에는 하마스에 대한 국제여론이 좋지 않았습니다. 그러나 이스라엘군이 하마스 종말을 선언하고 가자지구 내 숨겨진 공격시설을 파괴하겠다며 민간시설에까지 공습을 하면서 팔레스타인 민간인이 큰 피해를 입었습니다. 가자지구는 국경 사방으로 이스라엘의 억압과 재제를 받고 있어, 식량·의료품 부족에 시달리고 전기와 식수도 이용할 수 없어 피해가 극심했는데, 이 때문에 점차 이스라엘 정부에 국제적 비판이 쇄도했습니다.

이스라엘은 또 다른 앙숙인 이란과도 공격과 보복을 주고받았습니다. 이란은 레바논의 친이란 민병대인 '헤즈볼라'를 지원하며 이스라엘과 대리전을 치러왔는데, 이에 이스라엘이 시리아의 이란 영사관을 타격해 이란 혁명수비대 지휘관 등이 사망하자 이란은 이스라엘 본토를 직접 공격했습니다. 헤즈볼라도 이스라엘의 공격으로 지휘관을 잃었다고 주장하며 보복을 예고했습니다.

이러한 확전 양상 때문에 중동정세가 더욱 악화되리라는 불안감이 커지기도 했습니다. 이스라엘의 우방국인 미국이 직접 휴전안을 내놓고 국제사회도 휴전을 끊임없이 촉구하고 있음에도, 벤야민 네타냐후 이스라엘 총리가 강경한 입장을 고수하고 있어 2024년 6월 기준 가자지구를 둘러싼 전쟁은 끝나지 않고 있습니다.

 대학별 면접·논술 기출문제

현재 발생하고 있는 아랍 지역의 갈등에 대해 알고 있는 것이 있는가? | 한국외국어대학교 |

팔레스타인과 이스라엘의 갈등을 어떻게 해결하면 좋겠는가? | 서울시립대학교 |

핑크타이드(Pink Tide)

중남미에 좌파정권이 연이어 들어선 것을 비유적으로 이르는 말

1999년 베네수엘라에 우고 차베스가 집권한 후 볼리바르식 사회주의와 아르헨티나 페론식 포퓰리즘이 결합하며 세계 최대 석유매장량에 힘입은 오일머니를 바탕으로 '좌파벨트'를 구축했습니다. 이후 약 15년간 남미 12개국 중 10개국에 좌파정권이 연이어 들어선 것을 핑크타이드라고 합니다. 2013년 차베스 사망 이후 석유 등 원자재 값이 하락하고 극우가 세계적으로 득세하며 퇴조했으나, 2018년 이후 중남미 경제 상위 6개국 중 브라질과 멕시코, 아르헨티나, 페루, 칠레, 콜롬비아 정권이 줄줄이 우파에서 좌파로 교체되면서 핑크타이드가 현실화됐습니다.

징벌적 판다외교

중국이 대여형식으로 다른 국가에 보낸 판다가 속속 반환되면서 나온 신조어

중국이 전 세계 곳곳에 대여형식으로 보낸 판다가 중국으로 속속 반환되면서 미국에서 새롭게 등장한 개념입니다. 중국은 장제스 총통이 집권했던 1941년부터 외교적으로 중요하다고 판단되는 국가에 국보급 동물인 판다를 증정하는 '판다외교'를 시행해왔습니다. 그러나 미국정부가 중국을 '전략적 경쟁자'로 지목해 고강도 견제에 나서면서 미국을 비롯한 서방과의 관계가 악화하자 판다의 소유권을 가진 중국은 '임대종료'를 이유로 판다를 다시 자국으로 데려가고 있습니다.

 대학별 면접·논술 기출문제

중국의 외교 노선에 대해 알고 있는 것이 있는가? | 충북대학교 |

디리스킹(Derisking)

중국에 대한 의존도를 낮춰 위험을 줄이겠다는 서방의 전략

'위험제거'를 뜻하는 영단어로 원래는 금융기관이 위험을 관리하기 위해 광범위하게 거래를 중단하는 것을 뜻하는 말이었습니다. 그러나 최근 미국·유럽을 비롯한 서방국가가 중국으로부터의 '탈동조화'하는 것을 뜻하는 '디커플링(Decoupling)'을 대신하는 개념으로 사용되기 시작했습니다. 중국과 경제적 협력관계를 유지하면서도 중국에 대한 과도한 외교적·경제적 의존도를 낮춰 위험을 관리하겠다는 의도입니다. 미중 무역전쟁으로 세계 각국이 경제적 손실을 입고, 신냉전 위기가 발생한다는 지적이 제기되자 미국 바이든 행정부는 공급망 재편 등으로 중국을 압박했던 '디커플링'에서 상대적으로 강도가 약한 '디리스킹'으로 전환하고 있습니다.

 대학별 면접·논술 기출문제

디커플링에 대해 설명해보시오. | 가톨릭대학교 |

강제동원해법

일제 강제징용 피해자에 대한 배상을 국내재단이 대신 하는 것을 골자로 하는 해법

2018년 대법원으로부터 배상 확정판결을 받은 일제 강제동원 피해자들에게 국내의 재단이 대신 판결금을 지급한다는 내용의 해법으로 정부가 2023년 3월 발표했습니다. 그러나 일본 피고기업의 배상 참여가 없는 해법이어서 '반쪽'이라는 비판이 이어졌고 피해자들도 강하게 반발했습니다. 정부는 강제동원 피해자의 고령화와 한일·한미일 간 전략적 공조강화의 필요성을 명분으로 내세우며 '대승적 결단'을 했다는 입장입니다.

출입국 · 이민관리청 ·

정부의 이민정책 컨트롤 타워

정부 · 여당이 '제4차 외국인 정책 기본계획'에 포함해 신설을 추진하고 있는 이민 정책 컨트롤 타워입니다. 정부는 2023년 12월 인구위기에 대응하고 범정부 차원의 효율적인 이민정책 추진을 위해 이를 전담할 기관을 신설하겠다고 밝혔습니다. 이민청 신설을 찬성하는 측에서는 저출산 · 고령화로 인한 인력난을 해소해야 한다며, 국내 이민자들을 위한 지원정책을 효율적으로 펼 수 있는 기구가 필요하다고 주장합니다. 반면에 이민청 설립으로 국내에 외국인 유입이 늘어날 경우, 불법체류 · 범죄율 · 복지비 등 사회비용이 늘어나고 국내 저소득계층의 일자리 경쟁도 더욱 치열해질 것이라 우려하는 목소리도 있습니다. 한편 이민청 신설이 추진되면서 지방소멸을 겪고 있거나 외국인 주민수가 많은 지방자치단체들은 이민청 유치전을 벌이고 있습니다.

 대학별 면접 · 논술 기출문제

외국인 노동자를 위해 우리나라는 어떤 정책을 시행하고 있나? | 숙명여자대학교 |

법률안 재의요구권

대통령이 국회가 의결한 법률안을 거부할 수 있는 권리

대통령의 고유권한으로 '법률안 거부권'이라고도 불립니다. 대통령이 국회에서 의결한 법률안을 거부할 수 있는 권리입니다. 법률안에 대해 국회와 정부 간 대립이 있을 때 정부가 대응할 수 있는 강력한 수단입니다. 대통령은 15일 내에 법률안에 이의서를 붙여 국회로 돌려보내야 하고, 국회로 돌아온 법률안은 재의결해서 재적의원 과반수 출석과 3분의 2 이상이 찬성해야 확정됩니다. 대통령은 거부권을 법률안이 아닌 예산안에는 행사할 수 없습니다.

 대학별 면접 · 논술 기출문제

우리나라의 대통령제를 보완하기 위해서는 어떤 방법이 필요한가? | 인하대학교 |

채상병 특검법

순직 해병 수사 방해 및 사건 은폐 등의 진상규명을 위한 특별검사의 임명 등에 관한 법률안

2023년 7월 경남 수해지역에서 실종자 수색 중 급류에 휘말려 순직한 해병(채상병)을 둘러싼 의혹과 사건진상을 밝히기 위한 특별검사 임명 법안입니다. 법안을 발의한 더불어민주당 등 야권 측은 사건을 수사하던 해병대 수사단을 국방부 등이 조직적으로 방해하고 수사에 개입했다고 보고 있습니다. 또한 사건 책임의 중심에 선 해병대 1사단장의 혐의를 지우기 위해 수사단을 압박했고, 더 나아가서는 이러한 수사개입에 대통령실도 관여했다는 의혹을 제기했습니다. 그러면서 엄정하고 독립적인 수사를 위해 특검 도입이 필요하다고 주장했습니다.

야권이 발의한 특검법은 윤석열 대통령이 거부권을 행사해 결국 21대 국회 마지막 본회의에서 부결돼 폐기됐고, 22대 국회에서 재발의가 추진됐습니다. 순직사건의 책임이 누구에게 있는지는 경찰에서 수사를 진행했고, 외압 의혹 수사는 고위공직자범죄수사처(공수처)가 맡았습니다. 그런데 정부·여당은 지난 정권에서 공수처를 만든 민주당이 공수처 수사를 믿지 못한다는 것은 어불성설이며 수사결과를 일단 지켜봐야 한다는 입장입니다. 반면 민주당은 공수처 수사가 미진하니 진상규명을 신속히 해내기 위해서는 특검이 필요하다고 주장했습니다.

 대학별 면접·논술 기출문제

우리나라의 최근 정치적 이슈에 대해 말해보시오. |동국대학교|

인플레이션 감축법(IRA ; Inflation Reduction Act)

미국의 전기차 세제혜택 등의 내용을 담은 기후변화대응 법률

2022년 미국에서 통과된 기후변화대응과 대기업 증세 등을 담은 법률입니다. 온실가스 감축을 위한 전기차 보급을 확대하기 위해 세액공제를 해주는 내용이 핵심입니다. 북미산 전기차 가운데 북미에서 제조·조립된 배터리 부품의 비율과 북미나 미국과 자유무역협정을 체결한 국가에서 채굴된 핵심광물의 사용비율에 따라 차등해 세액을 공제해줍니다. 그러나 이 법률 때문에 많은 나라들이 불이익을 받게 됐고, 한국산 전기차도 보조금 혜택을 받지 못하게 되면서 국내 자동차업계에 비상이 걸렸습니다. 유럽 등 각국의 반발이 이어지자 미국은 IRA에 대한 세부규정을 내놓아 규정을 완화했습니다.

 대학별 면접·논술 기출문제

국제법과 국내법이 충돌할 때 무엇을 더 우선시해야 하는가? | 서울시립대학교 |

인플레이션 감축법에 대해 설명해보시오. | 건국대학교 |

반도체 칩과 과학법(CHIPS and Science Act)

미국이 자국의 반도체산업 육성을 위해 제정한 법률

미국이 중국과의 반도체산업·기술 패권에서 승리하기 위한 법률입니다. 이 법률에 따라 미국 내 반도체공장 등 관련시설을 건립하는 데 보조금과 세액공제를 지원합니다. 그런데 지원에 대한 세부기준이 외국기업에게 매우 불리해 논란이 됐습니다. 보조금 심사기준이 까다로운데다, 일정 이상 지원금을 받은 기업은 현금흐름과 수익이 미국의 전망치를 초과하면 초과이익을 미국정부와 공유해야 합니다. 또 향후 10년간 중국을 비롯한 우려대상국에 첨단기술 투자를 해서는 안 된다는 '가드레일 조항'도 내세워 논란이 일었습니다.

 대학별 면접·논술 기출문제

최근 반도체시장 이슈에 대해 알고 있는 것이 있는가? | 인하대학교 |

02 경제·경영

긱 이코노미(Gig Economy)

IT 플랫폼을 통해 노동력이 수시로 거래되는 노동 트렌드

IT 플랫폼을 통해 그때그때 필요한 노동력을 수시로 가용하는 형태의 고용·노동 방식을 말합니다. 1920년대 미국 재즈 공연장에서 연주자를 즉흥적으로 섭외하던 방식인 '긱(Gig)'에서 유래했습니다. 노동자의 입장에서는 원하는 때에 일할 수 있기 때문에 시간을 효율적으로 활용할 수 있다는 장점이 있지만, 4대보험, 최저 임금과 같은 사회제도 및 고용안정성을 제대로 보장받기 어려운 문제가 발생합니다. 대표적인 긱 이코노미 플랫폼으로는 공유차량 서비스를 제공하는 미국의 '우버(Uber)'와 영국의 음식 배달 앱 '딜리버루(Deliveroo)' 등이 있습니다.

> **Q 대학별 면접·논술 기출문제**
>
> 스마트폰으로 인해 사라진 것이 있는가? 스마트폰은 어떠한 가치를 창출하였는가? | 한림대학교 |
> 공유경제의 장점과 단점을 사례를 들어 말해보시오. | 서울여자대학교 |

뉴 노멀(New Normal)

시대 변화에 따라 새롭게 부상하는 기준이나 표준

뉴 노멀은 2008년 글로벌 경제위기 이후 등장한 새로운 세계 경제질서를 의미합니다. 주로 새로운 경제·사회질서를 모색하는 시점에 등장하는데 2008년 위기 이후에는 저성장, 높은 실업률, 규제 강화, 미국 경제역할 축소 등이 뉴 노멀로 지목됐습니다. 최근에는 사회 전반적으로 새로운 기준이나 표준이 보편화되는 현상을 이르기도 하며, 코로나19 팬데믹으로 인해 비대면·온택트·인공지능 등이 새로운 뉴 노멀로 떠올랐습니다.

해외직구 규제 논란

정부가 해외 직접구매 규제를 발표해 불거진 논란

2024년 5월 정부가 우리나라 소비자의 해외 직접구매를 금지하겠다고 발표해 불거진 논란입니다. 정부는 최근 '테무', '알리익스프레스' 등 중국 이커머스가 국내에서 돌풍을 일으키면서 국내 유통업체들이 타격을 입고 있고, 무엇보다 안전성이 검증되지 않은 위해제품이 유통돼 국민에게 피해를 입히고 있다며 적절한 조치가 필요하다고 주장했습니다. 그러면서 어린이제품과 전기·생활용품 등 '국내안전인증(KC인증)'을 받지 않은 80가지 제품의 해외직구를 금지하겠다고 발표했습니다.

이에 '국민의 선택권을 침해하는 지나친 통제'라는 여론이 들끓자, 정부는 80가지 위해제품을 사전적으로 전면금지하는 것이 아닌 조사를 거쳐 위해성이 확인된 제품만 차단하는 것이라고 해명했습니다. 그러나 국민의 소비생활과 유통현장에 큰 영향을 끼치는 정책을 졸속으로 추진했다는 비판이 일었고, KC인증 업무를 민간 영리기관으로까지 허용한다는 방침이 드러나면서 'KC인증 영리화 논란'도 발생했습니다. 아울러 국민이 해외직구를 이용하는 것은 결국 저렴한 가격 때문인데, 우선 국내의 기형적인 유통구조를 개선하는 근본적 대책부터 세워야 한다는 지적이 나왔습니다.

 대학별 면접·논술 기출문제

무역이나 경제에 관련하여 최근 이슈는 무엇이 있는가? | 숭실대학교 |

연금개혁

저출산·고령화의 영향으로 향후 고갈되는 국민연금에 대한 개혁논의입니다. 국민연금 개혁을 천명한 윤석열정부는 국민연금 재정이 향후 출산율 등 상황에 따라 어떻게 변할 것인지 예측하는 재정추계 결과를 발표했습니다. 그러나 재정추계를 통해 정부는 보험요율 인상이 필요하다는 결론만 내린 채, 정작 가장 중요한 '얼마나 내고(보험요율) 얼마나 받을 것인지(소득대체율)'에 대한 결정은 국회로 넘겼습니다. 얼마나 내고 얼마나 받을 것인지 결정하는 것을 '모수(母數)개혁'이라고 합니다.

국회 연금개혁특별위원회는 모수개혁을 위해 공론화위원회를 열어 시민들의 다양한 목소리를 들었습니다. 그 결과 '보험료율 13%(기존 9%), 소득대체율 50%(기존 42.5%)'로 상향 조정하는 것으로 의견이 모아졌는데, 연금의 재정안정을 위해 소득대체율을 43%까지만 올릴 수 있다는 국민의힘과 노후소득 보장을 위해 소득대체율이 45%는 돼야 한다는 더불어민주당의 입장이 맞섰습니다. 결국 민주당 측에서 44%로 절충하자는 국민의힘 의견을 받아들이겠다고 했지만, 국민의힘에서는 차기 22대 국회에서 전반적인 구조개혁을 함께 논의하자고 해 21대 국회에서의 모수개혁은 실패로 돌아갔습니다. 개혁주체인 정부가 뚜렷한 개혁방향 없이 국회에 이를 떠넘겼고, 또한 국회에서 모수개혁 방안이 나왔음에도 정부·여당이 이를 받아들이지 않은 것이 실패의 원인이라는 비판의 목소리가 나왔습니다.

 대학별 면접·논술 기출문제

우리나라 국민연금 정책의 문제점을 해결할 수 있는 방안은 무엇인가? | 가천대학교 |

라인야후 사태

온라인메신저 라인의 경영권 분쟁 사태

국내 IT기업 네이버가 개발한 온라인메신저 '라인'의 경영권 분쟁 사태입니다. 일본 메신저 시장을 장악하고 있는 라인은 라인야후라는 기업이 운영하고 있습니다. 그런데 2023년 11월 네이버 클라우드가 사이버공격을 받으면서 라인야후가 보유한 라인 이용자의 개인정보가 유출되는 사태가 발생했습니다. 이에 일본정부는 라인야후에 라인을 지배하는 자본관계를 재검토하라는 행정지도를 내렸습니다.

라인야후의 대주주는 A홀딩스라는 중간지주회사이고, A홀딩스는 네이버와 일본기업 소프트뱅크가 절반씩 지분을 나눠 갖고 있습니다. 그런데 일본정부의 행정지도로 소프트뱅크가 네이버의 지분을 인수하는 절차가 진행되고 있습니다. 이렇게되면 네이버는 라인의 경영권을 사실상 잃게 되고, 일본과 아시아 등에서 확보한 2억명가량의 이용자도 손을 떠나게 됩니다. 다만, 네이버는 매각을 통해 얻은 자본으로 AI나 로봇 등 다른 첨단산업에 투자할 동력을 얻을 수 있습니다.

일본정부가 네이버에게 라인 지분 매각을 압박하는 것은 자국의 온라인메신저 시장을 한국기업이 장악하고 있다는 데 껄끄러움을 느끼기 때문이라는 시각이 있습니다. 아울러 자국민의 개인정보 관리를 한국기업에 맡길 수 없다는 '데이터 주권의식'도 작용했다는 분석이 나왔습니다.

 대학별 면접 · 논술 기출문제

현재 관심이 있는 국제이슈는 무엇인가? | 경희대학교 |

돌봄경제

돌봄서비스 관련 산업과 일자리를 창출하는 경제활동

노인과 장애인, 아동 등 돌봄이 필요한 계층에게 돌봄서비스를 제공하고 관련 산업의 일자리를 창출하는 경제활동을 말합니다. 출산에 가장 큰 걸림돌 중 하나인 아이 돌봄 문제를 해결하고, 고령화로 노인 1인 가구가 늘어나는 현실에서 주거·의료·요양 등 서비스를 받을 수 있도록 이에 걸맞은 환경을 구축하는 것입니다. 돌봄경제는 출산·육아로 인한 여성의 경력단절을 방지하기 위해 남성의 육아휴직을 확대하고 법제화하는 등의 노력을 통해 기업 생산성을 외려 높이는 방식으로도 실현될 수 있습니다. 포용적 사회보장과 혁신성장을 동시에 겨냥하는 방법으로 김난도 서울대 교수의 〈트렌드코리아 2024〉에 소개된 바 있습니다.

 대학별 면접·논술 기출문제

학창시절에 봉사활동을 많이 했는데, 봉사를 했던 아동복지·노인복지 분야 외에 관심 있는 분야가 있는가? | 서울신학대학교 |

저출산·고령화 문제가 기업에게 미칠 영향은 무엇인가? | 인천대학교 |

우주경제

항공우주산업에 민간기업의 참여를 독려해 경제활동을 촉진하는 것

국가 주도로 이뤄지던 항공우주산업이 민간으로 이전됨에 따라 기업의 참여를 독려해 경제활동을 촉진하는 것을 말합니다. 우주탐사와 활용, 발사체 및 위성의 개발·제작·발사·운용 등 항공우주기술과 관련한 모든 분야에서 가치를 창출하는 활동을 총칭합니다. 특히 '달'은 심우주탐사의 기반이자 우주경제의 핵심으로 여겨지고 있으며, 달에 매장된 것으로 추정되는 희토류 등 자원에 대한 연구가 진행될 경우 많은 경제적 효과를 낼 수 있을 것으로 기대하고 있습니다.

슈링크플레이션

기업이 제품의 가격은 유지하는 대신 수량·무게를 줄여 가격을 사실상 올리는 것

기업들이 자사 제품의 가격은 유지하고, 대신 수량과 무게·용량만 줄여 사실상 가격을 올리는 전략을 말합니다. 영국의 경제학자 '피파 맘그렌'이 제시한 용어로 '줄어들다'라는 뜻의 '슈링크(Shrink)'와 '지속적으로 물가가 상승하는 현상'을 나타내는 '인플레이션(Inflation)'의 합성어입니다. 한국소비자원의 조사에 따르면 2023년 우리나라 식품업계에서는 9개 품목, 37개 상품에서 슈링크플레이션이 확인됐습니다. 이에 정부는 제품 포장지에 용량이 변경된 사실을 의무적으로 표기하도록 하는 방안을 추진했습니다.

ESG

기업의 비재무적인 요소인 환경과 사회적 책무, 지배구조

ESG는 'Environmental', 'Social', 'Governance'의 앞 글자를 딴 용어로 기업의 비재무적인 요소인 환경과 사회적 책무, 지배구조를 뜻합니다. '지속가능한 경영 방식'이라고도 하는데, 기업을 운영하면서 사회에 미칠 영향을 먼저 생각하는 것을 말합니다. 사회적 책임감을 갖고 윤리적인 경영을 펼치는 것으로서, 지역사회와 공존하고 기후변화에 대처하며 지배구조의 윤리적 개선을 통해 지속적인 성과를 얻으려는 방식입니다.

 대학별 면접·논술 기출문제

진정한 윤리경영이란 무엇이라고 생각하는가? | 경희대학교 |

RE100(Renewable Energy 100%)

필요한 전력을 재생에너지로만 충당하겠다는 기업들의 자발적인 약속

2050년까지 필요한 전력의 100%를 태양광, 풍력 등 재생에너지로만 충당하겠다는 기업들의 자발적인 약속입니다. 2014년 영국의 비영리단체인 기후그룹과 탄소공개프로젝트가 처음 제시했습니다. RE100에 가입한 글로벌 기업은 2024년 6월 기준으로 총 432곳에 이릅니다. 우리나라의 경우 RE100의 세계적 확산에 따라 2020년 말부터 LG화학, SK하이닉스, SK텔레콤, 한화큐셀 등이 잇따라 참여를 선언했습니다.

 대학별 면접 · 논술 기출문제

기성에너지 발전방식의 경제적 · 환경적 문제는 무엇인가? | 서울대학교 |

국가적 차원에서 에너지 부족을 어떻게 해결해야 하는가? | 고려대학교 |

리쇼어링(Reshoring)

해외에 나간 기업의 생산기지를 자국으로 불러들이는 것

해외에 나가 있는 자국 기업들을 각종 세제 혜택과 규제 완화 등을 통해 자국으로 불러들이는 것을 말합니다. 싼 인건비나 큰 시장을 찾아 외국으로 생산 기지를 옮기는 '오프쇼어링(Off-shoring)'의 반대 개념입니다. 국내 투자와 일자리가 계속해서 줄어들거나 코로나19 팬데믹과 같은 강력한 돌발 변수로 인해 글로벌 공급망의 불확실성이 증가하는 등 경제 위기에 직면했을 때 각국 정부는 감세, 보조금 지급 등 다양한 유인책을 써서 해외에 나가 있는 자국 기업의 유턴을 이끌어내고자 노력합니다.

 대학별 면접 · 논술 기출문제

자유무역과 보호무역 중 어느 것을 더 선호하는가? | 명지대학교 |

대왕고래 프로젝트

포항 영일만 앞바다의 유정 탐사 · 시추 계획

정부와 한국석유공사가 추진하는 동해 심해 가스전 프로젝트입니다. 2024년 6월 3일 윤석열 대통령은 포항 영일만 앞바다에 대량의 가스와 석유가 매장됐을 가능성이 높다는 사실을 밝혀냈다며, 이와 관련된 시추 · 개발계획을 직접 발표했습니다. 심해평가 전문기업의 물리탐사 분석 결과 석유 · 가스 매장량이 최대 140억배럴로 추산된다며, 천연가스의 경우 우리나라가 25년여 간, 석유는 4년여 간 사용할 수 있는 양이라고 말했습니다. 이러한 깜짝 발표로 석유 · 가스를 전적으로 외국에 의존하던 데에서 벗어나 우리나라도 산유국 지위를 되찾을 수 있다는 기대감을 키웠습니다. 정부는 탐사 성공률을 20%로 발표하며, 이를 고려해 향후 5년 간 최소 5개의 시추공을 뚫어야 할 것으로 봤습니다. 시추공 하나당 1,000억원의 예산이 소요될 것으로 추산돼, 우선 예산을 확보하는 데 집중하게 됐습니다.

그러나 한편으론 아직 시추도 이뤄지지 않은 상황에서 너무 성급한 발표가 나왔다는 지적이 있었고, 물리탐사를 실시한 해외기업인 '액트지오'도 1인 기업 수준의 매우 협소한 규모로 알려져 그 신빙성에 의구심을 낳기도 했습니다. 더불어 김건희 여사 관련 의혹수사나 채상병 사망사고 같이 정작 당시 논란이 됐던 사안에 대해선 언급이 없던 대통령이, 갑작스레 브리핑에 등장해 이 같은 내용을 직접 발표한 것에 대해서도 비판이 있었습니다. 때문에 당시 20%를 웃돌던 낮은 대통령 지지율을 극복하기 위한 국면전환용 발표였다는 분석도 나왔습니다.

03 사회·법률

이태원참사특별법

10·29 이태원참사에 대한 진상규명과 피해자 권리보장 등을 위한 법률

2022년 서울 이태원 핼러윈축제에서 발생한 참사의 원인, 수습과정, 후속조치 등 전반에 대한 재조사를 위해 특별조사위원회를 구성하는 내용이 골자인 법률입니다. 앞서 야당이 2024년 1월 단독처리했던 특별법은 윤석열 대통령이 재의요구권을 행사하며 국회로 되돌아왔지만 폐기됐습니다. 같은 해 5월 여야 합의로 통과된 수정안은 기존특별법에 명시된 특별조사위원회의 불송치·수사중지 사건에 대한 직권조사 권한 및 특별조사위원회의 자료제출 요구에 불응한 자에 대한 압수수색 영장 청구의뢰 권한을 삭제했습니다.

 대학별 면접·논술 기출문제

이태원참사에 대한 정부의 책임에 대해 생각해본 적이 있는가? | 경상국립대학교 |

출생통보제

지자체가 부모 대신 아동의 출생신고를 하도록 한 제도

의료기관이 출생정보를 건강보험심사평가원을 통해 지자체에 통보하고, 지자체가 부모 대신 아동의 출생신고를 하도록 하는 제도입니다. 부모에게만 있던 출생신고 의무를 의료기관에도 부과함으로써 부모가 고의로 출생신고를 누락하는 등의 '유령아동'이 생기지 않도록 하기 위한 조치입니다. 2015년부터 2022년까지 출생신고가 안 된 아동 중 일부가 살해·유기됐다는 사실이 드러나면서 도입이 급물살을 탔습니다.

 대학별 면접·논술 기출문제

미혼모에 대한 사회적 시선이 좋지 않은데 어떻게 생각하는가? | 인하대학교 |

킬러문항

사교육을 통해 문제 풀이기술을 익히고 반복적으로 훈련한 학생에게 유리한 문항

수능에서 상위권 수험생들의 변별력을 확보하기 위해 출제기관이 의도적으로 시험에 포함하는 초고난도 문제입니다. 정답률이 전체 수험생의 10%가 되지 않는 문제나 공교육 과정을 벗어난 문제 등이 있습니다. 윤석열정부는 킬러문항이 학생들을 사교육으로 내모는 근본원인이라며, 2024년도 수능부터 공교육 과정에서 다루지 않는 내용은 시험에서 배제하기로 했습니다. 한편 정부의 이러한 방침이 수능을 몇 개월 앞두지 않은 시점에 갑작스레 발표돼 교육현장에 혼란을 일으켰습니다. 2023년 11월 16일 치러진 2024학년도 수능에서는 정부의 공언대로 킬러문항이 출제되지는 않은 것으로 평가됐으나, 변별력 확보를 위해 '불수능'을 택한 것으로 분석됐습니다.

 대학별 면접 · 논술 기출문제

정부의 사교육정책을 주제로 토론을 했는데 입장과 근거가 어떠했나? | 성신여자대학교 |

학령인구

정해진 교육과정을 이수할 수 있는 아동 · 청소년의 총인원 수

정해진 교육과정을 이수하거나 특정 교육기관에 다닐 수 있는 6~21세 아동 · 청소년의 총인원 수를 말합니다. 저출산 장기화로 국내 학령인구는 꾸준히 감소하고 있어, 어린이집과 유치원부터 초 · 중 · 고, 대학까지 학생정원을 채우지 못해 문을 닫는 사례가 늘고 있습니다. 2023년 4월 교육부가 중장기(2024~2027년) 교원수급계획을 통해 교원 신규채용을 줄이기로 발표한 원인 중 하나로 학령인구 감소가 꼽혔습니다.

 대학별 면접 · 논술 기출문제

저출산이 일으키는 문제와 해결방안은 무엇이라고 생각하는가? | 경기대학교 |

지방소멸

저출산 · 고령화와 수도권 과밀화로 지방의 인구가 소멸되는 현상

심각한 저출산과 맞물려 수도권에 인프라와 일자리를 찾아 인구가 몰리면서, 지방의 남은 인구는 점차 고령화되고 줄어들어 결국 지방 자체가 소멸되는 현상을 말합니다. 2023년 12월 기준 전국 228개 시 · 군 · 구 중 121곳이 인구소멸위험지역으로 분류된다는 통계결과가 나왔습니다. 지방인구소멸은 더욱 가속화되고 있고, 사람이 살지 않는 도시가 현실로 다가오고 있습니다. 감사원의 보고에 따르면, 현재와 같은 수도권 인구 편중과 고령화 · 저출산이 지속될 경우, 2047년에는 우리나라 모든 지역이 소멸위험지역이 된다고 합니다.

 대학별 면접 · 논술 기출문제

우리나라에서 가장 심각한 지역 문제가 무엇이라고 보는가? | 중앙대학교 |

지방에서 살려고 하는 사람이 적은데 왜 지방에 주택을 지어야 하는가? | 건국대학교 |

학생인권조례

학생의 존엄과 가치 및 자유와 권리를 보장하기 위해 제정된 조례

지방자치단체나 시 · 도 교육청의 조례로 2011년 전면적으로 도입됐습니다. 두발과 복장규제, 체벌, 일괄적 소지품 검사를 금지하고 성별과 종교, 성적지향을 이유로 학생을 차별할 수 없도록 했습니다. 2023년 7월 서이초 교사 사망 사건 이후 정부는 학생인권조례의 축소 및 폐지 움직임을 보였습니다. 교육부장관이 "학생인권이 지나치게 강조돼 교권은 땅에 떨어지고 교실현장은 붕괴되고 있다"며 "시 · 도 교육감들과 협의해 학생인권조례를 재정비하겠다"고 밝힌 바 있습니다.

 대학별 면접 · 논술 기출문제

학생인권과 교권이 충돌하는 사례를 들어보고 본인의 생각은 어떠한지 말해보라. | 충북대학교 |

빈일자리

기업의 적극적인 구인활동에도 인력을 구하지 못하는 경우 발생하는 일자리

빈일자리란 기업이 휴직이나 퇴사 등으로 발생한 결원 또는 사업확장으로 추가인력이 필요하여 적극적으로 구인활동을 함에도 불구하고 인력을 구하지 못해 발생하는 일자리를 뜻합니다. 즉, 현재 사람을 뽑고 있으며 한 달 이내에 바로 업무를 시작할 수 있는 일자리입니다. 매월 5만여 개 사업체를 대상으로 사업체의 노동력을 조사해 파악하는데, 조선업 · 뿌리산업 · 물류운송업 · 보건복지업 · 음식점업 · 농업 · 건설업 · 해운업 · 수산업 · 자원순환업 등이 지원업종으로 지정돼 있습니다.

 대학별 면접 · 논술 기출문제

대기업과 중소기업의 불균형적 성장이란 무엇인가? 또 그것이 왜 개선되어야 하는가?

| 숙명여자대학교 |

이상동기범죄

일반적이지 않은 범행동기로 벌이는 범죄

범행동기가 뚜렷하게 드러나지 않거나 일반적이지 않은 동기를 가지고 벌이는 범죄를 지칭하는 용어입니다. 흔히 '묻지마 범죄'라는 말로 표현돼왔으나 전문가들은 이러한 명칭이 범죄원인 파악과 예방대책 마련을 어렵게 한다고 지적했습니다. 이에 2022년 1월 경찰이 '이상동기범죄'라는 공식용어를 발표하고 관련범죄분석 및 통계수집, 대응책 마련 등에 나서면서 사용되기 시작했습니다. 이상동기범죄 피의자들은 대부분 개인적 실패의 원인을 사회나 불특정 다수에게 전가해 자신의 범죄를 합리화하는 것으로 알려졌습니다.

 대학별 면접 · 논술 기출문제

최근 노인을 상대로 증가하는 묻지마 범죄를 해결할 수 있는 방법을 제시해보라. | 총신대학교 |

묻지마 범죄의 원인을 바탕으로 국가와 사회가 대처해야 할 일을 말해보라. | 한세대학교 |

가석방 없는 종신형

무기형 선고 대상자 중 더 엄한 처벌을 위해 가석방되지 못하도록 하는 것

법무부가 법원이 판결할 때 가석방이 허용되는 무기형과 허용되지 않는 무기형을 구분해 선고하도록 형법 개정을 추진했습니다. 법무부는 "흉악범죄로 평생 고통받아야 하는 피해자와 유족들을 위로하고 선량한 국민을 보호하기 위해 꼭 필요한 제도"라고 설명했습니다. 현행법에서는 무기징역을 선고받더라도 복역 후 20년이 지나면 가석방 대상이 되는데, 개정안에서는 더 엄하게 처벌해야 할 이들에게 가석방 불가 조건을 붙였습니다. 한편 일각에서는 "헌법상 인간의 기본권을 훼손하고, 교도행정에 부담을 주며 범죄예방효과도 미미하다"고 우려를 표했습니다.

 대학별 면접 · 논술 기출문제

범죄자의 인권과 피해자의 인권을 똑같이 다뤄야 한다고 생각하는가? | 한국외국어대학교 |

구하라법

부양의무를 저버린 부모의 상속권을 박탈하는 법률 개정안

부양의무를 이행하지 않았거나 학대 등의 범죄를 저지른 부모의 상속권을 박탈할 수 있도록 하는 민법 개정안입니다. 2019년 사망한 가수 고(故) 구하라씨의 오빠가 '어린 구씨를 버리고 가출한 친모가 구씨 상속재산의 절반을 받아 가려 한다'고 입법을 청원하면서 '구하라법'으로 불립니다. 이 개정안은 지난 20대 국회에서 발의됐지만 정쟁에 밀려 임기만료로 폐기됐고, 21대 국회에서 재발의됐습니다. 그러다 2024년 4월 '학대 등 패륜행위를 한 가족에게도 의무적으로 일정 유산을 상속하도록 한 현행 민법이 헌법에 어긋난다'는 헌법재판소 판단이 나오면서 구하라법도 제정될 가능성이 높아졌습니다. 그러나 5월 국회소위까지 통과한 구하라법은 여야 정쟁에 밀려 끝내 본회의에 오르지 못하고, 22대 국회로 넘어가게 됐습니다.

 대학별 면접 · 논술 기출문제

우리나라 법률의 제정 과정과 그 문제점은 무엇인가? | 광운대학교 |

머그샷

범죄자의 현재 인상착의를 기록한 사진

피의자를 식별하기 위해 구치소, 교도소에 구금될 때 촬영하는 얼굴사진입니다. 피의자의 정면과 측면을 촬영하며, 재판에서 최종무죄판결이 나더라도 폐기되지 않고 보존됩니다. 우리나라에서는 2023년 들어 '부산 돌려차기 사건'과 '또래 살인 사건' 등 강력범죄가 불거지면서, 중대 범죄자에 대한 신상공개제도의 실효성이 도마에 올랐고, 이에 따라 정부와 여당은 머그샷을 공개하는 내용을 포함한 특별법 제정을 추진해 통과시켰습니다.

 대학별 면접 · 논술 기출문제

범죄자의 머그샷을 공개했을 때 일어날 수 있는 부작용은 무엇인가? | 삼육대학교 |

전세사기특별법

전세사기 피해자들을 지원하기 위한 법률

2022년부터 전국적으로 발생한 전세사기 피해자들을 구제하기 위한 법률입니다. 정부 · 여당과 야당은 전세사기로 보증금을 잃은 피해자들에 대한 지원대책 필요성에 공감하고, 관련법률 마련 논의에 들어갔습니다. 그러나 정부가 피해자들을 우선 책임지는 '선(先)구제 후(後)회수' 방식을 놓고 정부 · 여당과 야당이 강하게 충돌했습니다. 야당과 피해자들은 4조원가량의 주택도시기금을 우선 피해자들에게 직접 투입해 숨통이 트이게 하고, 이후 투입한 자금을 회수해야 한다는 입장입니다. 그러나 정부 · 여당은 도시기금이 국민이 내집마련을 위해 국가에 잠시 맡긴 돈이라며, 피해자들에게 이 기금을 직접 지원하게 되면 그에 따른 손실은 다른 국민들이 고스란히 떠안게 된다고 반대합니다.

사적제재

적법한 절차 없이 개인 · 집단에 사인이 제재를 가하는 행위

사적제재란 국가에 의한 사법절차 없이 사인(私人)이 나름의 기준대로 개인 또는 집단에 가하는 제재를 말합니다. 우리나라에서는 보통 국가 · 공공기관이 아닌 개인에 의해 범죄자의 신상정보 등이 폭로되는 형태로 나타납니다. 최근의 사례를 살펴보면 2020년 'N번방 사태' 당시 가해자들의 신상을 온라인에 박제한 '디지털 교도소'가 논란이 됐고, 2024년 6월에는 2004년 경남 밀양시에서 발생한 여중생 집단 성폭행 사건 가해자들의 신상과 근황을 한 유튜버가 공개하면서 다시금 공분을 일으키기도 했습니다.

신뢰할 수 없는 국가의 미흡한 처벌을 대신해 합당한 처벌을 가한다고 여겨 사적제재를 지지하는 국민여론이 높습니다. 국가가 제대로 처벌하지 못하니 사적제재가 발생하는 것이 당연하다고 보는 여론도 있습니다. 그러나 한편으론 사적제재가 정보통신망법상 명예훼손에 해당될 소지가 있는데다가, 자칫 피해자에 대한 2차 가해를 일으킬 수 있고 사실여부가 제대로 확인되지 않은 폭로가 발생해 무고한 희생자를 낳을 수 있다는 비판도 있습니다.

 대학별 면접 · 논술 기출문제

사적제재와 회복적 사법을 비교해 설명해보시오. | 숙명여자대학교 |

소득 크레바스

은퇴 후 국민연금을 받을 때까지 일정 소득이 없는 기간

크레바스(Crevasse)는 빙하가 흘러내리면서 얼음에 생기는 틈을 의미하는 것으로, 소득 크레바스는 은퇴 당시부터 국민연금을 수령하는 때까지 소득에 공백이 생기는 기간을 말합니다. '생애 주된 직장'의 은퇴시기를 맞은 5060세대의 큰 고민거리라 할 수 있습니다. 소득 크레바스에 빠진 5060세대들은 소득 공백을 메우기 위해, 기본적인 생활비를 줄이고 창업이나 재취업, 맞벌이 같은 수익활동에 다시금 뛰어들고 있는 실정입니다.

 대학별 면접 · 논술 기출문제

사회에 있는 다양한 양극화 중 하나를 설명해보고 원인과 해결방안을 말해보시오. | 건국대학교 |

제시카법

미국에서 12세 미만 아동을 상대로 성범죄를 저지른 범죄자에게 적용하는 법

12세 미만 아동을 상대로 성범죄를 저지른 범죄자에게 최소 징역 25년형과 출소 이후에도 평생 위치추적장치(전자발찌)를 착용하도록 한 미국의 법률입니다. 범죄자가 학교 등 아동이 많은 곳으로부터 2,000피트(약 610m) 이내에 거주하지 못하는 내용도 있습니다. 우리나라 법무부도 재범 우려가 높은 고위험 성범죄자가 출소한 후 학교, 어린이집, 유치원 등 미성년자 교육시설에서 500m 이내에 거주하지 못하도록 하는 '한국형 제시카법'을 입법 추진했습니다.

 대학별 면접 · 논술 기출문제

성범죄자의 신상정보를 공개해야 한다는 입장인데 이유가 무엇인가? | 경기대학교 |

림보세대

고학력자임에도 경력을 쌓지 못하고 가능성이 없는 일에 내몰리는 청년세대

어려운 경제상황으로 인해 고등교육을 받고도 경력을 쌓지 못한 채 가능성이 없는 일에 내몰리고 있는 청년들을 지칭하는 용어입니다. 2008년 글로벌 금융위기 이후 전 세계적인 사회현상으로 대두된 개념으로 미국 뉴욕타임스가 2011년 9월 발행한 기사에서 사용하면서 널리 확산됐습니다. 당시 뉴욕타임스는 아르바이트로 겨우 삶을 꾸리는 림보세대를 두고 '경력이 중간에 끼어 옴짝달싹 못 하고 장래성이 없는 직업과 무기력한 전망에 대처해야 하는 고등교육을 받은 젊은 성인'이라고 정의했습니다.

최근 중국에서도 대학 이상을 졸업한 고학력 청년층이 늘어난 데 비해, 자신의 눈높이에 맞는 일자리를 구하지 못해 실업률이 치솟는 경향을 보였습니다. 반면 육체·단순노동 인력이 필요한 산업현장에서는 대규모 인력난을 겪고 있습니다. 이렇듯 만족할 만한 일자리를 얻지 못한 고학력 청년들이 경쟁을 피하게 되는 '탕핑 (躺平) 문화'가 점차 확산되고 있습니다. 탕핑은 '평평하게 눕는다'는 뜻으로, "치열한 경쟁시대에 쓸데없이 노력하지 않겠다"는 자조적인 의미를 담은 유행어입니다.

 대학별 면접·논술 기출문제

청년실업이 발생하는 원인이 무엇이라 생각하는가? | 중앙대학교 |

정치적 올바름(PC ; Political Correctness)
소수자에 대한 모든 차별을 철폐하자는 운동

1960년대 미국에서 만들어진 차별철폐 운동입니다. 인종, 성, 성적지향, 장애, 종교, 직업, 나이 등의 차이로 언어적 · 사회적 차별을 받고 있는 것을 해소하길 원하는 구호들이 포함되어 있습니다. 주로 언어적인 측면에서 차별성을 내포하고 있는 단어를 배격하고 금지하자는 주장을 하고 있습니다.

 대학별 면접 · 논술 기출문제

언어에서의 여성 차별이란 무엇이라고 생각하는가? | 중앙대학교 |

의대증원 갈등
전국 의과대학 입학정원을 늘리는 의료개혁 정책으로 불거진 정부–의사 갈등

응급외과 · 소아청소년과 · 산부인과 등 필수의료가 붕괴될 위기에 처했고, 지방의 의료 인프라가 열악해지면서 의사수를 늘려야 한다는 주장은 이전부터 나왔었습니다. 여기에 우리나라 의사 수가 세계경제개발기구(OECD) 가입국 평균에 못 미친다는 사실도 주장에 힘을 실었습니다. 국민여론과 병원 · 환자단체는 대체로 찬성하는 뜻을 비쳤습니다. 반면 의사단체는 의사 수는 이미 충분하며, 필수의료에 대한 의료수가를 인상하고 필수의료 인력에 대한 처우개선이 우선이라고 맞섰습니다. 2024년 1월 2,000명 규모로 의대정원을 늘린다는 정부방침이 발표되자 대학병원 전공의들은 사직서를 제출하며 병원을 떠났고, 이 때문에 의대교수들의 업무가 크게 가중되었습니다. 이어서 5월 정부가 2025학년도 전국 의과대학 입학정원을 전년보다 1,497명 늘어난 4,610명으로 확정하면서 의정 갈등의 골은 더욱 깊어졌습니다. 대한의사협회 등 의사 측은 대규모 집단휴진을 강행하며 강하게 반발했습니다.

 대학별 면접 · 논술 기출문제

최근 관심 있는 사회이슈가 있는가? | 서울시립대학교 |
병원의 재정적 문제해결에 의료수가 인상이 가장 효과적이라 생각하는가? | 가천대학교 |

PA간호사

일정 의료행위를 할 수 있는 임상전문간호사

PA(Physician Assistant)간호사는 수술보조, 검사시술보조, 검체의뢰, 응급상황 보조 등 의사가 할 수 있는 의료행위를 할 수 있는 간호사를 말합니다. 우리나라에서는 의료현장에서 공공연하게 간호사들이 의사 업무를 대리하고 있는 것으로 알려졌으나, 정식으로 면허제도가 운영되지 않아 PA간호사로 활동하는 것은 의료법 위반입니다. 그러나 의대정원 확대로 인한 의정갈등 지속으로 전공의들이 대학병원을 떠나면서 의료체계에 비상이 걸리자, PA간호사를 제도화시켜 의사 업무 일부를 대신해야 한다는 주장에 힘이 실렸습니다.

 대학별 면접·논술 기출문제

PA간호사가 문제시되는 이유가 무엇인가? | 가천대학교 |

현재 언론에서 다루고 있는 간호사와 관련된 이슈는 무엇인가? | 경희대학교 |

글로컬대학 30

윤석열정부의 지방대학 활성화 정책

글로컬대학 30은 윤석열정부가 2026년까지 지방대 30곳을 글로컬대학으로 지정해 지원하는 지방대학 활성화 정책입니다. 글로컬은 세계화를 뜻하는 글로벌(Global)과 지역·지방을 뜻하는 로컬(Local)의 합성어입니다. 대학과 지방자치단체, 산업계 간의 벽을 허물어 동반성장할 수 있는 지산학 협력체계를 말합니다. 교육부는 지난 2023년 5월 31일까지 각 지방대학의 신청을 받아 선정작업을 진행한 바 있습니다.

외국인 가사도우미

외국인 노동자를 가사도우미로 채용하는 정부의 저출산 대책

필리핀 등 가사서비스 관련 자격증을 운영하는 국가에서 외국인 가사 전문인력을 도입해 우리나라 가정에 투입하는 저출산 대책입니다. 서비스 이용대상은 직장에 다니면서 아이를 키우는 맞벌이 부부와 임산부, 한부모가정입니다. 외국인 가사 전문인력은 입국 후 아동학대방지와 위생·안전교육 등 교육을 받은 뒤 현장에 투입될 예정이며 최저임금이 보장됩니다. 외국인 가사도우미를 도입하는 배경은 내국인 가사·육아인력 취업자가 점차 줄고 있고, 대개 50대 이상이 종사하는 고령화가 심각하기 때문입니다. 정부는 출산·육아에 맞벌이가 필수인 현실에서 외국인 가사도우미가 새로운 활력이 될 수 있고, 여성의 경력단절 문제에 도움을 줘 출산율 회복을 이끌 수 있다고 설명했습니다. 또 실제 서구 선진국에서는 이러한 시도가 출산율 상승에 긍정적인 역할을 했다고도 설명했습니다.

그러나 반면 외국인 인력을 도입하기에 앞서 내국인 가사도우미들의 처우와 근무환경을 개선하는 것이 우선이라는 주장도 나왔습니다. 주 수요층인 맞벌이 부부 사이에서도 외국인 가사·육아도우미를 신뢰할 수 있을지, 서비스의 질이 떨어지지는 않을지 걱정하는 목소리가 컸습니다. 외국인이다 보니 문화적 차이나 육아 가치관의 간극을 극복할 수 있을지도 우려했고, 한편으로는 정부가 내국인에 비해 값싼 외국인 인력을 끌고 들어와 저출산 문제를 해결하려는 것이 반인권적 인종차별이라는 지적이 나오기도 했습니다.

 대학별 면접·논술 기출문제

국가는 어떻게 저출산 문제를 해결해야 하는가? | 서울대학교 |

04 과학 · IT

챗GPT(ChatGPT)
대화 전문 인공지능 챗봇

인공지능 연구재단 오픈AI(Open AI)가 개발한 대화 전문 인공지능 챗봇입니다. 사용자가 대화창에 텍스트를 입력하면 그에 맞춰 대화를 나누는 서비스로 오픈AI의 인공지능 모델 'GPT-3.5' 언어기술을 기반으로 합니다. 수백만개의 웹페이지로 구성된 방대한 데이터베이스에서 사전 훈련된 대량생성 변환기를 사용하고 있으며, 사용자가 대화 초반에 말한 내용을 기억해 답변할 수 있습니다. 오픈AI는 2023년 3월 이미지도 인식하고 해석할 수 있는 언어모델인 GPT-4를 공개했습니다.

 대학별 면접 · 논술 기출문제

인공지능의 발달로 통역사가 소멸하게 될 것이라 보는가? | 가천대학교 |

필터버블(Filter Bubble)
이용자의 관심사에 맞춰 필터링된 정보에 갇히는 현상

인터넷 정보 제공자가 맞춤형 정보를 이용자에게 제공함으로써 이용자가 걸러진 정보만을 접하게 되는 현상을 말합니다. 인터넷이 인공지능 알고리즘을 통해서 검색기록이나 클릭 정보를 수집, 분석해 이용자가 원하는 정보를 제공해줌으로써 이 같은 현상이 나타납니다. 이용자의 취향까지 반영된 개인화된 정보를 얻는다는 장점이 있지만, 자칫 고정관념과 편견이 강화될 수 있다는 문제점을 갖습니다.

 대학별 면접 · 논술 기출문제

확증편향의 원인이 무엇이라고 생각하는가? | 건국대학교 |

디지털 포렌식(Digital Forensic)

디지털 정보를 분석해 범죄 단서를 찾는 수사기법

디지털 증거를 수집 · 보존 · 처리하는 과학적 · 기술적인 기법을 말합니다. 포렌식(Forensic)의 사전적 의미는 '법의학적인, 범죄 과학 수사의, 법정의, 재판에 관한' 등입니다. 법정에서 증거로 사용되려면 증거능력(Admissibility)이 있어야 하며 이를 위해 증거가 법정에 제출될 때까지 변조 혹은 오염되지 않는 온전한 상태(Integrity)를 유지하는 일련의 절차 내지 과정을 디지털 포렌식이라고 부릅니다. 초기에는 주로 컴퓨터를 중심으로 증거수집이 이뤄졌으나 최근에는 회계, 이메일, 전자결재 등 데이터베이스와 메시지, 통화 내역, 인터넷 기록, 사진 등 모바일 포렌식으로 확대됐습니다.

 대학별 면접 · 논술 기출문제

보안 분야와 관련해서 알고 있는 정보를 말해보시오. | 극동대학교 |

디지털 포렌식에 있어서 가장 중요한 것은 무엇이라고 생각하는가? | 국민대학교 |

마이데이터(Mydata) 산업

여러 금융회사에 흩어진 개인의 금융정보를 통합관리하는 산업

금융데이터의 주인을 금융회사가 아니라 개인으로 정의해, 각종 기관과 기업에 산재하는 신용정보 등 개인정보를 직접 관리하고 활용할 수 있는 서비스입니다. 개인정보를 한 곳에 모아 관리하고, 맞춤형 서비스를 제공한다는 점에서 각광받고 있습니다. 우리나라는 데이터3법 개정으로 2020년 8월부터 사업자들이 개인의 동의를 받아 금융정보를 통합관리해주는 마이데이터산업이 가능해졌습니다.

 대학별 면접 · 논술 기출문제

핀테크의 비즈니스 모델이란 무엇이고 어떤 종류가 있는가? | 한국외국어대학교 |

팹리스(Fabless)

제조공장 없이 반도체 설계와 개발에 전문화된 회사

제작을 의미하는 'Fabrication'과 없음을 의미하는 'Less'의 합성어로, 반도체의 설계는 하지만 제조 및 양산은 하청에 맡기는 개발사를 가리키는 말입니다. 애플, 퀄컴, 엔비디아, AMD 등이 있습니다. 이들에게서 양산 하청을 받아 생산만 하는 반도체 제작 업체들은 파운드리(Foundry)라 합니다. TSMC, UMC 등이 있으며, 대만이 파운드리 강국인 것으로 유명합니다. 반대로 인텔, 삼성전자와 같이 한 회사(계열사)에서 개발과 제작을 동시에 맡는 것을 IDM(종합반도체)이라고 합니다.

 대학별 면접·논술 기출문제

반도체의 활용 방안에는 무엇이 있을까? | 경상대학교 |

패스워드리스(Passwordless)

사용자의 계정보안 강화 및 편의성 향상을 위해 등장한 차세대 로그인 방식

사용자가 직접 비밀번호를 만들고 계정에 접속했던 방식이 아니라 지문인식, 생체인식, 안면인식 등의 방식으로 로그인하는 것을 말합니다. 기존방식은 비밀번호를 기억하기 쉽도록 문자를 단순나열하거나 하나의 비밀번호를 여러 사이트에서 동시에 사용하는 경우가 많아, 한 곳에서 유출된 정보를 다른 곳에 무작위로 대입하는 '크리덴셜 스터핑'의 표적이 되기가 쉬웠습니다. 이에 기존방식을 개선하고 보안성과 편의성을 향상시키기 위해 등장했습니다.

 대학별 면접·논술 기출문제

금융, 핀테크와 관련한 최근 이슈가 있는가? | 경희대학교 |

뉴럴링크(Neuralink)

생각만으로 컴퓨터 기기 등을 조작할 수 있는 기술을 개발하는 뇌신경과학 스타트업

테슬라 등으로 유명한 미국의 CEO 일론 머스크가 설립한 뇌신경과학 스타트업입니다. 뉴럴링크는 신체손상을 입어 사지를 제대로 쓸 수 없는 사람이 생각만으로 각종 기기를 조작할 수 있도록 뇌-컴퓨터인터페이스(BCI)를 뇌에 이식하는 기술을 개발했습니다. 뉴럴링크는 BCI를 통해 뉴런의 파괴 없이 뇌의 전기신호를 수집·분석하여 외부 컴퓨터에 명령을 내리는 기술을 개발하고 있습니다. 뉴럴링크는 2024년 1월 처음으로 사람의 뇌에 BCI를 이식하는 수술을 진행했고, 같은 해 5월에 두 번째 이식신청자를 모집한다고 밝혔습니다.

 대학별 면접·논술 기출문제

뉴럴링크 기술에 대해 말해보시오. |광운대학교|

스타링크(Star Link)

스페이스X의 위성 인터넷망 구축 사업

일론 머스크가 세운 민간 우주항공기업 스페이스X의 위성인터넷망 구축사업입니다. 지구 저궤도(지상 약 550km)에 1만 2,000여 기의 소형 위성을 띄워 지구 어느 곳에서나 무선으로 인터넷을 사용할 수 있도록 구축하는 것입니다. 실제로 미국 연방통신위원회(FCC)로부터 사업승인을 받았으며 2019년 5월에는 60여 대의 소형 위성을 실제로 발사하기도 했습니다. 2022년 3월까지 약 2,000여 개의 위성을 쏘아올렸습니다. 이외에도 지구 저궤도 상에 위성인터넷을 구축하려는 사업에는 경쟁자가 다수 있는데, 미국의 '원웹'사의 위성인터넷 사업과 '아마존'사의 '프로젝트 카이퍼'가 있습니다.

 대학별 면접·논술 기출문제

외국의 한 회사가 발명 기술을 공개했는데, 회사의 발전을 위해 발명 기술을 공개하는 것이 좋을지 공개하지 않는 것이 좋을지 본인의 의견을 말해보시오. |숙명여자대학교|

노-코드(No-Code)

소프트웨어나 인공지능의 도움을 받아 코딩을 쉽게 할 수 있는 서비스

노-코드는 말 그대로 코딩을 아예 모르는 사람이라도 프로그램 개발을 할 수 있도록 돕는 서비스입니다. 보통 마우스로 원하는 명령을 끌어와 배치하는 드래그 앤드 드롭(drag and drop)으로 이뤄집니다. 복잡한 코드 입력 없이 직관적으로 내가 원하는 아이템을 인터페이스 곳곳에 배치할 수 있습니다. 아이디어만 있다면 코딩에 문외한인 사람도 IT 서비스를 충분히 구축할 수 있습니다. 최근에 젠슨 황 엔비디아 CEO가 "미래에 코딩은 인공지능이 모두 자동으로 해낼 것"이라며, "개발자가 되기 위해 굳이 코딩이나 프로그래밍을 배울 필요가 없다"는 의견을 피력해 반향을 일으키기도 했습니다.

 대학별 면접 · 논술 기출문제

인공지능의 발전이 긍정적으로든 부정적으로든 어떤 영향을 끼칠지 생각해보았는가?

| 서울과학기술대학교 |

도심항공교통(UAM ; Urban Air Mobility)

전동 수직이착륙기를 활용한 도심교통시스템

기체, 운항, 서비스 등을 총칭하는 개념으로 전동 수직이착륙기(eVTOL)를 활용하여 지상에서 450m 정도의 저고도 공중에서 이동하는 도심교통시스템입니다. 도심 교통체증이 한계에 다다르면서 이를 극복하기 위해 추진되고 있습니다. UAM의 핵심인 eVTOL은 옥상 등에서 수직이착륙이 가능해 활주로가 필요하지 않으며, 전기모터를 구동해 탄소배출이 거의 없습니다. 또한 소음이 적고 자율주행도 수월해 도심형 친환경 항공교통수단으로 각광받고 있습니다.

 대학별 면접 · 논술 기출문제

UAM산업에 대해 설명해보시오. | 한국항공대학교 |

3D프린팅 건축

3D프린팅 기술로 지은 건축물

3D프린팅 기술이 발전하면서 최근에는 대형 기계팔을 단 3D프린터로 콘크리트나 시멘트를 뿌려 건축물을 짓기도 합니다. 거푸집 없이 집 외벽을 콘크리트로 통째로 쌓는 것입니다. 이렇게 건설된 주택이 실제로 팔려 사람이 거주하는 사례도 나오고 있고, 특히 전란·재해로 집을 잃은 난민들을 위한 임시주택으로 건설되기도 합니다. 3D프린팅 건축은 자동화돼 빠르고 공정이 단순하며 재료낭비가 전혀 없습니다. 건축 폐기물이 나오지 않아 친환경적이고, 거푸집을 쓰지 않기에 기존 공법에선 기피하는 둥근 모서리나 복잡한 벽체도 수월하게 만들 수 있다는 점에서 주목 받고 있습니다.

 대학별 면접·논술 기출문제

3D프린터의 종류에는 어떤 것들이 있는가? | 국민대학교 |

청정수소

전기를 발생하는 과정에서 이산화탄소를 적게 배출하는 수소

청정수소는 신재생에너지 가운데 하나로 전기를 생산할 때 이산화탄소를 적게 혹은 전혀 배출하지 않는 수소입니다. 수소발전은 보통 산소와 수소의 화학반응을 이용하는데 이 과정에서 이산화탄소가 발생합니다. 청정수소는 이산화탄소 대신 순수한 물만을 부산물로 배출합니다. 청정수소는 그 생산방식에 따라 그린수소, 천연가스를 이용해 생산하는 부생수소·추출수소 등의 그레이수소, 그레이수소 생산과정에서 발생하는 탄소를 포집해 저장·활용하는 블루수소, 원전을 활용한 핑크수소 등으로 분류됩니다.

 대학별 면접·논술 기출문제

본인이 생각하는 청정에너지란 무엇인가? | 충북대학교 |

ALPS

일본 후쿠시마 제1원전의 오염수에서 방사성물질을 걸러내는 장치

ALPS는 'Advanced Liquid Processing System'의 약자로 일본 후쿠시마 제1원전 오염수의 방사성물질을 제거하기 위해 운용하는 장치입니다. '다핵종제거설비'라고도 합니다. 2011년 동일본대지진으로 제1원전이 폭발했고 원자로를 식히기 위해 냉각수를 투입했는데, 시간이 흐르며 지하수, 빗물 등이 유입되면서 방사성물질이 섞인 냉각수, 즉 오염수가 감당하기 어려울 만큼 늘어났습니다. 이에 일본정부는 ALPS로 오염수를 정화시켜 해양에 방류하기로 결정했습니다. ALPS로 세슘, 스트론튬 등을 배출기준 이하로 제거해 방류하는데, ALPS 처리과정을 거쳐도 삼중수소는 제거할 수 없어 안전성에 대한 우려를 낳았습니다.

 대학별 면접·논술 기출문제

국제기구는 어떤 역할을 하는 것이 가장 중요하다고 보는가? |광운대학교|

사물배터리(BoT ; Battery of Things)

배터리가 에너지원이 되어 모든 사물을 연결하는 것

모든 사물에 배터리가 동력원으로 활용돼 배터리가 미래 에너지산업의 핵심이 되는 것을 일컫는 말입니다. 인터넷을 통해 여러 기기를 연결하는 것을 '사물인터넷(IoT)'이라고 부르듯이, 배터리를 중심으로 세상에 존재하는 모든 사물들이 연결돼 일상생활 곳곳에 배터리가 사용되는 환경을 말합니다. 스마트폰, 태블릿PC 등 IT 제품들이 사물배터리 시대를 열었으며, 최근에는 전기자전거, 전동공구 등에도 배터리가 사용되고 있습니다.

디지털 디톡스(Digital Detox)

디지털 기기 의존에 따른 중독과 피로에서 벗어나는 행위

디지털 디톡스는 디지털과 해독(Detox)을 합성한 단어로 디지털 기기의 중독과 피로감에서 벗어나 심신을 치유하는 것을 말합니다. 스마트폰 같은 첨단 디지털 기기를 사용하는 시간이 늘어나면서, 기기를 사용하지 못하면 불안감이나 무기력함을 느끼거나 어깨의 근육통증을 겪는 현대인들이 늘어나고 있습니다. 디지털 디톡스의 방법에는 여러 가지가 있습니다. 기기를 사용하는 요일이나 시간대를 정하거나, 기기를 사용하지 않는 시간 동안에 할 활동계획을 세울 수 있습니다. 아울러 거실 등 집 안의 특정 공간에서는 기기를 사용하지 않도록 규칙을 정할 수도 있습니다.

우주항공청

2024년 개청한 우리나라의 우주개발 전문 기관

2024년 5월 27일 개청한 우주산업 육성과 우주개발을 전담하는 기관입니다. 우주항공청은 민간이 우주개발을 주도하는 '뉴스페이스' 시대를 여는 것을 최대 역할로 내세웠습니다. 우주항공청은 부처별로 흩어져 있던 우주항공 분야 연구개발(R&D) 및 산업육성 기능과 해외 우주전담기구와의 협력역할을 한 데 모으고, 전문가 중심조직으로 꾸려 선도적 R&D에 나서는 것이 목표입니다. 우주개발을 주도할 국가 컨트롤타워로서, 누리호를 개발 · 발사한 한국항공우주연구원과 한국천문연구원도 우주항공청 소속기관으로 편입됐습니다.

 대학별 면접 · 논술 기출문제

우리나라 항공우주산업에서 보완되어야 할 점은 무엇이라 생각하는가? | 한국항공대학교 |

누리호(KSLA-Ⅱ)

우리나라 최초의 저궤도 실용위성 발사용 로켓

2021년 6월에 개발된 우리나라 최초의 저궤도 실용위성 발사용 로켓입니다. 국내 독자기술로 개발한 3단 액체로켓으로, 핵심기술과 장비 모두 국내 연구진이 개발했습니다. 누리호에 실린 성능검증위성이 발사에 성공해 궤도에 안착하면서 우리나라는 세계 7번째로 1톤 이상인 실용적 규모의 인공위성을 자체기술로 쏘아 올린 나라가 됐습니다. 이어서 2023년 5월에는 첫 실전발사에 성공하면서 처음으로 실용급 위성을 계획된 궤도에 안착시켰습니다.

 대학별 면접·논술 기출문제

로켓을 쏘아 올려 목표지점까지 도착하는 데 사용되는 물리법칙과 수식은 무엇인가? | 건국대학교 |
우리나라의 항공우주산업이 세계 몇 위쯤 올랐다고 생각하는가? | 인하대학교 |

다누리(KPLO)

우리나라의 첫 달 탐사궤도선

2022년 8월 발사된 우리나라의 첫 달 탐사궤도선으로 태양과 지구 등 천체의 중력을 이용해 항행하는 궤적에 따라 이동하도록 설계됐습니다. 달로 곧장 가지 않고 태양 쪽의 먼 우주로 가서 거리를 벌렸다가 다시 지구 쪽으로 돌아와 달에 접근했습니다. 다누리는 145일 만에 달 상공의 임무궤도에 안착했으며, 약 2시간 주기로 달을 공전합니다. 다누리의 고해상도카메라는 달 표면 관측영상을 찍어 달 착륙 후보지를 고르고, 광시야편광카메라 등은 달에 매장된 자원을 탐색합니다.

하이퍼루프(Hyperloop)

운송관에 캡슐형 객차를 넣어 운행하는 교통수단

진공에 가까운 튜브 안에서 차량을 살짝 띄운 상태로 이동시켜 공기 저항과 마찰을 줄이는 방식으로 작동되는 열차입니다. 우리나라에서는 한국철도기술연구원이 진공압축 기술과 자기부상 기술을 융합하여 2016년에 한국형 하이퍼루프를 개발했고, 시속 700km 시험 작동에 성공하기도 했습니다. 하이퍼루프를 개발 중인 민간기업 HHT의 최고경영자 더크 알본은 CNBC에 출연해 앞으로 3~4년 뒤 아시아 국가에서 하이퍼루프가 운행될 것이라고 말했습니다. 또 서울-부산 노선에 채택하기를 원하는 한국과는 라이선스 협약을 맺은 상태라고 덧붙여 하이퍼루프의 현실화 가능성이 주목됐습니다. 2020년에는 한국철도기술연구원이 시험 주행에서 시속 1,019km 달성에 성공하기도 했습니다.

 대학별 면접 · 논술 기출문제

미래에 자동차 말고 또 어떤 교통수단이 발달할 것이라 생각하는가? | 유니스트 |

소형모듈원전(SMR ; Small Modular Reactor)

발전용량 300MW급의 소형원전

발전용량 300MW급의 소형원전을 뜻합니다. 기존 대형원전은 원자로와 냉각제 펌프 등 갖가지 장치가 별개로 설치되어야 하나, SMR은 이 장치들을 한 공간에 몰아넣어 원전 크기를 대폭 줄일 수 있습니다. 대형원전에 비해 방사능유출 위험이 적다는 장점도 있고, 배관을 쓰지 않아 노심이 과열되면 아예 냉각수에 담가버려 식힐 수 있습니다. 또 냉각수로 쓸 강물이나 바닷물을 굳이 끌어올 필요가 없기 때문에 입지를 비교적 자유롭게 고를 수 있습니다.

 대학별 면접 · 논술 기출문제

새로운 방식의 핵 발전에 대해 이야기해보시오. | 서울과학기술대학교 |

원자력발전에 대한 본인의 생각을 말해보시오. | 명지대학교 |

05 문화·스포츠·미디어

퍼스널 컬러
타고난 개인의 신체적 컬러

타고난 개인의 신체적 컬러를 뜻하는 용어로 '봄웜톤', '여름쿨톤', '가을웜톤', '겨울쿨톤' 등 4가지가 있습니다. 퍼스널 컬러는 개인이 갖고 있는 고유한 피부, 머리카락, 눈동자의 명도와 채도로 결정됩니다. 이 퍼스널 컬러를 파악하여 잘 어울리는 의상이나 액세서리, 화장품을 선택할 수 있습니다. 최근 패션·미용업계에서는 고객들의 퍼스널 컬러를 진단해주고, 이에 알맞은 상품을 추천하는 등 마케팅을 펼치고 있습니다.

멀티 페르소나(Multi-persona)
상황에 따라 다양한 형태의 자아를 갖는 것

페르소나는 고대 그리스의 연극에서 배우들이 쓰던 가면을 의미하고, 멀티 페르소나는 '여러 개의 가면'으로 직역됩니다. 현대인들이 직장이나 학교, 가정이나 동호회, 친구들과 만나는 자리 등에서 각기 다른 성격을 보인다는 것을 뜻합니다. 일과 후 여유와 취미를 즐기는 '워라밸'이 일상화되고, SNS에 감정과 일상, 흥미를 공유하는 사람들이 늘어나면서 때마다 자신의 정체성을 바꾸어 드러내는 경우가 많아지고 있습니다.

국가유산

기존에 사용하던 '문화재'라는 명칭 대신 새롭게 변경되는 명칭

2023년 제정된 '국가유산기본법'이 시행됨에 따라 2024년 5월 17일부터 '문화재'라는 명칭이 '국가유산'으로 변경됐습니다. 일본식 용어인데다 재화적 성격이 강한 '문화재'라는 명칭이 현재 확장된 문화재 관련 정책범위를 포용하는 데 한계가 있고, 유네스코 유산분류 체계와도 상이해 과거와 현재, 미래 가치를 포함하는 '국가유산'이라는 새로운 명칭으로 교체됐습니다.

 대학별 면접 · 논술 기출문제

국가유산기본법에 의한 국가유산의 정의에 대해 말해보시오. | 한국전통문화대학교 |

소프트파워(Soft Power)

인간의 이성 및 감성적 능력을 포함하는 문화적 영향력

교육 · 학문 · 예술 등 인간의 이성 및 감성적 능력을 포함하는 문화적 영향력을 말합니다. 군사력이나 경제력과 같은 하드파워(Hard Power)와 달리 설득을 통해 자발적 순응을 유도하는 힘입니다. 21세기에 들어서며 소프트파워를 중심으로 한 연성국가의 시대로 접어들게 됐습니다. 대중문화의 전파, 특정 표준의 국제적 채택, 도덕적 우위의 확산 등이 커지면서 세계 여러 나라에서 자국의 소프트파워를 키우고 활용하기 위해 노력하고 있습니다.

 대학별 면접 · 논술 기출문제

문화계발효과이론에 대해 설명해보시오. | 동국대학교 |

현재 방탄소년단이 외국에서 인기가 많은데, 왜 그렇다고 생각하는가? | 고려대학교 |

시체관극

전혀 움직이지 않고 숨죽여 극을 관람하는 행위

말 그대로 시체처럼 아무런 움직임 없이 작은 소리조차 내지 않은 채 극을 관람해야 한다는 뜻으로 콘서트나 영화와 달리 뮤지컬이나 연극 등 일부 공연 장르에 적용되고 있는 문화입니다. 비싼 관람비용과 라이브로 진행되는 점을 비롯해 극의 유기적 흐름이나 배우의 연기 몰입도 등이 모든 장면에서 중요하게 작용하는 연극·뮤지컬의 특성을 고려해 생겨난 문화이지만, 기본 에티켓을 넘어 사소한 소음조차 허용되지 않는다는 점에서 공연계에서 찬반논란이 계속되고 있습니다.

바디포지티브(Body Positive)

자기 몸 긍정주의

자신의 몸을 있는 그대로 사랑하고 가꾸자는 취지에서 미국에서 처음 시작된 운동입니다. 마른 몸을 아름답다고 여긴 과거의 시각에서 벗어나 신체적 능력, 크기, 성별, 인종, 외모와 관계없이 모든 신체를 동등하게 존중하자는 의미입니다. MZ세대 소비자를 중심으로 SNS에서 확산되고 있으며, 패션업계에서도 이러한 경향을 반영하여 변화를 추구하고 있습니다. 특히 언더웨어 시장에서는 디자인보다 편안함과 건강함을 추구한 디자인이 주류로 떠올랐습니다.

 대학별 면접·논술 기출문제

성별·세대 간 벌어지는 사회 혐오에 대한 생각을 말하시오. | 건국대학교 |

시성비

시간 대비 효율을 추구하는 소비문화

'가격 대비 품질'을 의미하는 '가성비'에서 변형된 신조어로 투입한 시간 대비 더 뛰어난 성능을 추구하는 소비문화를 말합니다. 시성비는 콘텐츠 분야에서 출발해 여러 산업분야의 소비 트렌드로 확산되고 있습니다. 먼저 유튜브, 넷플릭스 같은 콘텐츠 플랫폼에서는 영화나 드라마 등 영상을 빠르게 시청하기 위해 건너뛰기, 2배속 재생을 하는 경향을 보이고, 긴 이야기를 짧게 압축해 주요장면만 이어붙인 요약 콘텐츠가 인기를 끌고 있습니다. 나아가 자동 식기세척기나 로봇청소기 등 가사에 드는 시간을 절약해주는 제품들이 비싼 가격에도 호황을 누리는 중입니다.

 대학별 면접 · 논술 기출문제

OTT산업이 미디어에 끼치는 영향은 무엇이라고 생각하는가? | 명지대학교 |

1인 가구 시대에 소비트렌드가 어떻게 변화한다고 생각하는가? | 서울시립대학교 |

비건 패션(Vegan Fashion)

동물의 가죽이나 털을 사용하지 않고 만든 옷이나 가방 등을 사용하는 행위

채식을 추구하는 비거니즘(Veganism)에서 유래한 말로, 동물성 제품을 먹지 않는 식습관과 마찬가지로 동물의 가죽이나 털을 사용하는 의류를 거부하는 패션철학을 뜻합니다. 살아 있는 동물의 털이나 가죽을 벗겨 옷을 만드는 경우가 많다는 사실이 알려지면서 패션업계에서는 동물학대 논란이 끊이지 않았습니다. 과거 비건 패션이 윤리적 차원에서 단순한 대용품으로 쓰이기 시작했다면, 최근에는 윤리적 소비와 함께 합리적인 가격, 관리의 용이성까지 더해지면서 트렌드로 자리 잡아가고 있습니다.

 대학별 면접 · 논술 기출문제

인간이 인간 외 다른 생물을 동일하게 취급해야 한다고 생각하는가? 집단 간 이익이 대립할 때는 어떻게 해야 하는가? | 서울대학교 |

친환경적인 패션에서 필요한 것은 무엇이라고 생각하는가? | 한국외국어대학교 |

방송3법

방송법 · 방송문화진흥회법 · 한국교육방송공사법 개정안

더불어민주당 등 야권이 윤석열정부 들어 추진한 방송법 · 방송문화진흥회법 · 한국교육방송공사법 개정안입니다. 법안의 핵심은 공영방송의 이사 수를 기존 9명 (MBC · EBS), 11명(KBS)에서 각각 21명으로 확대하고 이사 추천권 대상을 학계와 시청자위원회 등 외부인사로 확대하는 것입니다. 기존에는 정치적으로 국회의 여야가 추천한 이사로 구성된 이사회에서 방송사 사장을 선임해왔는데, 이러한 추천권한을 외부로 확대함으로써 공영방송에 대한 정치권의 입김을 줄이겠다는 것입니다.

그런데 여당인 국민의힘은 민주당 측이 이전 정부에서는 정작 이러한 법안을 추진하지 않다가 정권이 바뀐 직후 갑자기 법률 개정에 나섰다며 극렬히 반대하는 입장입니다. 아울러 추천권한을 가지는 외부인사들이 대체로 정부 · 여당에 비판적인 입장을 취하고 있어, 결과적으로 민주당이 공영방송 장악을 시도하는 셈이라고 대립각을 세웠습니다. 방송3법은 21대 국회에서 발의됐으나 대통령의 법률안 재의요구권으로 2023년 12월 폐기됐고, 22대 국회에서 야당이 다시 과반의석을 차지하자 재추진했습니다.

Q 대학별 면접 · 논술 기출문제

현재 정보사회에서 국가의 감시와 통제는 어떻게 이뤄지나? |동국대학교|

공영방송의 민영화에 대한 생각을 말해보시오. |가천대학교|

제로 웨이스트(Zero Waste)

일상생활 속 쓰레기 줄이기

일상생활에서 쓰레기가 나오지 않도록 하는(Zero Waste) 생활습관을 이릅니다. 재활용 가능한 재료를 사용하거나 포장을 최소화해 쓰레기를 줄이거나 그것을 넘어 아예 썩지 않는 생활 쓰레기를 없애는 것을 의미합니다. 비닐을 쓰지 않고 장을 보거나 포장 용기를 재활용하고, 대나무 칫솔과 천연 수세미를 사용하는 등의 방법으로 이뤄집니다. 친환경 제품을 사는 것도 좋지만 무엇보다 소비를 줄이는 일이 중요하다는 의견도 공감을 얻고 있습니다. 환경 보호가 중요시되면서 전 세계적으로 관련 캠페인이 벌어지고 있습니다.

 대학별 면접 · 논술 기출문제

일회용품을 자원화한 사례를 말해보시오. | 덕성여자대학교 |

텐포켓(10 Pocket)

장기적인 소비침체 속에서도 아동용품의 소비는 활황을 보이는 현상

장기적인 소비침체 속에서도 아이들을 위한 소비는 활황을 보이는데, 이는 아이 주변의 어른들이 아이의 물건에 대해서는 돈을 아끼지 않기 때문이라는 분석이 나옵니다. 아이 주변의 어른인 부모, 양가 조부모, 이모, 삼촌, 지인 등 10명의 지갑 10개가 쉽게 열린다는 뜻에서 이런 현상을 '텐포켓(10 Pocket)'이라고 합니다. 이전에는 '에잇포켓(8 Pocket)'이라고도 했습니다.

 대학별 면접 · 논술 기출문제

합리적 소비와 윤리적 소비 중 무엇을 지지하는가? | 경희대학교 |

패스트패션

패스트푸드처럼 빠르게 생산되고 소비되는 의류

빠르게 생산되고 소비되는 의류 또는 그런 의류의 유통·소비구조를 뜻하는 말입니다. 간단하고 빠르게 만들어 먹는 '패스트푸드'에서 파생된 용어입니다. 패션업계에서는 최신 트렌드를 신속하게 포착하고 이에 부합하는 의류를 대량으로 생산해 유통하는데, 패션 트렌드의 변화가 빠르다 보니 그만큼 금방 소비되고 버려지는 의류가 많습니다. 이렇듯 대량으로 폐기되는 의류가 환경에 악영향을 주고 있습니다. 때문에 해외에서는 이미 패스트패션에 대한 법률적 규제에 나서는 중입니다.

 대학별 면접·논술 기출문제

패스트패션의 정의와 그에 대한 생각을 말해보시오. | 인천대학교 |

인스타그래머블(Instagrammable)

인스타그램에 올릴 만한 게시물

'인스타그램에 올릴 만한'이라는 뜻을 가진 단어로, 사진을 주로 올리는 SNS인 인스타그램(Instagram)과 '할 수 있는'이라는 뜻의 접미사 '-able'의 합성어입니다. 인스타그램은 많은 사람의 의식주에 지대한 영향을 끼치고 있습니다. 특히 젊은 세대가 카페, 식당 등을 방문할 때는 인스타그램에 사진을 게시할 만한 장소를 고르는 것이 중요한 기준이 됐는데, 마케팅업계에서도 이와 관련된 마케팅을 펼치기위해 힘쓰고 있습니다.

 대학별 면접·논술 기출문제

우리가 SNS상의 친구를 늘려가는 동안, 우리가 잃어버린 것은 무엇인지 자아정체성과 관련하여 자신의 의견을 말해보시오. | 경희대학교 |

뉴트로(New-tro)

예스러우면서도 세련된 감각을 추구하는 마케팅 전략

새로움(New)과 복고(Retro)를 합친 신조어로 패션 · 요식업 등에 새롭게 등장한 복고 트렌드입니다. 드라마 · 요식업 등에서 복고(Retro) 콘텐츠들이 인기를 끄는 가운데, 과거를 경험해 본 기성세대만이 만족할 수 있는 스타일이 아닌 예스러우면서도 세련된 감각을 추구해 해당 경험을 해보지 못한 신세대에게도 매력적이어 보이는 스타일을 추구한 마케팅 전략을 가리킵니다.

리셀러(Reseller)

명품 · 한정품 등을 구매해 비싼 값에 되파는 사람들

리셀러는 명품 · 한정품 등을 구매해서 몇 배로 되팔아 차익을 남기는 사람들입니다. 최근 리셀러들이 한정판과 희소 상품을 독점하다시피하면서 일반 소비자들의 불만이 커지기도 했습니다. 이들은 명품 브랜드뿐 아니라 화제의 신상품이나 한정판 상품 등 희귀하고 가격을 올려 팔 수 있을 만한 물건이라면 가리지 않고 구매해 되팝니다. 온라인 중고시장이 활성화되면서 리셀러들의 입김은 더욱 세지고 있습니다.

워케이션(Workation)

휴가지에서 업무를 근무로 인정하는 형태

워케이션(Workation)은 일(Work)과 휴가(Vacation)의 합성어입니다. 휴가지에서의 업무를 급여가 발생하는 일로 인정해주는 근무형태입니다. 시간과 장소에 구애받지 않고 회사 이외 장소에서 근무하는 텔레워크(Telework) 이후에 새롭게 등장한 근무방식입니다. 미국에서 시작됐으며 최근 일본에서 노동력 부족과 장시간 노동을 해결하기 위한 방안으로 점차 확산되고 있습니다.

 대학별 면접 · 논술 기출문제

정부 정책이 일과 삶의 균형에 어떤 영향을 끼친다고 생각하는가? | 명지대학교 |

사도광산

일본 니가타현에 소재한 일제강점기 조선인 강제노역 현장

일본 니가타현에 있는 에도시대 금광으로 일제강점기 당시 조선인 강제노역이 자행된 곳입니다. 일본은 2022년 9월 사도광산을 세계유산으로 지정하기 위한 잠정 추천서를 유네스코에 다시 제출했는데, 대상기간을 16~19세기 중반으로 한정해 일제강점기 조선인 강제노동 내용을 배제했습니다. 우리나라는 그간 사도광산의 등재 추진에 대한 문제점을 유네스코와 일본에 지속적으로 제기해왔습니다. 그리고 2024년 6월 유네스코의 자문기구인 ICOMOS는 사도광산의 '등재권고 보류' 판결을 내리며, 일본정부에게 광산의 전체 역사를 추천서에 반영하고 주변국과도 협의를 이뤄 오라고 통보했습니다. 그러나 우리나라로서는 이전 군함도 등재 이후와 마찬가지로 일본정부가 조선인 강제노동에 대한 사실을 제대로 홍보하지 않는 등 협의사항을 어길 수 있다는 우려가 남았습니다.

 대학별 면접 · 논술 기출문제

우리 주변국들이 역사왜곡을 하는 이유를 무엇이라고 생각하는가? | 동덕여자대학교 |

자유시 참변

자유시에서 일어난 유혈사태

1921년 6월 28일 극동공화국 영내인 아무르주 스바보드니(자유시)에서 일어난 유혈사태를 말합니다. 당시 만주와 연해주에서 여러 조직으로 나뉘어 활동하던 한인 독립군부대들이 일본군의 대규모 토벌작전에 대응하고자 부대통합을 위해 자유시로 집결했으나, 독립군을 통합하는 과정에서 부대 간 이념갈등과 군통수권을 둘러싼 갈등으로 인해 충돌하는 사건이 발생했습니다. 이로 인해 다수의 사상자가 발생했고 해외 한인 사회주의 세력이 약화됐으며, 이후 항일무장투쟁에도 큰 영향을 미쳤습니다. 2023년 홍범도 장군의 흉상을 육군사관학교에서 철거하는 문제를 두고 논란이 된 가운데 국방부는 그의 소련공산당 가입이력과 자유시 참변 관련의혹 등을 문제 삼으며 흉상 이전의 타당성을 주장했습니다.

알파세대

2010년대 초~2020년대 중반에 출생한 세대

2010년 이후에 태어난 이들을 지칭하는 용어로 순수하게 디지털 세계에서 나고 자란 최초의 세대입니다. 스마트폰이나 인공지능(AI), 로봇 등을 사용하는 것에 익숙합니다. 그러나 사람과의 소통보다 기계와의 일방적 소통에 익숙해 정서나 사회성 발달에 부정적인 영향이 나타날 수 있다는 우려도 있습니다. 알파세대는 2025년 약 22억명에 달할 것으로 예측되고 있으며, 소비시장에서도 영향력을 확대하는 추세입니다. 최근 유통업계에서는 새로운 소비층으로 급부상한 Z세대, 알파세대를 공략하기 위해 개성과 선호도에 민감하게 반응하는 이들의 특성을 반영하고 있습니다.

 대학별 면접 · 논술 기출문제

MZ세대와 Z세대의 차이가 무엇이라고 생각하는가? | 가천대학교 |

밈(Meme)

문화양식이 인터넷상에서 유전 혹은 복제되는 현상

한 사람이나 집단에게서 다른 집단으로 전달되는, 모방 가능한 문화 정보의 단위를 뜻합니다. 사람들의 두뇌에 전염시키고, 그들의 태도를 바꿈으로써 자신을 복제하는 정보구조를 뜻하며 새로운 복제자로도 불립니다. 영국의 진화생물학자인 리처드 도킨스의 1976년 저서 〈이기적 유전자〉에서 문화의 진화를 설명할 때 처음 등장한 용어입니다. 21세기에 접어들어 인터넷 문화가 발달하면서부터는 인상적이거나 재미있는 관습, 예의, 언어 등 문화양식이 인터넷상에서 빠르게 퍼지며 유행으로 자리 잡는 현상을 가리킵니다.

 대학별 면접 · 논술 기출문제

〈이기적 유전자〉에 나온 밈에 대해서 설명해보시오. | 충북대학교 |

16~17세기의 경제의 중심은 네덜란드

네덜란드는 세계 최초로 증권거래소가 설립된 나라입니다. 이는 당시 세계 최고의 상업 중심 국가였다는 증거이기도 합니다. 세계 최초로 투기와 거품경제의 폭발을 경험한 나라도 네덜란드입니다. '네덜란드 사람들은 오래전부터 돈맛에 익숙한 민족'이라는 말도 아주 틀린 말이라 할 수 없는 이유가 바로 여기에 있습니다. 지리상의 발견 이후 세계 무역의 중심이 지중해에서 대서양으로 옮겨졌는데 네덜란드는 대서양뿐 아니라 발

욥 베르크헤이데의 《암스테르담의 증권거래소》(1670)

트해·북해·지중해로 통하는, 또한 물자 이동의 주요 수단이 배였던 시절 서유럽의 주요 하천들이 네덜란드 부근에서 바다로 흘러 들어가는 교통의 요충지였습니다. 유럽의 상선들은 모두 네덜란드에 머물렀고, 네덜란드에서 떠났습니다. 그래서 에스파냐로부터 독립하기 이전에도 선원의 수가 영국, 프랑스, 에스파냐의 총 수보다 더 많았습니다. 은광도 없고 종교 문제로 본국인 에스파냐로부터 경제적 지원을 받을 수 없었던 것이 네덜란드로 하여금 무역에 의존하게 만들었습니다.

그런데 무역을 하는 상인들은 상품을 인도받으면 대금을 곧장 지불하는 대신 차용증을 썼습니다. 차용증은 네덜란드의 재정담보가 되었기 때문에 신용도도 높았습니다. 그러자 차용증이 화폐 대신 유통되기에 이르렀고, 이후 수표의 탄생으로 이어졌으며, 네덜란드가 수표 교역의 중심이 되자 지중해에 있었던 은행들이 앞다퉈 네덜란드로 옮겨왔습니다. 1609년 암스테르담에 은행이 탄생했고, 이 은행에서 발행하는 화폐가 전 유럽의 화폐가 되었습니다. 또 1640년에 암스테르담이 중금속 무역의 중심이 된 후 이 은행은 국제 환율의 중심이 되었습니다.

금융업의 발전은 네덜란드가 식민지 경쟁에 뛰어들 수 있는 원동력이 되어주었습니다. 네덜란드 동인도회사를 내세워 인도·중국·일본에까지 진출했고, 세계 곳곳에 식민지를 확보하며 대항해 시대를 누볐습니다. 아시아나 아메리카는 비극의 시대였지만…. 한 가지 재미있는 상식! "커피가 서유럽에서 음료로서의 역사를 시작한 때는?" 그것은 바로 17세기 네덜란드 식민지였던 인도네시아에서 네덜란드 상인들이 커피 종자를 들여오면서부터였다고 합니다.

PART 2

사고력이 쑥쑥!
인문학 충전하기

틈틈이 보고, 생각은 더 크게!

01 역사

선사시대의 구분

문자로 기록되기 이전의 시대

구 분	특 징
구석기	• 약 70만년 전 • 수렵 · 어로 생활 • 뗀석기(주먹도끼 · 긁개)와 뼈도구 사용 • 불의 발견과 이용
신석기	• 기원전 8000년경 • 최초로 농경생활(밭농사) 시작 • 간석기와 토기(이른민무늬 · 빗살무늬토기) 사용 • 촌락 공동체를 형성하여 정착하면서 생산 경제활동 시작
청동기	• 기원전 2000년경 • 농경의 발달과 벼농사의 시작 • 청동기(비파형동검 · 거친무늬거울), 토기(미송리식 · 민무늬토기) 사용 • 부족사회 형성

빗살무늬 토기(신석기)

민무늬 토기(청동기)

MORE

선사시대의 신앙

• **애니미즘(Animism)**
　모든 사물을 정령이 깃들어 있는 생명체로 보고, 태양과 물을 숭배하는 신앙입니다.

• **샤머니즘(Shamanism)**
　무당(샤먼)이 초자연적인 존재와 직접 교류하면서 예언을 하거나 질병을 치료할 수 있다고 믿는 신앙입니다.

• **토테미즘(Totemism)**
　씨족적 집단의 구성원 · 기원과 관련하여 매우 특별한 혈연관계를 맺고 있다고 믿으며, 특정한 동식물 등의 자연물을 신성하게 여기는 신앙입니다.

• **조상 숭배**
　인간이 죽어도 영혼은 불멸한다고 믿어 조상을 숭배하는 신앙입니다.

단군왕검

단군신화

단군왕검에 얽힌 고조선의 건국신화

환웅과 웅녀 사이에서 태어난 단군왕검은 기원전 2333년 '홍익인간'을 이념으로 하여 고조선을 건국하였습니다. 이러한 단군의 고조선 건국에 관한 이야기인 단군신화를 통해 고조선은 제정일치·부족연맹체의 농경사회로서 사유재산제를 인정한 계급사회였음을 알 수 있습니다. 단군신화는 일연이 지은 삼국유사에 최초로 기록되었고, 제왕운기·세종실록지리지·응제시주·동국여지승람에 수록되어 있습니다.

MORE

홍익인간(弘益人間)

널리 인간을 이롭게 한다는 뜻입니다.

고인돌

청동기시대에 성행한 무덤 형식의 하나로, 지상에 묘실을 설치한 뒤 그 위에 덮개돌을 올린 북방식과 지하에 묘실을 만들어 그 위에 덮개돌을 놓고 돌을 괴는 남방식으로 구분됩니다. 고인돌을 세우는 데는 많은 인력이 필요했으므로 고인돌의 주인이 권력과 경제력을 가진 지배층이었음을 알 수 있습니다.

고분의 변화

시 대	양 식	시 대	양 식
신석기	토 묘	청동기	고인돌
철 기	토광묘(널무덤), 독무덤	고구려	석총(초기) → 토총(후기)
백 제	돌무지 무덤	신 라	돌무지 덧널 무덤 (적석 목곽분)
통일 신라	굴식 돌방 무덤 (횡혈식 석실 고분)	고 려	토 묘

8조법

'한서지리지'에 남아있는 고조선의 기본법

현재는 아래의 3개 조목만 전해지는 고조선의 8조법을 통해 고조선이 당시 사유재산을 인정하는 사회이자 계급사회로서 개인의 생명을 중시했으며, 가부장적인 가족제도가 확립되어 있었음을 알 수 있습니다.

• 사람을 죽인 자는 즉시 사형에 처한다.
• 남에게 상처를 입힌 자는 곡물로써 배상한다.
• 남의 재산을 훔친 사람은 노비로 삼고, 용서 받으려면 한 사람마다 50만전을 내야 한다.

MORE

8조법(3조 이외의 것은 후에 환단고기에서 추측한 내용)

• 사람을 죽이면 그 즉시 죽음으로 갚는다.
• 사람을 상해하면 곡식으로 갚는다.
• 도둑질하는 자는 적몰*하여 남자는 그 집의 종이 되고 여자는 계집종을 삼는다.
• 소도(성역)를 훼손하는 자는 가두어둔다.
• 예의를 잃은 자는 군에 복무시킨다.
• 근면히 일하지 않는 자는 공공작업에 부역시킨다.
• 음란한 짓(간통)을 하는 자는 태형에 처한다.
• 사기를 치는 자는 훈방(훈계)한다.

*적몰 : 중죄인의 재산을 몰수하고 가족까지 처벌하는 것

고대국가

고구려 · 백제 · 신라 삼국

삼국은 지방의 족장 세력을 왕권 아래에 통합하면서 대내적으로는 율령의 반포, 불교의 수용, 강력한 왕권 확립 등을 통해 중앙집권국가체제의 기틀을 마련하고, 대외적으로는 활발한 정복활동을 통해 영토의 확장을 이루었습니다.

4C 백제 전성기

5C 고구려 전성기

6C 신라 전성기

고대국가의 성립

구 분	건국 세력	국 왕	중앙집권 국가 기반
고구려	부여계 유이민 + 압록강 유역 토착민	태조왕	옥저를 복속, 낙랑을 압박
		고국천왕	5부 체제 발전, 고씨 왕위 세습
백 제	고구려계 유이민 + 한강 유역 토착민	고이왕	• 한 군현과 항쟁, 한 강유역 장악 • 율령 반포, 관등제 정비, 관복제 도입
신 라	유이민집단(박 · 석 · 김) + 경주 토착세력 → 국가발전의 지연	내물왕	• 낙동강 유역 진출, 왜구 격퇴(호우명그릇) • 김씨 왕위 세습, 마립간을 왕호로 사용
가 야	• 낙동강 하류 변한 지역 → 6가야 연맹 • 농경문화 • 철 생산 • 중계무역	미 상	• 금관가야 멸망(532), 대가야 멸망(562) • 중앙집권국가로 성립하지 못하고 신라에 흡수됨

연맹국가

부여, 고구려, 동예, 옥저, 삼한

구 분	부 여	고구려	동 예	옥 저	삼 한
위 치	만주 송화강 유역	압록강의 지류인 동가강 유역의 졸본 지역	함경도와 강원도 북부	함흥평야 지대	한강 이남의 마한, 진한, 변한
경 제	반농반목, 주옥, 모피	정복 활동의 약탈 경제	단궁(활), 과하마, 반어피, 명주, 삼베	해산물 풍부 (소금), 비옥한 토지	벼농사 (철제 농기구, 저수지), 철 생산·수출
정 치	5부족 연맹체 4출도 (마가, 우가, 저가, 구가)	5부족 연맹체 (왕과 대가들) 제가회의	군장 (삼로)이 통치함	읍군과 삼로가 통치함	군장 사회, 제정 분리 (천군과 군장)
풍 속	4조목, 1책 12법, 우제점복, 순장, 영고 (12월)	서옥제, 동맹 (10월)	족외혼, 책화, 무천 (10월)	민며느리제, 가족 공동 무덤	두레, 귀틀집, 수릿날 (5월), 계절제 (10월)
비 고	고구려와 백제의 건국세력 으로 계승	발해, 고려로 정신문화 계승	고구려의 수탈과 압박 때문에 통합된 정치 세력을 형성하지 못함		마한 → 백제, 진한 → 신라, 변한 → 가야로 계승

발해

698년, 대조영이 고구려 유민과 말갈족을 연합하여 세운 국가

발해는 고구려의 계승한 국가임을 내세웠고, 고구려 유민이 지배층이 되어 말갈족을 지배했습니다. 당나라의 제도를 받아들여 3성 6부 체제의 정치 조직을 갖추고, 독자적인 연호를 사용하며 '해동성국'이라는 칭호를 얻을 정도로 강성했으나 926년 거란족(요나라)에 의해 멸망했다고 전해집니다.

구 분	통일 신라	발 해
중앙 관제	집사부를 중심으로 한 14부	3성 6부, 정당성
지방 제도	9주 – 군, 현	5경 15부 62주 – 현
수 상	시 중	대내상
특수 지역	5소경, 향, 소, 부곡	5경
군사 조직	9서당(중앙), 10정(지방)	10위(중앙), 지방군(농병일치)

음서제도

고려시대 고위 관료의 자제는 과거를 통하지 않고 관리가 될 수 있게 한 제도

고려는 공신 및 5품 이상 관리의 자제는 과거를 보지 않아도 관리가 될 수 있었기 때문에 과거를 통해 관리가 되는 사람보다 음서로 관리가 되는 사람이 많았다고 합니다. 공음전과 함께 음서는 고려의 귀족적인 관료체제의 특성을 보여주는 제도입니다.

MORE

공음전
5품 이상의 관료들에게 지급한 임야와 토지로, 세습이 가능했기 때문에 음서제도와 함께 문벌귀족의 경제적 기반이 되었고 그들의 기득권 유지에 기여하였습니다.

도병마사

고려시대 중요사안을 심의 · 결정하던 국가 최고회의기관

국방상 중요한 문제와 국가의 정책을 협의 · 결정하는 기관이 었습니다. 중서문하성의 재신과 중추원의 고관(추밀)으로 구성되었습니다. 고려 후기에는 원의 간섭 하에 도평의사사로 개편되어 국정 전반의 문제를 합의했으며 조선 초에 의정부로 개편됩니다.

묘청의 난

서경천도를 주장하던 묘청이 개경 문벌귀족에 대해 일으킨 반란

묘청과 그를 지지하는 세력이 풍수지리 사상을 표방하며 서경 (현재의 평양)으로 천도할 것을 주장했습니다. 그러나 개경파 인 김부식 등의 반대로 실패하자 묘청 세력은 난을 일으켰고 곧 관군은 이를 진압하였습니다. 훗날 신채호는 이 사건을 '조선 천년 역사에서 최고의 사건'이라 하며 자주성의 측면에서 높이 평가했습니다.

MORE

구 분	서경 세력	개경 세력
중심 세력	묘청, 정지상 등 신진 세력	김부식 등 문벌귀족
배경 사상	불교, 풍수지리설	사대적 유교 사상
대외 정책	북진 정책 (금 정벌 주장)	사대주의
대내 정책	서경천도와 혁신정치 요구	민생안전을 위한 현상유지
역사 의식	고구려 계승	신라 계승

벽란도

예성강 하구에 위치한 고려시대의 국제 무역항

벽란도는 비교적 수심이 깊어 배가 자유롭게 출입할 수 있는 항구로서 중국과 일본, 아라비아 등 다양한 국가와 교역을 하였습니다. 이때부터 이곳을 드나드는 아라비아, 페르시아 상인과 동남아 사신을 통해 '고려'가 '코리아'라는 발음으로 전 세계에 알려지게 되었습니다.

삼국사기

삼국사기

고려시대 김부식 등이 편찬한 삼국의 역사서

인종 23년(1145년)에 김부식의 주도 아래 기전체로 편찬한 삼국의 역사서로, 고구려 · 백제 · 신라 3국의 정치적인 흥망과 변천을 중심으로 기록되어 있습니다. 우리나라 최초의 관찬사서(정부가 집필한 역사서)로서 후대에 편찬된 역사서의 모범이 되었습니다.

직지심체요절

직지심체요절

세계 최초의 금속 활자본

1377년에 제작된 세계에서 가장 오래된 금속 활자본으로 독일의 구텐베르크 활자보다 80년 앞선 것입니다. 2001년에는 유네스코 기록유산으로 등재되었습니다. 그 내용은 역대 여러 부처와 고승들의 법어, 대화, 편지 등에서 중요한 것을 뽑아서 편찬한 것입니다.

과전법

권문세족의 경제 기반을 약화시키기 위해 실시한 토지제도 개혁

고려 말, 국가 재정문제를 해결하기 위해 권문세족이 불법으로 점유한 토지를 몰수하여 관리들에게 급료로 토지를 분급한 제도를 말합니다. 해당 관리는 과전에서 나오는 세금을 거두는 권리인 수조권을 부여받았고 이는 조선 초 토지제도의 근간을 이루게 됩니다.

MORE

토지제도의 변천

구 분	과전법	직전법	관수관급제
시 기	고려 말 공양왕	조선 세조	조선 성종
목 적	사대부의 경제 기반 마련	지급할 토지의 부족 해결	국가의 토지 지배권 강화
지급대상	전직, 현직 관리	현직 관리	국가가 수조권 대행
결 과	토지제도의 모순 해소	농장 확대의 계기	토지 사유화 현상 진전

경국대전

조선시대의 기본법전

조선 초의 법전인 '경제육전'의 원전과 속전 및 그 뒤의 법령을 종합해 만든 것으로, 세조 때 편찬을 시작하여 성종 때에 이르러 완성되었습니다. 정부의 직제 및 관리 임면 등에 관한 '이전'과 재정에 관한 '호전', 외교·의례 등에 관한 '예전', 군사제도에 관한 '병전', 재판과 형벌 등에 관한 '형전', 도로·도량형 등에 관한 '공전'의 총 6전으로 구성되었습니다.

삼정의 문란

전정, 군정, 환곡의 3가지 세금 수취 체계가 부패해진 것

- 전정 : 전지를 정확하게 조사하여 1년의 수확량에 대해 균등한 전세를 부과하는 제도이나 관리들의 부정부패로 인해 부당한 명목으로 과다하게 징수하는 폐단이 발생하였습니다.
- 군정 : 백성의 군역부담을 덜기 위해 균역법을 실시하였으나 임진왜란 후 모병제가 실시되면서 군역의무를 군포납부로 대신하게 되었습니다. 이때 관리들과 결탁한 양인들은 군역을 면제받고 가난한 양인만이 군역을 부담하게 되니 군포가 부족해졌고, 관리들은 사망자 · 개 · 어린아이 등 비대상자에게까지 군포를 징수하는 폐단이 나타났습니다.
- 환곡 : 가난한 백성들을 위해 춘궁기에 미곡을 빌려주고, 추수가 끝나면 이자를 붙여 되받는 제도였으나 후에 고리대인 장리로 변질되어 심각한 폐단이 나타났습니다.

목민심서

목민심서

정약용이 저술한 백성을 다스리는 지방 목민관의 태도에 관한 책

조선 후기 실학자 정약용이 유배지인 다산초당에서 지방의 수령들이 지켜야 할 일들을 상세하게 기록하여 완성한 책으로, 관리의 횡포와 부정부패를 폭로 및 경계하고, 수령들의 윤리적 각성을 촉구했습니다.

MORE

정약용의 주요 작품

흠흠신서	곡산부사 시절 자신이 실제 수사했던 사건들을 바탕으로 형벌에 대한 주의와 규범을 적어 사람 생명에 관한 일은 신중해야 함을 강조한 책
경세유표	행정기구의 개편을 비롯, 관제 · 토지제도 등 모든 제도의 개혁 원리를 제시한 책

비변사

조선 중기 이후 정치·경제 문제 및 국정을 총괄한 최고 관청

삼포왜란(중종 5년)을 계기로 임시기구로 설치되었다가 을묘왜변(명종 10년)을 수습하는 과정에서 상설기관이 되었습니다. 초기에는 국방에 관한 문제만 논의했으나 점차 정치·경제 등 전반적인 문제를 다루면서 권한이 강화되었습니다. 비변사의 권한이 강화되고 중요한 일들 대부분을 처리하자 조선 후기 붕당정치 시기에 이르러서는 각 붕당들이 자신들의 세력을 키우기 위해 비변사를 장악하려고 하였습니다. 이러한 이유로 19세기 세도정치 시기에는 비변사의 힘이 절정에 달하게 되었습니다.

MORE

비변사의 위상과 실제

효종 5년 11월 임인, 김익희가 상소하였다. "요즈음 여기에서 큰일이건 작은 일이건 모두 취급합니다. 의정부는 한갓 헛 이름만 지니고 6조는 할 일을 모두 빼앗기고 말았습니다. 이름은 '변방 방비를 담당하는 것'이라고 하면서 과거에 대한 판정이나 비빈 간택까지도 모두 여기서 합니다."

– 「효종실록」

삼포왜란

1510년(중종 5년)에 제포(내이포), 부산포, 염포의 삼포에 거주하고 있던 왜인들이 대마도주 종성친의 지원을 받아 일으킨 반란입니다.

을묘왜변

1555년(명종 10년)에 일어난 왜구의 습격으로 왜구들이 전라남도 해남군 달량포를 기습하여 전라남도 영암·강진·진도 일대까지 습격해 10진이 함락되었으나 곧 토벌되었습니다.

세도정치

본래 의미는 '세상을 올바르게 다스리는 것'이지만, 우리나라 역사에서는 국왕의 외척이 되는 인물들이 국왕을 대신하여 정치를 하고, 권력을 장악하는 형태의 정치상황을 말합니다. 조선 후기 순조·헌종·철종 대에 외척들에 의해 전개되었던 정치형태가 대표적입니다.

사화

세조 이후 공신들을 중심으로 정치적 실권을 장악하고 중앙집권체제를 강조한 훈구파에 맞서 성리학에 투철한 사족들이 영남과 호서 지방을 중심으로 한 지방 세력을 기반으로 성장하였습니다. 이들 사림세력이 훈구파와 대립하면서 갈등을 빚기 시작했고, 갈등이 심화되어 네 차례의 사화로 이어진 결과 사림파는 큰 피해를 입게 되었습니다.

MORE

4대 사화

구 분	발생 시기	원 인
무오사화	1498년(연산군)	연산군의 실정, 김종직의 조의제문
갑자사화	1504년(연산군)	연산군의 모친 폐비윤씨의 복위논란
기묘사화	1519년(중종)	조광조의 급진개혁정치에 대한 반발
을사사화	1545년(명종)	왕위계승문제를 둘러싼 외척의 갈등

조의제문

김종직이 조선 성종 때 세조의 왕위찬탈을 풍자해 지은 글로, 단종을 죽인 세조를 의제를 죽인 항우(項羽)에 비유해 세조를 은근히 비난하는 내용을 담고 있습니다.

사림파

고려 말, 조선 초에 등장한 지방 중소지주 출신의 지식인들을 말합니다. 성리학을 바탕으로 한 경학을 중시하였고, 지방에서 서원과 향약을 토대로 그 기반을 강화하였습니다. 성종 초에 김종직 등 영남출신이 등용되어 정계에 진출하기 시작하였고 그들이 제자를 배출하면서 세력이 커졌지만 사화가 발생하면서 그 세력이 꺾이게 됩니다.

훈구파

세조의 왕위찬탈 과정에서 공을 세워 공신이 된 세력 중심의 관료집단을 말합니다. 시가와 문장을 중시하였고, 실용적인 학문에 능하였으며, 정부 요직을 독점하여 강력한 세력으로 자리 잡게 됩니다.

실학

수원 화성

17~18세기 성리학의 한계를 자각하고 등장한 실사구시의 학문

민생안정과 부국강병을 목표로 실증적 논리에 따라 사회 개혁론을 제시한 학문입니다. 성리학적 한계를 극복하고 현실 문제의 해결책을 강구하여 사회 변화에 대응하기 위한 실천적·근대지향적 학문이자 철학이라 할 수 있습니다.

MORE

중농학파와 중상학파

구 분	중농학파(경세치용학파)	중상학파(이용후생학파)
성 격	서울 남인 출신, 농민을 위한 제도 개혁과 자영농 육성 주장	서울 노론 출신, 상공업 진흥과 기술 혁신 주장(북학파)
학 자	• 유형원 : 반계수록, 균전론 주장, 문벌과 노비제의 모순 비판 • 이익 : 성호사설, 한전론 주장, '여섯 가지 좀(폐단)' 지적 • 정약용 : 목민심서, 경세유표, 실학 집대성, 과학 기술의 발전 주장, 백성의 의사를 반영한 정치제도 제시, 여전론 주장	• 유수원 : 우서, 개혁과 상공업 진흥 주장 • 홍대용 : 임하경륜, 기술 혁신과 문벌 철폐 주장 • 박지원 : 열하일기, 화폐 유통 주장, 양반의 무능력 비판 • 박제가 : 북학의, 청나라와 통상하고, 소비를 통한 생산 자극 주장

균전론(均田論)

토지의 국유화를 원칙으로 정하고 농민에게 균등하게 분배하는 제도입니다.

한전론(限田論)

기본적인 생활을 유지하는 데 필요한 영업전을 할당하고, 영업전의 매매를 금지하며, 영업전 외 토지에 대해서만 매매를 허용하는 제도입니다.

여전론(閭田論)

농사를 짓는 사람에게만 점유권과 경작권을 부여하는 제도입니다.

이순신

임진왜란

1592~1598년, 일본군의 침입으로 2차에 걸쳐 발생한 전쟁

조선의 국방력이 약화된 상황에서 일본군이 침입하여 평양과 함경도까지 장악하였으나 이순신 등 수군의 승리로 전세가 역전되었으며 곽재우 등 의병과 조 · 명 연합군의 활약 등으로 승리하였습니다. 그러나 전쟁으로 문화재는 소실되고, 막대한 인명피해와 경제적 어려움이 초래되었으며, 농촌은 황폐화되고 신분제의 동요를 가져왔습니다.

운요호

강화도조약

운요호 사건으로 1876년 일본과 맺게 된 불평등 조약

부산 · 인천 · 원산 등 3개의 개항과 치외법권의 인정 등 불평등한 내용으로 된 12개조의 근대 조약입니다. 이 조약체결 후 일본 · 미국 · 영국 · 독일 · 프랑스 등 열강의 제국주의가 본격적으로 침입하기 시작했습니다.

MORE

운요호 사건

우리나라가 계속되는 통상요구를 거절하자 일본이 운요호를 한강으로 침투시켜 강화도 사병과 충돌하게 하였습니다. 이후 사건에 대한 사죄와 함께 통상을 요구하면서 강화도조약을 체결하게 됩니다.

쇄국정책

대내적으로는 세도정치의 폐단이 극심해져 민란이 발생하는 등 나라가 혼란스러웠고, 대외적으로는 일본과 서구 열강의 제국주의가 침략하면서 조선은 개방과 쇄국의 기로에 서게 되었습니다. 이에 흥선대원군은 안으로는 왕권을 강화하여 세도정치의 폐단을 바로 잡고, 밖으로는 쇄국정책을 실시하여 외세의 침략에 맞서고자 하였습니다.

갑신정변

개화당

1884년, 개화당이 개화정부 수립을 위해 일본의 지원을 받아 일으킨
정변

임오군란 이후 청의 간섭이 심화되자 개화당의 김옥균·박영
효 등은 민씨 일파 축출과 대원군의 석방요구 및 청에 대한
조공 폐지 등 혁신강령 14개조를 요구하며 일본의 힘을 빌려
우정국에서 정변을 일으킵니다. 그러나 청나라의 간섭으로 신
정부는 3일 만에 무너지고 한국과 일본은 한성조약을 체결하
게 되었습니다.

MORE

개화 세력과 보수 세력의 대립

구 분	임오군란	갑신정변
시 기	1882(고종 19년)	1884(고종 21년)
원 인	개화정책에 대한 구식군인의 반발	개화정책의 후퇴, 급진적 개혁 추진 욕구
결 과	청의 내정간섭 초래, 제물포조약 체결	청의 내정간섭 강화, 개화 세력의 위축

한성조약

갑신정변은 국내에서 문제된 정치적 사건이었지만 일본군의 지원을 받아
이루어진 것이었습니다. 이러한 이유로 갑신정변이 실패하자 궁내에 있던
일본군이 쫓겨나고, 일본 공사관이 민중의 습격을 받으며 일본 거류민이
피살되기도 하는 등 일본측에도 피해가 생기게 되었습니다. 일본은 이에
대해 재건비와 일본인 피해자에 대한 배상금을 요구하였고 급기야는 군
대를 동원하기까지 합니다. 한국은 어쩔 수 없이 일본의 요구를 들어주고
조약을 체결하게 되었습니다.

전봉준

동학농민운동

1894년 전봉준이 중심이 되어 일으킨 반봉건·반외세 농민운동

고부 군수 조병갑의 불법착취, 농민 수탈의 강화와 농촌 경제의 파탄, 일본의 침략, 동학교도에 대한 탄압 등에 맞서 확산된 아래로부터의 반봉건적·반침략적 민족운동입니다. 동학농민군은 전주성을 점령하는 한편 집강소를 설치하여 12개조의 폐정개혁안을 발표하였으나 우금치 전투에서 관군과 일본의 연합군에 패배하였습니다. 운동은 비록 실패로 끝났지만 그들의 주장 일부가 갑오개혁에 반영되기도 하였고, 훗날 항일의병 및 3·1운동의 정신으로 계승되는 등 많은 영향을 준 사건입니다.

시모노세키조약

청일전쟁

1894~1895년, 청나라와 일본이 조선의 지배권을 놓고 벌인 전쟁

1894년 동학농민운동 진압 과정에서 조선이 청나라에 원군을 요청하자 일본은 1885년 청과 맺은 톈진조약을 근거로 조선에 침입하며 청일전쟁이 발발하게 됩니다. 이 전쟁에서 승리한 일본은 시모노세키조약을 맺고 조선에 대한 정치적 주도권을 쟁취한 반면 청나라는 무력함과 퇴보를 여실히 드러냈습니다.

MORE

시모노세키조약

청일전쟁 후 일본 시모노세키에서 일본과 청나라가 체결한 조약으로, "청은 조선이 완전한 자주 독립국임을 인정하고 랴오둥반도와 대만을 일본에 넘겨준다"는 내용을 담고 있습니다.

갑오개혁

1894년 일본의 강압으로 실시하게 된 근대적 개혁

일본의 강압으로 정치 · 경제 · 사회 · 문화 전반에 걸쳐 실시한 근대적 개혁으로 근대화의 출발점이 되었으나 보수적·봉건 잔재로 인해 기형적 근대화가 이루어지게 됩니다. 청의 종주권 부인, 개국기원 사용, 과거제 폐지 및 노비해방, 신교육령 실시 등을 그 내용으로 합니다.

제3조 : 청에 의존하지 않고 자주 독립의 기초를 세운다.

제4조 : 왕실 사무와 국정 사무를 혼동하지 않는다.

제6조 : 납세는 법으로 정하고 함부로 세금을 징수하지 않는다.

제7조 : 조세 징수와 경비 지출은 모두 탁지아문에서 맡는다.

제14조 : 문벌을 가리지 않고 인재를 등용한다.

홍범 14조

MORE

홍범 14조

갑오개혁 이후 정치적 근대화와 개혁을 위해 제정된 국가기본법으로, 청에 대한 종주권을 부인하여 자주독립의 기초를 세울 것을 선포했고, 종실 · 외척의 정치 관여를 용납하지 않음으로써 대원군과 명성황후의 정치 개입을 배제시켰습니다.

을사조약

1905년 일본과 맺은 강제적인 조약으로 한 · 일 합방의 기초가 됨

러 · 일전쟁에서 승리한 일본은 한국을 보호국으로 만들기 위해 이토 히로부미를 앞세워 우리나라와 강제 조약을 체결하였습니다. 그 결과 일본은 서울에 통감부를 두어 보호정치를 실시하게 되었고 우리나라는 주권 상실과 외교권 박탈을 당하게 됩니다. 이에 분노한 장지연은 황성신문에 〈시일야방성대곡〉이라는 논설을 발표하며 조약 체결의 부당성을 규탄하였습니다.

을사조약의 문서

MORE

시일야방성대곡

을사조약의 부당함을 알리고 을사오적을 규탄하기 위해 장지연이 쓴 논설로 황성신문에 게재되었습니다. 그러나 이 논설로 인해 황성신문은 정간되기도 하였습니다.

식민통치의 변화

무단통치 → 문화통치 → 민족말살통치

- 무단통치(1910년대)

  조선총독부 설치(1910), 헌병경찰의 즉결 처분권, 언론 · 출판 · 집회 · 결사의 자유 박탈, 105인 사건 등을 일으켜 독립운동 탄압, 토지조사사업
- 문화통치(1920년대)

  3 · 1 운동 이후 보통경찰제 실시, 식민통치를 은폐하기 위한 기만적 정책, 우민화 교육, 친일파 세력을 양성해 민족 분열, 산미증식계획 실시(1920~1934)
- 민족말살통치(1930년대 이후)

  내선일체, 황국신민화, 창씨개명, 우리말 사용과 국사 교육 금지, 강제징용 · 징병, 일본군 위안부, 1937년 중 · 일전쟁 이후 병참기지화 정책으로 물자와 인력 수탈

신민회

1907년 안창호가 조직한 항일 비밀결사 단체

국권회복을 목적으로 하여 안창호가 박은식 · 신채호 · 양기탁 등과 조직한 단체로 비밀결사를 통해 교육구국운동, 민중계몽운동, 독립군 양성운동, 민족산업 진흥운동 등에 앞장섰습니다. 그러나 일제가 조작한 105인 사건으로 인해 해체하게 되었습니다.

MORE

105인 사건

일제가 1910년 평안도를 중심으로 한 배일 기독교 세력과 신민회의 항일운동을 탄압하기 위해, 총독 암살 음모를 꾸몄다고 하여 수백 명의 민족 지도자를 투옥하고 그중 중심 인물 105인을 재판에 회부한 사건입니다.

3·1운동

1919년, 일제식민지배에 저항하며 일어난 대규모 만세운동

- 배경 : 도쿄 유학생들의 2·8 독립선언 발표, 미국 윌슨 대통령의 민족자결주의 제창
- 과정 : 1919년 3월 1일 태화관에서 민족 대표 33인의 이름으로 독립선언서 발표, 전국과 외국으로 독립만세운동 확산
- 결과 : 일제는 문화통치 표방, 대한민국 임시정부 수립에 큰 영향, 민족 주체성 확인과 독립 문제를 세계에 알림

MORE

3·1운동 전후에 발표된 독립선언서
- 1918년 11월 만주·노령에서 발표한 〈무오독립선언서〉
- 1919년 2월 8일 동경에서 발표한 〈2·8독립선언서〉
- 1919년 3월 1일 서울에서 발표한 〈3·1독립선언서〉

대한민국임시정부

대한민국임시정부
수립

1919년 광복을 위해 중국 상하이에 수립한 임시정부

우리나라 최초의 민주공화정체로서 1945년 광복에 이르기까지 상하이에서 항저우, 창사 등으로 청사를 옮겨가며 군자금 조달, 애국공채 발행, 독립신문 간행 등 독립운동을 전개하였습니다. 미국과 합동하여 국내진입 계획을 진행하던 중에 대한민국은 광복을 맞게 되었습니다. 연락기관인 교통국을 두고 연통제를 실시하였습니다.

MORE

연통제
중국 상해에 있는 대한민국임시정부가 국내와 연락을 하기 위해 설치한 비밀연락망 조직입니다.

신간회

1927년 민족주의 세력과 사회주의 세력이 합작·발족한 항일단체

조선의 독립을 위해 좌·우익 세력이 합작하여 결성한 항일단체로 민족주의를 표방하며 단결을 공고히 하였고 기회주의를 배격하였습니다. 강연회 개최 및 한국어 교육에 대한 연구 활동을 했으며 1929년 광주학생항일운동이 발생하자 진상 조사단을 파견하고, 전국적인 항일독립운동으로 확산시키는 것을 도왔습니다.

MORE

광주학생항일운동

통학 열차 안에서 일어난 조선인 학생과 일본인 학생 사이의 다툼을 일본 경찰이 일방적으로 처리하면서 민족 차별 중지, 식민지 교육제도 철폐 등을 요구하는 광주 지역 학생들의 항일운동이 이어졌습니다.

일제 강점기 국내 민족운동

• 실력양성운동

개화기의 애국계몽계열운동이 일제 강점기의 실력양성운동으로 계승되어 교육과 경제적 실력 양성에 주력하였습니다.

물산장려운동 (1920)	'내 살림 내 것으로', '조선 사람 조선 것으로'라는 구호로 일제의 각종 수탈에 항거하여 벌였던 민족경제자립운동입니다.
민립대학설립 운동(1922)	민족주의자들은 조선인의 실력양성을 위해 민족교육을 위한 교육운동이 중요하다고 생각하여 이상재 등이 모여 민립대학기성준비회를 조직하여 모금운동 등을 전개하였습니다. 그러나 일제의 방해 및 운동 자체의 한계로 인해 실패하게 됩니다.
문맹퇴치 운동(1929~1935)	• 조선일보의 문자보급운동(1929) • 동아일보의 브나로드운동(1931) • 조선어학회의 한글 순회 강습

• 민족문화수호운동 단체
- **국문연구소(1907)** : 주시경, 지석영 등의 위원으로 구성하여 약 3년 동안 국어 통일에 관한 토의 진행
- **조선어연구회(1921)** : 가갸날을 제정, 〈한글〉의 간행 등 한글의 연구와 보급활동
- **조선어학회(1931)** : 한글 맞춤법 통일안 발표, 한글 순회 강습, 우리말 큰사전 편찬 시도

해방 전후 국제회담

해방 전후에 걸쳐 한반도 관리에 대해 열린 국제회담

얄타회담

구 분	내 용	대표국
카이로선언(1943)	한국의 독립보장 선언	미 · 영 · 중
테헤란회담(1943)	연합국 상륙작전	미 · 영 · 소
얄타회담(1945)	38도선의 설정	미 · 영 · 중 · 소
포츠담선언(1945)	카이로선언 재확인	미 · 영 · 중 · 소
모스크바 3상회의 (1945)	한반도 5년간 신탁통치 합의	미 · 영 · 소
미 · 소 공동위원회 (1946)	신탁통치협약 작성을 위한 위원회, 한국 통일문제 토의	미 · 소

MORE

신탁통치

2차 세계대전 후, 국제연합의 위임을 받은 나라가 일정한 비자치 지역에서 행하는 통치 형태로서 자치능력의 결여에 따라 정치적 혼란이 우려되는 지역을 위임 통치하여 안정적인 정치질서 수립에 기여합니다.

제주4 · 3사건

1948년 제주에서 벌어진 남로당 무장봉기와 미군정의 진압으로 제주도민이 희생당한 사건

제주4 · 3사건은 1948년 남한만의 단독정부 수립에 반대한 남로당 제주도당의 무장봉기와 이에 대한 미군정 및 경찰토벌대의 강경진압이 원인이 되어 발생했습니다. 진압과정에서 법적 절차를 거치지 않고 총기 등으로 민간인을 학살하면서 제주도민들이 큰 피해를 입었습니다. 이 사건은 전남 여수에 주둔하던 국방경비대 제14연대 소속 일부 군인들이 4 · 3사건의 진압을 거부하며 여수와 순천 지역 일대를 장악한 여수 · 순천 10 · 19사건으로 이어지기도 했습니다.

4 · 19 혁명

3 · 15 부정선거에 항의하는 대규모 민주항쟁

1960년 이승만 중심의 자유당 정권이 부정선거를 자행하자 이를 규탄하는 시위가 시작되었고, 4월 19일 학생들의 주도하에 대규모 시위로 이어졌습니다. 결국 이 혁명으로 이승만은 대통령직을 사임하게 되었고, 자유당 정권도 붕괴되었습니다.

MORE

역사적 사건의 순서

4 · 19 혁명(1960) → 5 · 16 군사정변(1961) → 12 · 12 사태(1979) →
5 · 18 민주화운동(1980) → 6 · 10 민주항쟁(1987) → 6 · 29 선언(1987)

5 · 18 민주화운동

전두환 중심 신군부 세력이 일으킨 12 · 12 사태에 대한 민주항쟁

1980년 신군부 세력이 12 · 12 사태를 일으켜 정치권을 장악한 후 비상계엄령을 선포하자 대규모의 민주항쟁이 발생하였습니다. 정부가 이를 진압하기 위해 군대를 동원해 5월 18일 광주광역시에서 일반시민들을 무자비하게 학살하면서 많은 시민들이 희생된 사건입니다.

MORE

비상계엄령

전시 · 사변 또는 이에 준하는 국가 비상사태가 발생하여 사회 질서가 극도로 교란되어 행정 · 사법 기능의 수행이 곤란할 때 대통령이 선포하는 계엄을 말합니다.

세계 4대 문명

기원전 3000년을 전후해 발생한 4대 문명은 큰 강 유역에서 발생, 국가를 이루기 시작

구 분	특 징	강	공통점
메소포타미아 문명 (기원전 3500년)	쐐기문자 · 60진법 사용, 함무라비 법전 편찬, 태음력 제정	티그리스강, 유프라테스강	기후 온화 · 관개 용이 · 토지 비옥
이집트 문명 (기원전 3000년)	폐쇄적 지형, 상형문자 · 10진법 사용, 피라미드 · 스핑크스 제작	나일강	
황하 문명 (기원전 3000년)	동아시아에서 가장 오래된 문명, 갑골문자 · 달력 사용	황 하	
인더스 문명 (기원전 2500년)	청동기 · 그림문자 사용, 발달된 도시문명, 엄격한 신분제도	인더스강	

헬레니즘 문화

그리스 문화와 오리엔트 문화의 융합

고대 마케도니아 왕국의 알렉산더 대왕의 정복활동으로 이루어진 문화로, 오리엔트 문화에 인본주의적인 그리스 문화가 융합된 세계적인 문화를 말합니다. 타문화에 개방적이고 보편적인 문화를 추구하여 훗날 로마 문화에 영향을 주었고, 기하학 · 물리학 등 자연과학과 개인주의 철학의 발달을 가져왔습니다. 현실적인 미를 추구하는 예술경향은 인도에 전해져 간다라 미술을 탄생시키게 됩니다.

간다라 불상

콜로세움

포로 로마노

로마

기원전 8세기경 라틴족이 이탈리아 테베레강 하류지역에 세운 도시국가에서 출발한 제국

로마는 지금의 이탈리아의 어느 지역에 세운 도시국가로 출발하였지만 포에니 전쟁의 승리 후 지중해 지역, 북아프리카, 페르시아 그리고 이집트에 이르기까지 거대한 세력범위를 가진 대제국을 이루었습니다. 몇 천년이 지난 지금도 로마제국의 찬란한 문화는 여전히 빛나며, 현대인에게도 칭송받고 있습니다. 이러한 로마도 게르만족 등의 이동과 페르시아의 성장으로 쇠퇴하기 시작하여 395년 동로마(비잔티움)와 서로마제국으로 분열되었고, 476년 서로마제국은 멸망하였습니다. 그러나 비잔티움은 1453년까지 존속하였습니다.

춘추전국시대

중국 진나라가 통일하기까지 기원전 8~3세기에 이르는 시대

춘추시대와 전국시대로 나뉘며 춘추시대에 왕실의 세력이 약화되자 제후들의 항쟁이 반복되면서 10국이 분립됩니다. 전국시대에 이르러 7웅(진·초·제·연·한·위·조)이 등장하는데 진이 6국을 멸망시키면서 통일했습니다. 한편 이 시기에는 다양한 학파가 등장하였고, 제자백가시대를 맞이하며 학문의 부흥을 이루게 되었습니다.

함무라비 법전

기원전 18세기 무렵 바빌로니아 함무라비왕 때 편찬된 최초의 성문법전

나폴레옹 법전·로마법 대전과 함께 세계 3대 법전의 하나로, 전문 282조로 구성되어 세계에서 가장 오래된 성문법을 담고 있습니다. 탈리오 법칙("눈에는 눈, 이에는 이")의 처벌이 이루어졌음과 신분 계층에 따른 차별이 인정된 점, 사유재산 보유 등이 허용되었다는 점 등을 알 수 있습니다.

함무라비 법전이
새겨진 비석

백년전쟁

1337~1453년 영국과 프랑스 사이에 벌어진 전쟁

프랑스의 왕위 계승 문제와 플랑드르의 양모 공업을 둘러싼 경제적 문제가 얽혀 영국군이 침입하면서 시작된 전쟁입니다. 초기에는 영국이 우세했으나 1492년 잔다르크의 활약에 힘입어 프랑스가 영토를 회복하게 됩니다. 이 전쟁은 봉건제후와 귀족의 몰락을 가져왔고, 중앙집권적 국가로 진입하는 계기가 되기도 하였습니다.

잔다르크

봉건제도

중세유럽에서 토지를 매개로 한 지배계급 상호 간의 주종관계

국왕을 정점으로 지배계급의 기사들이 봉토의 수수를 매개로 하여 주종관계를 맺는 제도를 말합니다. 즉, 영주가 부하에게 봉토를 주면 부하는 봉토로 받은 장원의 영주로서 농민을 지배하는 것입니다. 봉건제 시행 결과 지방분권화가 촉진되었고, 왕권은 약화되었습니다.

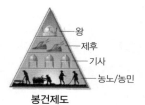

왕
제후
기사
농노/농민

봉건제도

**보티첼리의
〈비너스의 탄생〉**

르네상스

14~16세기 그리스 · 로마의 고전 문화 부흥운동

중세 교회의 권위 몰락과 봉건 사회의 붕괴를 배경으로 이탈리아에서 발원하여 전 유럽으로 퍼져나간 르네상스는 종교에서 탈피하여 고전 문화를 부흥시키고, 개인을 존중하며, 인간적인 근대 문화를 창조(휴머니즘)할 것을 주장한 운동입니다. 또한 자연에 대한 관심을 증가시킴으로써 근대 과학 발전의 시발점이 되었고, 유럽 근대 문명 발전의 원동력이 되었습니다.

MORE

구 분		특 징
이 탈 리 아	배 경	지중해 무역의 중심지, 도시와 상업의 발전(시민층의 성장), 로마의 문화유산 간직, 비잔틴 학자들의 이주
	정 치	종교와 정치의 분리(마키아벨리의 〈군주론〉)
	문 학	페트라르카(서정시인, 최초의 인문주의자), 보카치오 〈데카메론〉
	미 술	레오나르도 다빈치 〈모나리자〉, 미켈란젤로 〈다비드상〉, 〈천지창조〉, 라파엘로 〈성모상〉 등은 인간과 자연의 아름다움을 표현
	건 축	성 베드로 성당(미켈란젤로 설계), 르네상스 양식
	쇠 퇴	신항로 개척 이후 지중해 무역 쇠퇴에 따라 이탈리아의 무역 도시 쇠락, 정치적인 분열
북 유 럽	특 징	16세기 이후 종교적 · 사회적 비판
	작 품	• 에라스무스(네덜란드) : 〈우신예찬〉에서 교회의 부패 풍자 • 토마스 모어(영국) : 〈유토피아〉에서 이상적 평등 사회 제시 • 셰익스피어(영국) : 〈햄릿〉, 〈베니스의 상인〉 등 영국의 국민문학 발전 • 세르반테스(에스파냐) : 〈돈키호테〉에서 중세의 기사도 풍자

십자군 원정

중세 서유럽의 그리스도교 국가들이 이슬람교도들로부터 성지를 탈환하기 위해 벌인 원정

그리스도교 국가들은 이슬람교도로부터 성지 예루살렘을 되찾기 위해 1096년부터 1272년까지 총 9차례에 걸쳐 대규모 원정을 감행합니다. 이때 전쟁에 참여한 기사들이 가슴과 어깨에 십자가 표시를 했기 때문에 십자군이라 불리게 됐습니다. 원정이 거듭되면서 본래의 목적에서 벗어나 교황권 강화, 영토 확장 등 세속적 욕구를 추구했고, 결국 내부 분쟁과 흑사병 창궐 등으로 실패하게 됩니다.

청교도혁명

올리버 크롬웰

1642~1660년, 영국 청교도들 중심으로 일어난 최초의 시민혁명

영국의 찰스 1세는 칼뱅의 교리를 믿는 청교도들을 탄압하고, 청교도들이 장악한 의회와 대립하다가 의회를 강제 해산시키고 전제정치를 시작합니다. 그의 전제정치는 의회로부터 반발을 사게 되고 크롬웰이 이끈 의회파는 혁명을 일으키게 됩니다. 결국 크롬웰의 의회파가 승리하여 찰스 1세는 처형되고 영국에는 공화정이 선포되었습니다.

MORE

권리청원(1628)

국민의 자유를 보장하기 위한 인권선언으로, 누구도 함부로 체포·구금될 수 없으며 국민의 군법에 의한 재판을 금지하고 의회의 동의 없이는 어떠한 과세·증여도 부과하지 않을 것을 담고 있습니다. 마그나카르타 및 권리장전과 함께 영국 헌법의 중요한 문서가 되었으며 청교도혁명의 원인을 제공하게 됩니다.

권리장전

명예혁명

1688년 영국에서 일어난 시민혁명, 영국 의회민주주의의 시발점

찰스 2세와 제임스 2세의 전제정치 강화와 친가톨릭주의에 반대한 의회가 심사법과 인신보호법을 제정하고, 제임스 2세를 폐위시킨 뒤 권리장전을 승인받게 됩니다. 이 결과 세계 최초로 입헌군주제가 성립하였고 식민지 개척과 산업 발전의 기반이 확립되게 됩니다. 명예혁명은 다른 혁명과 달리 무혈 시민혁명이라는 점에서 큰 의의를 가집니다.

MORE

권리장전(1689)

명예혁명의 결과 영국에서 공포된 권리선언으로 영국 헌정의 여러 원칙을 밝힌 법률입니다. 국왕은 의회의 동의를 거치지 않고 법률의 적용 및 과세, 상비군 모집을 할 수 없도록 명시했으며 국민의 청원권과 언론·선거의 자유를 보장한다는 내용입니다. 영국 의회민주주의의 기반이 되었으며 후에 미국의 독립선언, 프랑스혁명에도 영향을 끼치게 됩니다.

쑨 원

삼민주의

중국 쑨원이 제창한 이념인 민족주의·민권주의·민생주의

1905년 쑨원이 제창한 중국혁명의 기본 이념으로, 민족의 독립을 주장하는 민족주의와 군주의 지배를 타파하고 민권을 신장시키자는 민권주의, 국민 생활의 안정을 주장하는 민생주의로 구성됩니다.

종교개혁

칼뱅

16세기 교회의 세속화와 타락에 반발하여 일어난 그리스도교 개혁운동

로마 가톨릭교회가 지나치게 세속화되면서 금전적인 목적으로 면죄부를 판매하는 등 타락하자 1517년에 독일의 마틴 루터가 이를 비판하는 95개조의 반박문을 발표한 것을 시작으로 종교개혁 운동이 일어나게 됩니다. 이후 스위스의 츠빙글리, 프랑스의 칼뱅 등에 의해 전 유럽에 퍼졌고 그 결과 가톨릭으로부터 이탈한 프로테스탄트(개신교)라는 신교가 성립하게 되었습니다.

30년 전쟁

17세기 유럽 국가 사이에 벌어진 종교 전쟁

1618년부터 1648년까지 진행된 가톨릭 국가(구교)와 신교 국가 간의 전쟁입니다. 가톨릭 국가인 스페인제국, 신성로마제국에 맞서 개신교 국가인 보헤미아 왕국, 네덜란드 공화국, 잉글랜드 왕국이 맞붙으며 시작됐습니다. 이후 프랑스 왕국, 스웨덴 왕국 등이 개신교 국가 측에 붙어 참전하여 확대되었습니다. 전쟁은 주로 독일 땅에서 이뤄졌으며, 민간인 포함 800만명에 이르는 사망자를 냈습니다. 전쟁의 결과로 가톨릭 국가 세력은 몰락했고 종교의 자유를 허용하는 '베스트팔렌 조약'이 맺어졌습니다.

Le drapeau tricolore
(프랑스의 국기)

프랑스혁명

1789~1794년 프랑스에서 구 제도의 타파 및 자유 · 평등 · 박애 사회를 건설하기 위해 일어난 시민혁명

당시 절대왕정의 앙시앵 레짐, 타락한 왕과 귀족에 대해 제3신분인 시민계급의 불만이 점점 커져 바스티유 감옥을 습격하면서 혁명을 일으키게 됩니다. 그 결과 프랑스 공화정이 성립되었고, 불합리한 구제도들을 타파하면서 자유 · 평등 · 박애 사회를 건설하겠다는 혁명의 이념은 다른 나라에까지 전파되었습니다.

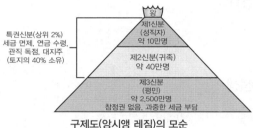

특권신분(상위 2%)
세금 면제, 연금 수령,
관직 독점, 대지주
(토지의 40% 소유)

왕

제1신분
(성직자)
약 10만명

제2신분(귀족)
약 40만명

제3신분
(평민)
약 2,500만명
참정권 없음, 과중한 세금 부담

구제도(앙시앵 레짐)의 모순

문화대혁명

1966~1976년, 마오쩌둥이 일으킨 중국의 사회적 · 정치적 투쟁

급진적 경제 개발 정책인 대약진 운동이 실패하고 덩샤오핑 중심의 실용주의파가 부상하자 위기를 느낀 마오쩌둥(모택동)이 부르주아 세력과 자본주의 타도를 위해 대학생 · 고교생 준군사조직인 홍위병을 조직하고 대중을 동원해 일으킨 정치적 투쟁입니다. 이 과정에서 정치적 · 경제적 혼란이 지속되며 사회가 경직되었고 '중국은 문화대혁명으로 10년을 잃었다'고 표현되기도 합니다. 마오쩌둥이 사망하고, 덩샤오핑이 재부상하며, 1997년 공식 종료되었습니다.

1차 세계대전

1914~1918년, 유럽 국가와 미국, 러시아 등이 참여한 최초의 세계대전

1914년 사라예보 사건을 계기로 하여 동맹국(독일 · 오스트리아)과 연합국(프랑스 · 영국 · 러시아 · 이탈리아 · 일본) 사이에서 벌어진 전쟁이 대규모 세계대전으로 발전하게 되었습니다. 4년 4개월간 지속된 전쟁은 독일의 항복과 연합국의 승리로 끝났으며, 연합국과 독일은 1919년 베르사유조약을 맺게 됩니다.

베르사유조약

MORE

사라예보 사건

오스트리아 황태자 프란츠 페르디난트와 그의 왕비가 사라예보에서 세르비아인 청년에게 암살당한 사건으로, 오스트리아가 세르비아에 선전포고를 하면서 1차 세계대전이 발발했습니다.

2차 세계대전

1939~1945년, 유럽 · 아시아 · 북아프리카 · 태평양 등지에서 추축국과 연합국 사이에 벌어진 세계대전

히틀러

독일이 폴란드를 침공함으로써 발발하였으며, 3국 조약의 추축국을 이룬 독일 · 이탈리아 · 일본과, 미국 · 영국 · 소련 등 연합국 사이에 벌어진 전쟁입니다. 1943년 이탈리아를 항복시킨 연합군은 노르망디 상륙작전으로 프랑스를 해방시키고 1945년 독일의 항복을 받아낸 후 미국이 일본에 원폭을 투하하여 2차 세계대전을 승리로 이끌게 되지만 인류 역사상 가장 많은 인명 · 재산 피해를 남긴 전쟁으로 남았습니다.

MORE

국제연합(UN)

2차 세계대전 후 설립된 국제기관으로, 전쟁 방지 및 세계 평화의 유지와 인류복지의 향상을 목적으로 합니다.

대공황

1929년에 시작된 사상 최대의 경제공황

경제공황이란 경기 순환의 과정에서 상대적 과잉 생산으로, 경제 활동의 축소 과정이 급격하게 진행하는 현상입니다. 1929년부터 1939년 무렵까지 북아메리카와 유럽을 중심으로 전 세계 산업 지역에서 광범위하게 경기 침체가 지속되었습니다. 앞서 1920년대의 미국 경제는 호황을 이루었으나 1929년 주식 시장이 붕괴되면서 호경기는 막을 내렸고, 이때부터 경기는 계속 후퇴해 1932년까지 미국 노동자의 1/4이 실직하게 됩니다. 불황의 영향은 즉시 유럽 경제에 파급되어 독일과 영국을 비롯한 여러 산업 국가에서 수백만의 노동자들이 일자리를 잃고 있는 상황이었으나 제2차 세계대전이 발발하며 인력 및 군수품에 대한 수요 증가와 기술 진보를 촉진시키는 효과를 가져와 경제의 새로운 시대가 열리는 계기가 되었습니다.

02 철학·종교

노장사상(老莊思想)

위진남북조시대에 흥한 도가의 중심사상

노장사상이란 노자와 장자의 사상을 합친 말입니다. 무위자연을 도덕의 표준으로 하고, 허무를 우주의 근원으로 삼습니다. 적극적으로 정치에 관여하는 유교와는 달리 탈세속적인 경향을 보이며 철학적인 문답을 주고받는 청담(淸談)이 귀족들 사이에서 유행하였습니다.

장로의 〈노자기우도〉

성선설(性善說)

인간의 본성이 선하다는 맹자의 성론

맹자는 모든 인간이 가진 선한 본성을 네 가지의 도덕적 실마리로 나누어 보았으며 이를 사단(四端)이라고 합니다. 사단은 각각 인(仁)·의(義)·예(禮)·지(智)의 사덕(四德)이라는 형태로 나타나게 됩니다.

MORE

사단(四端)

측은지심(惻隱之心)	다른 사람을 불쌍히 여기고 안타까워하는 마음 → 인
수오지심(羞惡之心)	부끄러움과 수치를 아는 마음 → 의
사양지심(辭讓之心)	예의와 존경을 아는 마음 → 예
시비지심(是非之心)	옳고 그름을 판단하는 마음 → 지

사 서

사서오경(四書五經)

유가의 기본적인 경전인 사서와 오경

사서에는 〈논어(論語)〉, 〈대학(大學)〉, 〈중용(中庸)〉, 〈맹자(孟子)〉, 오경에는 〈역경(易經)〉, 〈서경(書經)〉, 〈시경(詩經)〉, 〈예기(禮記)〉, 〈춘추(春秋)〉가 있습니다. 이 중 〈대학〉과 〈중용〉은 〈예기〉에서 독립되어 별책이 된 것입니다.

이 황

이 이

이황과 이이

조선시대 성리학의 대표적인 학자들

- 이황(1501~1570)

  이황은 우주만물을 이(理)와 기(氣)의 이원적 요소(이기이원론)로 보고, 이(理)가 먼저 있음으로써 기(氣)를 낳으며 기는 이를 구체화한 것이라는 이기호발설(理氣互發說)을 주장하였습니다. 이와 기는 동일한 것으로 보는 이이와 대립되는 이론입니다.

- 이이(1536~1584)

  이이는 이기이원론은 인정하지만 이와 기에 선후(先後)가 있지 않고 따로 분리되지 않는다는 이기일원론(理氣一元論)을 주장하였습니다. 오히려 모든 현상은 기(氣)로 나타나고 이(理)는 그것에 내재할 뿐이라는 기발이승일도설(氣發理乘一途說)을 내세우며 이황의 주장과 달리하였습니다.

MORE

- **주리론(主理論)** : 이황을 계승한 영남학파의 입장으로 위정척사운동에 영향을 주었습니다.
- **주기론(主氣論)** : 이이를 계승한 기호학파의 입장으로 실학(북학파)과 개화사상에 영향을 주었습니다.

양명학

중국 명나라의 왕양명이 일으킨 유학의 일파

주자학이 지배 이데올로기가 되면서 체제를 옹호하는 측면이 강해지고 도덕적인 측면은 상대적으로 퇴색하게 되었습니다. 왕양명은 이러한 주자학에 대한 비판으로 심즉리·지행합일·치양지를 주창하며 인식과 실천의 합일을 강조하였습니다.

MORE
- **심즉리(心卽理)** : 마음이 곧 이치라는 양명학의 중요한 명제입니다.
- **지행합일(知行合一)** : 인식과 실천을 일치시키는 것을 말합니다.
- **치양지(致良知)** : 사람이 본래 가진 도덕적 판단력을 실천하는 것을 말합니다.

삼강오륜

유교의 도덕관념에서 기본이 되는 세 가지의 강령과 다섯 가지 인륜

삼강은 군위신강(君爲臣綱)·부위자강(父爲子綱)·부위부강(夫爲婦綱)으로 각각 임금과 신하, 아버지와 아들, 남편과 아내 사이에서 지켜야 할 덕목을 말합니다. 오륜은 군신유의(君臣有義)·부자유친(父子有親)·부부유별(夫婦有別)·장유유서(長幼有序)·붕우유신(朋友有信)의 다섯 가지 윤리를 말합니다.

MORE
- **군신유의(君臣有義)** : 임금과 신하 사이에서는 의리가 있어야 한다.
- **부자유친(父子有親)** : 부모와 자식은 친함이 있어야 한다.
- **부부유별(夫婦有別)** : 남편과 아내는 분별함이 있어야 한다.
- **장유유서(長幼有序)** : 어른과 아이에 있어 상하질서가 있어야 한다.
- **붕우유신(朋友有信)** : 친구 사이에는 믿음이 있어야 한다.

성리학

송·명 시대에 걸쳐 철학의 주류를 이루던 학문

인간의 본성을 밝히는 학문으로 성리학이라는 명칭은 이의 근본명제인 성즉리(性卽理)에서 유래합니다. 북송의 정호·정이 형제 등이 이론의 토대를 만들고 주희(朱熹)가 이를 집대성하여 주자학이라고도 합니다. 주희는 존재론으로서 이기이원론(理氣二元論)을 주장하였습니다.

프랜시스 베이컨

경험론(Empiricism)

인식의 근원을 오직 경험에서 찾는 입장

플라톤의 이데아와 같은 초월적인 존재, 칸트의 오성, 직관 같은 선천적인 능력보다 감각이나 내성(內省)을 통한 구체적인 사실을 중시하는 입장입니다. 경험에 의하지 않은 것은 지식이 될 수 없으며, 귀납적 방법(개개의 사실로부터 일반적 결론을 이끌어내는 것)을 통한 것만이 원리가 되고 이것이 타당성을 가질 때 진리가 된다는 것으로 베이컨·로크·버클리·흄 등 17~18세기 영국의 경험론이 대표적입니다.

MORE

베이컨의 네 가지 우상

종족의 우상	모든 것을 인간의 잣대로 해석하는 것
동굴의 우상	좁은 동굴에서 밖을 보는 것 같은 주관적인 사고(개인의 편견)
시장의 우상	사람들의 교류에서 생기는 우상으로 입소문 등이 있음
극장의 우상	기존의 권위에 대한 맹목적인 신뢰에서 오는 편견

유가

공자와 맹자

공자를 시조로 한 제자백가의 학파

중국 춘추 말기에 일어나 2000년 이상 동아시아 각국에 영향력을 가진 사상체계입니다. 최고의 덕목은 인(仁)으로, 효(孝), 제(悌)와 같은 가족 결합의 윤리를 중시하고 이를 사회와 국가의 평화로 확대하여 실현하는 것을 목표로 합니다.

사회계약론(Du Contract Social)

1762년 장 자크 루소(1712~1778)가 저술한 정치철학서

루소의 〈에밀〉

〈에밀〉과 함께 루소의 대표적인 저서 중 하나로, 자유의지를 가진 개인들이 모여 사회계약이라는 형태로 공동체를 이룬 것이므로 사회공동체(국가 등)는 계약에 따라 개인의 자유와 평등을 보장해야 한다는 내용입니다. 따라서 통치자도 사회계약 속의 한 개인으로서 법 위에 군림할 수 없다고 주장합니다. 이러한 이론은 국민주권과 혁명권을 인정함으로써 프랑스혁명에 사상적 기반을 제공하게 됩니다.

MORE

에밀

프랑스의 철학자 루소가 발표한 소설 형식의 교육론으로, 에밀이라는 아이의 출생부터 아버지가 될 때까지의 성장 과정과 그가 받은 교육을 주된 내용으로 합니다. 루소는 책을 통해 당시의 주입식 교육을 비판하며 전인교육을 중시해야 한다고 주장합니다. 이 책에 반영된 루소의 사상은 교육 및 철학사상사에 큰 영향을 주었습니다.

제자백가

중국 춘추시대 말기에서 전국시대에 이르는 약 300년 동안 나타난 여러 학자(제자)와 수많은 학파(백가)의 총칭

주(周) 왕실이 쇠퇴하자 각지의 제후들이 각자 왕을 칭하고 천하를 다투는 춘추전국시대가 도래합니다. 따라서 제후들은 국력을 다지는 데 필요한 인재등용에 열을 올리게 되었는데 이러한 상황 속에서 등장한 것이 제자백가라고 불리는 사상가들입니다.

스콜라 철학(Scholasticism)

중세 유럽의 교회 및 수도원 부속학교(Schola)를 중심으로 형성된 신학 및 철학

중세의 유럽이 기독교의 절대적인 영향력 아래 통일되던 시기에 철학은 신학의 '시녀'로서 봉사하는 학문으로 존재하였습니다. 그리하여 스콜라 철학의 목적은 이성적인 근거로서 기독교 교의의 진리와 설득력을 확보하는 데 있었습니다.

MORE

토마스 아퀴나스(1225~1274)
스콜라 철학을 집대성한 중세 최고의 철학자로 아리스토텔레스의 철학과 기독교 신앙을 체계적으로 융합하였습니다.

삼위일체(三位一體 ; Trinitas)
신은 성부, 성자, 성령이라는 세 개의 위격(位格)으로 나타나며, 본래 하나의 실체라는 기독교의 기본 교리를 말합니다.

불교(Buddhism)

석굴암

기원전 5세기경 인도 석가모니(고타마 싯다르타)에 의해 발생한 종교

전통적인 인도의 카스트 계급 사회에서 브라만 계급의 횡포를 반대하고 만민의 평등과 자비의 실천을 목적으로 진리를 깨달아 부처가 되는 것을 추구했습니다. 소승불교, 대승불교, 라마교로 분류되고, 중국·일본·한국·티베트 등에 분포하며 특히 동양의 문화에 절대적인 영향을 주었습니다.

MORE

천태종(天台宗)	조계종(曹溪宗)
• 대각국사 의천이 창설 • 교종사상(화엄종)에 중점 • 선종사상을 받아들여 상호보완하는 것으로 교관일치 주장	• 보조국사 지눌이 창설 • 고려 때 신라의 9산선문을 합친 종파 • 선(염불)을 주로 하는 정혜쌍수 주장 • 중심사찰 : 송광사

계몽주의(Enlightenment)

루소

17~18세기의 유럽에서 지배적이던 반봉건적 합리주의 사상

봉건적·신학적인 사상에서 탈피하여 이성과 인간성을 중시하는 사상 경향입니다. 봉건군주나 종교처럼 복종만을 강요하던 권위에서 벗어나, 인간이 스스로의 이성에 따라 합리적으로 행동하자는 것입니다. 이러한 계몽주의의 합리주의 정신은 근대과학의 기초와 근대 자본주의 발전의 원동력이 되었습니다.

마르크스

변증법적 유물론(Dialectical Materialism)

마르크스와 엥겔스가 창시한 공산주의적 세계관

헤겔의 관념적 변증법과 포이에르 바하의 형이상학적 유물론을 비판적으로 수용하며 나온 철학사상입니다. 이에 따르면 정신이 물질을 지배하는 것이 아니라, 물질이 먼저이고 그에 따른 소산으로서 정신적인 것이 나온다는 것입니다. 또한, 사회·역사의 발전과정을 물질적인 것의 변증법적 발전으로 파악하였으며 이후 이것은 사적 유물론으로 이어지게 됩니다.

스토아 학파(Stoicism)

헬레니즘시대에 나타난 철학 또는 학파

그리스 문화가 좁은 도시국가를 넘어 지중해 연안의 넓은 영역에 미친 헬레니즘시대를 대표하는 철학입니다. 스토익(Stoic)이라는 말이 나타내듯 금욕적인 사상으로, 세계시민주의로 광대한 영토를 가진 로마제국의 공식철학이 되었습니다.

키에르케고르

실존주의

개인으로서 인간의 주체적 존재성을 강조하는 철학

보편적·필연적인 본질존재를 규정하는 기존철학에 대항하여 현실존재인 개개인의 삶과 자유를 강조하는 철학입니다. 2차 세계대전 이후 20세기의 문학·예술을 포함한 사상운동으로 번지게 되었습니다. 대표적인 사상가로는 키에르케고르·니체를 비롯하여 야스퍼스·하이데거·사르트르가 있습니다.

형이상학(Metaphysics)

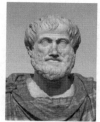

아리스토텔레스

세상의 궁극적인 본질을 묻는 철학

감각이나 경험을 초월한 보편적인 원리에 따른 사유로서, 세상의 본질을 파악하려는 전통적인 철학을 말합니다. 아리스토텔레스는 이를 '제1철학'이라 하여 물리학·생물학 등 과학적 방법에 의한 분야인 '자연철학(제2철학)'과 구분하였습니다.

MORE

아리스토텔레스

고대 그리스의 철학자로 플라톤의 제자이며, 알렉산더 대왕의 스승입니다. 소크라테스, 플라톤과 함께 고대 그리스의 가장 영향력 있는 학자로, 그의 논리학 저서와 업적을 '오르가논'이라고 부릅니다. 그는 존재와 그 구성·본질 등을 대상으로 하는 이론학에 제1철학, 수학, 자연학을 포함시켰는데 제1철학이 바로 형이상학입니다. 이 형이상학은 경험의 세계에서 변화하는 것들을 초월하여 존재하는 것들에 관한 근원을 체계적으로 연구하는 학문이라는 의미를 가집니다.

양심적 병역거부(CO ; Conscientious Objection)

종교적 신념이나 개인의 양심에 의해 병역 또는 전투업무를 거부하는 행위

우리나라와 미국, 유럽, 스웨덴 등 50개 이상의 국가에서는 신념과 양심에 따른 병역거부권을 인정하여 면제하거나, 그들에게 대체복무제로 병역을 대신하도록 하는 등 법률로써 권리를 보호해주고 있습니다.

MORE

대체복무제

국방의 의무를 지닌 군대나 관련기관에서 복무하는 대신 사회복지요원, 사회공익요원, 재난구호요원 등의 활동에 복무하는 제도를 의미합니다.

투바의 무당

원시종교(Primitive Religion)

고도의 문화적 영향을 받지 않은 원시종교

- 샤머니즘(Shamanism) : 신을 부른다는 무당(샤먼)이 춤·노래·주문 등을 통해 이상심리상태로 몰입하여 길흉을 점치거나 악령을 제거하여 병을 고친다고 믿는 것을 말합니다.
- 애니미즘(Animism) : 자연계의 모든 생물 또는 무생물에 생명이 있는 것으로 보고 그것의 정령·영혼을 인정하는 정령신앙을 말합니다.
- 토테미즘(Totemism) : 오스트레일리아와 아프리카 등지에서 토템(Totem)을 숭배하는 사회 체제 및 종교 형태로, 부족 또는 씨족 등의 집단과 특정 동식물 사이에 주술 또는 종교적인 관계가 있다고 믿는 것을 말합니다.

이슬람사원

이슬람교(Islam)

7세기 마호메트가 아라비아 반도 메카에서 알라를 유일신으로 창시한 종교

이슬람이란 '절대자에 대한 복종'을 의미하며 '알라(Allah)'를 유일신으로 합니다. 서남아시아·북부 아프리카·파키스탄·인도네시아·말레이시아·중앙아시아 등지에 분포되어 있고, 엄격한 계율과 종교 의식으로 다른 지역에 비하여 결속력이 강해 독특한 이슬람 문화권을 형성하는 데 기여하였습니다.

힌두교(Hinduism)

브라만교를 뿌리로 하여 전통적 · 민족적 제도와 관습을 흡수한 인도의 민족 종교

창시자, 교리, 의식의 통일성은 없지만 자연숭배의 다신교로 영혼불멸과 윤회사상을 기본으로 합니다. 인도 인구의 80% 이상이 힌두교도이며, 사회 · 관습 · 전통 등 모든 것을 포괄하는 인도문화의 총체라고 할 수 있습니다. 오늘날 힌두교에서 인도 전역에 걸쳐 숭배되고 있는 신은 비슈누와 시바입니다. 죽은 후에 시체를 갠지스 강가의 성지 베나레스에서 화장하는 것을 최대의 기쁨으로 생각하며, 시바신이 타고 다닌다는 소를 신성하게 여겨 소고기를 먹지 않는다고 합니다.

가톨릭교(Catholicism) = 천주교(天主敎)

바티칸 시국

로마 교황을 중심으로 한 기독교 최대 교파

고대 그리스어인 카톨리코스(Katholikos, 모든 곳에 있는, 보편적)에서 유래했으며, 하나이고 거룩하며, 사도로부터 이어져 내려오는 보편적인 교회를 의미합니다. 우리나라와 중국, 일본 등지에서는 구교(舊敎) 또는 천주교라고 합니다. 그리스의 정통 교의(敎義)를 믿으며 주요 4대 교리에는 천주존재(天主存在), 강생구속(降生救贖), 삼위일체(三位一體), 상선벌악(賞善罰惡)이 있습니다.

마르틴 루터

개신교(改新敎) = 프로테스탄트(Protestant)

16세기 종교개혁으로 로마 가톨릭에서 분리되어 나온 교파의 총칭

종교개혁은 부패한 가톨릭에 대항하여 마르틴 루터를 시작으로 츠빙글리, 칼뱅 등이 일으켰고, '프로테스탄트'는 1529년 열린 독일 스파이어 회의 판결에서 로마가톨릭 세력에 저항(Protestatio)한 데서 유래하였습니다. 주요 교파로는 장로교, 침례교, 감리교, 성결교, 순복음교회 등이 있습니다.

MORE

종교개혁

16세기 마르틴 루터가 로마 가톨릭 교회의 부패와 타락을 비판하는 95개조 반박문을 통해 부패한 교회를 변혁시키고자 했던 신학운동입니다.

예수 그리스도

그리스도교(Christianity) = 기독교(基督敎)

십자가에 매달려 죽은 나사렛 예수를 메시아인 그리스도로 믿는 종교

크리스티아노스(Christianos, 그리스도를 따르는 사람)라는 그리스어에서 유래하였으며, 예수를 하나님의 아들이며 인류의 구원자로 믿는 것을 근본교의로 삼습니다. 그리스도교는 역사적 변천을 겪는 동안 크게 로마 가톨릭교회와 그리스정교회(동방정교회)로 나누어졌으며, 16세기 종교개혁으로 로마 가톨릭교는 구교(천주교)와 신교(프로테스탄트교회)로 나뉘었는데 그리스도교는 가톨릭교와 개신교, 그리스정교 등을 모두 포함하는 개념입니다.

유대교(Judaism)

야훼(여호와)가 아브라함을 통해 이스라엘의 백성과 계약을 체결하고
예언자 모세에게 부여한 토라(율법)의 계시를 근본교의로 하는 일신교

이스라엘 유대인들의 종교이자 철학이며 삶의 방식이라 할 수
있습니다. 모세가 신으로부터 얻은 십계명과 그가 기록했다고
전해지는 토라(Torah, 모세오경)를 종교적 토대로 하여 타나크
(Tanakh)를 성경, 탈무드를 교훈서로 삼고 있습니다. 기독교
와 달리 성경(신약)이나 예수를 인정하지 않습니다.

다윗의 별
(유대인의 상징)

청교도(Puritan)

신대륙으로 건너가 미국의 기초를 닦은 16~17세기 영국의 칼뱅주의 신
교도

가톨릭적인 성격이 강한 영국의 국교회에 반대하여 생겼습니
다. 순결한 신앙과 철저한 신교주의를 취하며, 검소와 근면을
생활신조로 삼아 맡은 바 일을 하나님이 정해주신 천직으로 생
각하고 신명을 다 바쳐야 한다고 여깁니다. 17세기 영국에서 종
교박해를 피해 메이플라워호를 타고 신대륙으로 건너가기도 하
였으며, 1642년 청교도혁명의 주도적인 역할을 담당했습니다.

MORE

칼뱅주의(Calvinism)
칼뱅(Jean Calvin)의 영향을 받은 프로테스탄트주의 개혁사상입니다.

필그림 파더즈(Pilgrim Fathers)
1620년 메이플라워호로 미국으로 건너가 플리머스(Plymouth)에 정착한
영국 청교도단입니다.

실락원(失樂園 ; Paradise Lost)
인간의 타락과 그로 인한 메시아의 구원을 다룬 존 밀턴의 서사시로 대표
적인 청교도 문학 작품입니다.

03 문학

문학의 4대 장르(갈래)

시 · 소설 · 희곡 · 수필

문학은 언어 형태에 따라 운문문학과 산문문학, 전달 방식에 따라 구비문학과 기록문학으로 나뉘기도 합니다. 보통은 4분법에 의해 시 · 소설 · 희곡 · 수필로 구분하고, 4분법에 평론을 더한 5분법, 평론과 시나리오를 더한 6분법을 적용하기도 합니다.

賞春曲
        — 정극인

紅塵에 뭇친 분네
이내 生涯 엇더한고

녯사람 風流를 미츨가 못미츨가.

天地間 男子 몸이
날만한 이 하건마는,

山林에 뭇쳐 이셔
至樂을 모를 것가.

數間茅屋을 碧溪水 앞피 두고,
松竹 欝欝裏예
風月主人 되어셔라.

정극인의 가사
〈상춘곡〉의 일부

가사

고려 말에 발생해 조선 후기까지 나타난 시가와 산문 중간 형태의 운문

경기체가가 붕괴하면서 발생한 가사는 산문과 운문의 혼합 형태로, 운문에서 산문으로의 과도기 형태이며 주로 4음보 3 · 4조나 4 · 4조를 기조로 합니다. 즉, 운율이 있는 수필인 것입니다. 조선 전기까지는 양반층의 유교적 · 서정적 가사(음풍농월)가, 후기에는 서민층 · 여성층의 실학적 · 서사적 가사가 유행하였습니다.

소설

사실이나 상상력에 바탕을 두고 개연성 있는 이야기를 허구적으로 꾸민 산문문학

소설은 현대 산업 사회의 대표적인 문학 양식으로서, 현실에 있을법한, 혹은 작가의 상상력으로 만든 허구적 이야기로 꾸며 나간 산문문학입니다. 소설의 배경이나 등장인물의 행동 등을 통해 작가가 말하고자 하는 바를 드러냅니다.

한강, 〈채식주의자〉
영문판

MORE

소설의 이해

구 분	내 용
소설의 특징	허구성, 진실성, 서사성, 사실성, 모방성
소설의 3요소	주제, 구성, 문체
소설 구성의 3요소	인물, 사건, 배경
소설 구성의 5단계	발단, 전개, 위기, 절정, 결말
사건의 개수에 따른 소설의 종류	단순, 복합, 액자, 피카레스크식, 옴니버스식

고전소설

19세기 이전에 창작된 소설

설화에서 비롯되어 패관문학과 가전체문학의 영향을 받아 발생한 고전소설은 초기에는 한자 표기로 인해 한문투였으나 점차 국문의 영향을 받아 낭독하기 좋은 4·4조의 가사체가 많아졌습니다. 김시습에서 시작하여 허균을 거쳐 임진왜란 이후 융성하여 이후 영·정조 때에 이르러 전성기를 맞으며, 조선 후기 판소리계 소설의 발달에 기여하였습니다.

수필

형식의 구애 없이 매우 자유롭게 겪은 느낌과 정서를 표현하는 산문

소재와 형식에 있어 매우 자유로운 산문으로서, 보통 작품 속의 '나'는 작가 자신인 1인칭 시점이 대부분이므로 작가의 개성이 가장 잘 드러납니다. 또한 성격상 비전문적·사색적·고백적이고, 주제·구성·문체를 주요소로 합니다.

MORE

경수필과 중수필의 비교

경수필(Miscellany)	중수필(Essay)
가벼운 내용(신변잡기)	무거운 내용
개인적, 주관적, 정서적	객관적, 지성적
몽테뉴적 수필	베이컨적 수필
감성 중시	이성 중시

조선 후기 소설

서민층의 성장과 더불어 평민의 자각, 현실주의적 사고, 실학 등을 바탕으로 한 소설

주로 중국을 배경으로 전형적·평면적 인물이 주인공으로 등장하여 권선징악과 인과응보를 주제로 합니다. 평면적·일대기적·순차적으로 구성되었으며 전기적·비현실적 요소(우연성)가 많고 행복한 인위적 결말을 맺는 특성이 있습니다. 또한 주로 운문체의 서술과 해설 위주로, 전지적 작가 시점을 사용하였습니다.

시

문학의 갈래 중에서 가장 주관적인 양식, 상상과 감정을 통해 주제를 해석하는 장르

작가가 느낀 감정이나 생각들을 운율을 가진 언어로 표현한 운문문학을 말합니다. 시에서는 사상과 정서가 동등하게 여겨지며 보통 사물을 통해 정서 및 사상을 표현하는데 이를 '사상과 정서의 융합'이라고 합니다.

루디어드 키플링의
시 〈If〉

MORE

시의 3요소

구 분	내 용
음악성	리듬(반복, 율격)을 강조 – 김영랑, 박용철, 정지용, 신석정 등의 순수시파
회화성	이미지(회화성, 감각)를 강조 – 김기림, 김광균, 장만영 등의 주지시파
의미성	사상(의미, 주제)을 강조 – 김기진, 박영희 등의 경향시파

홍길동전

조선 광해군 때 허균이 지은 우리나라 최초의 한글소설로 적서차별을 비판한 소설

양반 서얼 출신인 홍길동이 활빈당이라는 집단을 결성하여 관아를 습격하고, 율도국을 건설한다는 내용입니다. 임진왜란 후 사회제도의 결함, 특히 적서(嫡庶)차별을 타파하고 부패한 정치를 개혁하려는 허균의 혁명적 사상을 담고 있습니다.

시조

고려 중엽에 발생하여 고려 말기에 완성을 이룬 국문학을 대표하는 정형시로, 3장 6구 45자 내외를 이룸

10구체 향가에서 시작해 고려가요를 거친 민요 등의 영향으로 발생하였습니다. 강호가도적 성격의 평시조가 주류를 이루다 정철과 윤선도에 이르러 전성기를 맞았고, 황진이와 송순 등에 의해 뛰어난 문학적 경지에 도달하게 됩니다. 영·정조 이후 평민들이 참여하여 사설시조 등 새로운 형식이 탄생하였고, 조선 후기에 이르러 창곡으로 발전하였습니다. 3장을 이루며 종장 첫 구는 3글자라는 형식을 계승하고 있습니다.

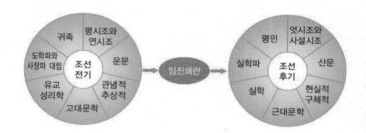

MORE

조선시대 3대 시조집

작 품	편찬자	연 대	특 징
청구영언	김천택	1728(영조 4년)	우리나라 최초의 시조집, 시조를 곡조별로 분류
해동가요	김수장	1763(영조 39년)	시조를 시대별로 구분하여 작가에 대한 짧은 해설
가곡원류	박효관, 안민영	1876(고종 13년)	시조를 곡조별로 분류

가전체문학

사물을 의인화하여 전기형식으로 계세징인을 서술하는 문학

고려 중기 이후의 문인 계층이 창작한 가전체문학은 우화적인 내용으로 인간 세상의 잘못을 지적하여 경계하려는 목적성이 있습니다.

작 품	작 가	소 재	내 용
국순전	임 춘	술	정치 현실의 풍자, 술로 인한 패가망신 경계
공방전	임 춘	엽 전	재물에 이끌리지 말고, 처신을 잘 해야 함
청강사자현부전	이규보	거 북	은거하며 고결하게 사는 어진 사람의 행실
죽부인전	이 곡	대나무	남편을 잃은 후에도 절개를 지킴
정시자전	석식영암	지팡이	도를 지킬 것, 인재를 알아볼 줄 모르는 세태 풍자
저생전	이 첨	종 이	위정자들에게 올바른 정치를 권유

아포리즘(Aphorism)

명언, 격언, 잠언, 금언 등 교훈을 주는 말 또는 사물의 핵심과 이치를 표현한 문장

그리스어로 '정의'를 뜻하는 단어에서 명칭이 유래했으며, 속담과 달리 격언을 말한 사람이나 고전 작품 등 출처가 있습니다. 가장 오래되고 유명한 아포리즘은 히포크라테스의 〈아포리즘〉에 나오는 "기술은 고단하고 생명은 짧다"라는 것입니다.

〈소년〉

〈창조〉

1910년대 문학사

최남선, 이광수의 2인 체제였으며 신체시와 근대소설이 등장하는 근대화 시기의 문학

구 분	내 용
주요 2인	최남선, 이광수
최초의 신체시	최남선의 〈해에게서 소년에게〉(1908)
최초의 근대소설	이광수의 〈무정〉(1917)
최초의 근대 자유시	주요한의 〈불놀이〉(1919)
최초의 월간 종합지	〈소년〉(1908)
최초의 순문예 동인지	〈창조〉(1919) ※ 최초로 서구 상징시를 수용한 잡지 : 태서문예신보(1918, 김억)
최초의 시전문 동인지	〈장미촌〉(1921)

1930년대 문학사

사회적 문단시대로 본격적인 현대문학의 출발을 이룬 시기

1920년대 성행했던 프로문학에 대한 반발과 파시즘의 대두 및 중·일전쟁 발발로 불안의식이 고조되어 전환점을 맞게 됩니다. 서정주의적인 경향이 두드러지게 나타나고, 모더니스트들이 등장해 서양의 이미지즘을 수용하여 모더니티를 강조하였습니다.

	유 파	순수시파	주지시파	생명파	청록파 (자연파)
시	동인지	시문학	자오선	시인부락	문 장
	대표자	김영랑, 박용철	김광균, 김기림	서정주, 유치환	박목월, 박두진, 조지훈
	특 징	음악성, 기교, 언어조탁	이미지, 지성, 회화성	생명의식	자연회귀
소 설	• 장편소설 : 염상섭 〈삼대〉 〈만세전〉 〈두 파산〉 • 역사소설 : 김동인 〈운현궁의 봄〉 〈젊은 그들〉, 현진건 〈무영탑〉 • 풍자소설 : 채만식 〈태평천하〉 〈레디메이드 인생〉 〈탁류〉 〈치숙〉 • 해학소설 : 김유정 〈동백꽃〉 〈봄봄〉 〈만무방〉 〈땡볕〉 〈금 따는 콩밭〉 • 계몽소설(브나로드 운동) : 심훈 〈상록수〉, 박영준 〈모범 경작생〉, 김정한 〈사하촌〉				
희 곡	극예술연구회 창립(1931)				

1940년대 문학사

일제의 민족말살 정책으로 인해 창작과 출판의 암흑기 · 공백기

일제의 극심한 탄압으로 인한 암흑기로서 많은 문학가들이 친일과 절필 사이에서 갈등한 시기입니다. 그러나 〈문장〉과 〈인문평론〉을 통해 청록파 시인들이 명맥을 이었고, 윤동주와 이육사의 저항문학이 두드러지기도 하였습니다.

윤동주의 시집

• **이육사의 주요 작품**
  〈절정〉 〈청포도〉 〈광야〉 〈교목〉 〈꽃〉
• **윤동주의 주요 작품**
  〈자화상〉 〈참회록〉 〈십자가〉 〈간〉 〈또 다른 고향〉 〈서시〉 〈별 헤는 밤〉

1950년대 문학사(해방문학)

8 · 15 광복 이후 '해방문학'의 시기를 맞아 우리말로써 표현의 자유를 향유

민족적 자각과 함께 민족 문화에 대한 연구가 가능해져 문인들의 움직임이 재개되었으나, 남북 분단으로 인한 이념의 대립 때문에 문단도 좌우익의 대립과 갈등으로부터 자유롭지 못했습니다. 임화 · 이태준 · 박태원 · 함세덕 · 김남천 · 박팔양 등 많은 작가들이 월북하였고, 김동리 · 조연현 등 순수문학파와 김동석 등의 프로문학파 사이의 논쟁도 매우 치열했던 시기입니다.

MORE

프로문학(프롤레타리아문학)

프롤레타리아의 생활을 통해 그들의 사회 · 정치적 이념을 표현하는 문학으로 예술을 계급적 존재에 의하여 결정되는 것으로 보고 계급적 이해를 위한 투쟁 형태로 인식합니다.

사상계

1960년대 문학사

6 · 25 전쟁 이후 분단의 상처와 전쟁의 충격을 극복하기 위한 시기

분단 이데올로기의 극복을 위해 민족문학을 지향하는 한편, 전쟁의 충격으로 인한 실존적 자각과 지적 탐구가 활발했던 시기입니다.

현대문학

구 분	발간 시기	특 징
사상계	1953년 4월 이후	• 장준하가 문교부 기관지 〈사상〉을 인수해 창간한 월간 교양지 • 자유언론 투쟁에 따른 3공화국 정권의 탄압과 재정난을 겪던 중 1970년 5월호에 김지하의 〈오적〉을 실었다는 이유로 강제 폐간됨

현대문학	1955년 1월 이후	• 조연현, 오영수 등이 창간한 가장 오래된 월간 순수 문예지 • 박재삼, 황동규, 정현종, 박경리, 이문구, 김원일, 이범선, 김윤식 등 한국현대문단을 대표하는 문학인들을 발굴
창작과 비평	1966년 1월 이후	• 백낙청, 오영근, 한만년 등이 창간한 계간 문예지 • 창간호부터 가로쓰기, 한자 줄이기, 순한글 쓰기 시행
문학과 지성	1970년 가을 이후	• 한만년, 김병익, 김현, 채호기 등이 발행하고 있는 계간 문예지 • 〈창작과 비평〉과 함께 21세기 한국 문학계의 양대 산맥을 이룸

개화기 주요 신문

한성순보, 독립신문, 매일신문, 황성신문, 대한매일신보

구 분	발행인	내 용
한성순보	민영목, 김만식	1883년(고종 20) 9월 20일 창간, 최초의 신문(관보), 한문 전용
독립신문	서재필, 윤치호	1896년 4월 7일 창간, 최초의 민간 신문, 영문판 발행, 한글 전용, 1957년부터 4월 7일을 신문의 날로 지정
매일신문	양홍묵, 이승만	1898년 4월 9일 창간, 최초의 순한글 일간지(언문일치), 독립협회 사건으로 경영진이 구속되어 1년 3개월 만에 폐간
황성신문	남궁억, 나수연	1898년 9월 5일 창간, 국한문 혼용 일간지, 장지연의 〈시일야방성대곡〉 등 민족의식 고취와 일제 비판
대한매일신보	베델, 양기탁	1904년 7월 18일 창간, 국한문 혼용 일간지, 영국인을 발행인으로 하여 일제의 검열을 받지 않고 민족의 대변자 역할, 1910년 국권피탈 후 조선총독부의 기관지로 전락

주요 작가와 대표작품

시대별 주요 작가와 그들의 주요 작품

시 대	작 가	작 품
1920년대	김동인	〈감자〉〈배따라기〉〈운현궁의 봄〉〈약한 자의 슬픔〉〈발가락이 닮았다〉〈광염소나타〉〈광화사〉
	염상섭	〈표본실의 청개구리〉〈만세전〉〈삼대〉〈두 파산〉
	현진건	〈운수 좋은 날〉〈빈처〉〈무영탑〉〈술 권하는 사회〉
	주요섭	〈사랑 손님과 어머니〉〈아네모네 마담〉〈인력거꾼〉
1930년대	이 상	〈날개〉〈오감도〉〈봉별기〉〈종생기〉〈권태〉
	채만식	〈치숙〉〈탁류〉〈태평천하〉〈레디메이드 인생〉
	김유정	〈봄봄〉〈동백꽃〉〈금 따는 콩밭〉
	김동리	〈무녀도〉〈등신불〉〈사반의 십자가〉〈바위〉
	황순원	〈독짓는 늙은이〉〈카인의 후예〉〈학〉〈소나기〉
	이효석	〈메밀꽃 필 무렵〉〈분녀〉〈산〉〈돈〉〈들〉
1960년대	최인훈	〈광장〉〈회색인〉〈서유기〉
	이청준	〈서편제〉〈병신과 머저리〉〈축제〉〈매잡이〉
	김승옥	〈서울, 1964년 겨울〉〈무진기행〉
	박경리	〈토지〉〈김약국의 딸들〉〈불신시대〉
1970년대	신경림	〈농무〉〈목계장터〉〈가난한 사랑 노래〉
	황석영	〈삼포가는 길〉〈장길산〉〈객지〉〈개밥바라기별〉
	조세희	〈난장이가 쏘아올린 작은 공〉
1980년대	박완서	〈엄마의 말뚝〉〈나목〉〈그 많던 싱아는 누가 다 먹었을까〉
	조정래	〈태백산맥〉〈아리랑〉
1990년대	신경숙	〈외딴방〉〈엄마를 부탁해〉〈풍금이 있던 자리〉
	공지영	〈고등어〉〈봉순이 언니〉〈무소의 뿔처럼 혼자서 가라〉

1970년대 문학사

정치·사회적인 모순과 민족 분단 등 문학 외적 요소의 영향으로 참여
문학론의 확산이 두드러진 시기

1970년대에 이르러 참여문학운동은 범문단적 움직임으로 퍼
져나갔고 당시의 유신체제, 도시산업의 발달, 남북 공동성명
의 세 가지 요소는 참여문학에 자극을 주었습니다. 산업화로
인한 후유증을 그린 황석영의 〈객지〉, 윤흥길의 〈아홉 켤레의
구두로 남은 사내〉와 분단과 통일을 다룬 윤흥길의 〈장마〉,
박완서의 〈그해 겨울은 따뜻했네〉 등이 대표적인 작품입니다.
또한 민중에 대한 관심이 증대되어 민중문학의 유파가 형성된
반면 정치권과의 갈등으로 김지하·임영·고은·백낙청·한
수산 등 다수의 문학가들이 투옥되기도 하였습니다.

데카당스(Decadence)

오스카 와일드

병적인 감수성, 탐미적 경향, 전통의 부정, 비도덕성 등의 특징을 보이는
퇴폐주의

데카당스는 프랑스어로 '퇴폐·쇠락'을 의미하며, 19세기 프
랑스와 영국에서 일어났습니다. 지성보다는 관능에, 도덕·질
서보다는 죄·퇴폐에 관심을 갖고 새로운 전위적인 미를 발견
하려 한 경향으로 프랑스의 보들레르·랭보·베를렌과 영국
의 오스카 와일드 등이 대표적인 작가입니다.

MORE

작가별 대표적 작품
- 보들레르 : 〈파리의 우울〉 〈악의 꽃〉
- 랭보 : 〈지옥에서 보낸 한철〉 〈나의 방랑〉
- 베를렌 : 〈가을의 노래〉
- 오스카 와일드 : 〈도리언 그레이의 초상〉 〈살로메〉

헨리크 입센

자연주의

인간과 사회의 문제를 있는 그대로 묘사하는 것에 중점을 둔 극사실주의

낭만주의를 반대한 사실주의의 뒤를 이어 19세기 말 프랑스를 중심으로 일어난 사조입니다. 자연과학적 방법에 투철하여 사실적인 묘사뿐만 아니라 환경이나 유전 같은 요소를 과학적으로 규명하려 했습니다. 인간과 사회의 문제를 적나라하게 비판하고, 작가는 냉철한 관찰자로서 염세적인 어두운 분위기를 드러냅니다.

MORE

자연주의의 주요 작품
- **프랑스** : 에밀 졸라 〈목로주점〉, 모파상 〈여자의 일생〉
- **노르웨이** : 입센 〈인형의 집〉

도스토예프스키의
〈죄와 벌〉

사실주의

19세기 중엽 현실을 있는 그대로 묘사·재현하려고 했던 사조

낭만주의의 지나친 감상성에 반발하여 객관적인 관찰을 통해 대상의 개성을 있는 그대로 묘사하였습니다. '하나의 대상을 묘사할 때 적합한 말은 하나밖에 없다(일물일어설)'고 주장한 플로베르에 이르러 사실주의가 확립됐으며 이후 이는 자연주의로 이어지게 됩니다.

MORE

사실주의의 주요 작품
- **프랑스** : 스탕달 〈적과 흑〉, 발자크 〈인간희극〉, 플로베르 〈보바리 부인〉
- **영국** : 찰스 디킨스 〈올리버 트위스트〉
- **러시아** : 투르게네프 〈첫사랑〉, 도스토예프스키 〈죄와 벌〉

죄와 벌(도스토예프스키)

도스토예프스키가 1866년에 완성한 장편소설로, 가난한 학생 라스콜니코프가 고리대금업자인 노파를 살해하고 죄의식에 시달리다가, 고독과 자기희생으로 살아가는 창녀 소냐의 순수한 마음에 감동을 받아 자수하는 내용입니다. 모순에 직면한 심각한 고민을 투철한 심리 분석을 통해 박진감 있게 묘사했다는 평가를 받습니다.

모더니즘

현대문명을 바탕으로 실험적 · 전위적 경향을 나타내는 문학

20세기 초 전통주의에 대립해 일어난 실험적 · 전위적인 경향의 문학을 말합니다. 혁신적인 형식 · 언어를 통해 인간소외나 정체성의 문제를 주로 다루었는데, 대표적인 작가로 제임스 조이스, 프란츠 카프카, T. S. 엘리어트, D. H. 로렌스 등이 있습니다.

MORE

실존주의

20세기 전반에 일어난 실존주의 사상을 담고 있는 문예사조로, 암울하고 부조리한 현실에서 인간의 현실적 존재를 추구하고 자아상을 확립하고자 합니다. 사르트르 〈구토〉, 카뮈 〈이방인〉, 〈페스트〉, 카프카 〈변신〉 등이 대표적인 작품입니다.

셰익스피어 4대 비극

셰익스피어의 4가지 비극작품인 햄릿, 오셀로, 맥베스, 리어왕을 말함

윌리엄 셰익스피어

- 햄릿 : 셰익스피어가 1601년 경 완성한 5막의 비극으로, 햄릿이 자신의 아버지를 죽이고 왕위에 오른 숙부에게 복수하지만 자신도 결국 죽게 되는 내용입니다.
- 오셀로 : 장군인 오셀로가 아내의 정조를 의심하여 그녀를 죽이지만, 그의 부관 이아고(Iago)의 계략이었음을 뒤늦게 알게 되어 자살한다는 내용입니다.
- 맥베스 : 맥베스가 마녀들의 예언에 홀려 왕을 죽이고 왕위에 오르지만 왕의 아들에게 살해된다는 내용입니다.
- 리어왕 : 맏딸과 둘째 딸의 간계에 속아 효성이 깊은 셋째 딸 코델리아를 내쫓지만 왕은 결국 두 딸의 배신으로 비참하게 죽는다는 내용입니다.

루이 필리프와 '가르강튀아'

1831년 2월, 프랑스 사회가 발칵 뒤집혔습니다. 한 주간지에 실린 석판화 때문이었는데요. 일명 〈가르강튀아(Gargantua)〉입니다. '가르강튀아'는 프랑수아 라블레(1494~1553)가 쓴 풍자소설 〈가르강튀아와 팡타그뤼엘〉의 주인공으로 탐욕스러운 거인입니다. 풍자화가 오노레 도미에는 부자들에게만 세금을 감면해주는 정부와 왕을 서민에게 짜낸 금화로 자신의 배를 채우는 가르강튀아로, 그리고 그 권력에 아부하는 교활한 정치가들과 법관들을 배설물 주위에 꼬이는 추악한 인물들로 묘사했

도미에의 〈가르강튀아〉(1831)

습니다. 특히 왕의 얼굴을 멍청이를 뜻하는 '서양 배'로 묘사해 권력을 희화화했습니다.

당시 프랑스의 왕은 루이 필리프였습니다. 프랑스혁명 이후 계속된 정치적 혼란에 피로했던 프랑스 민중들은 7월 혁명 때 '혁명의 이념을 지지하고 시민의 대변자가 되겠다'고 공언한 그를 왕으로 추대했습니다. 그러나 그의 아버지는 왕위 계승권 1위의 오를레앙 공작이었고, 그역시 태어날 때부터 공작이었습니다. 애초에 뼛속까지 특권의식으로 찬, 시대정신을 읽지 못하는 구시대 인물이었던 것입니다. 루이 필리프는 부자와 귀족만을 위한 정책을 펼쳤고, 선거권까지 일부 상류층에 제한시켰습니다. 시민들은 선거권 보장과 언론·출판의 자유를 외치며 다시 일어나 루이 필리프를 왕위에서 끌어내렸습니다. 1748년 2월 혁명이었습니다.

도미에의 〈가르강튀아〉는 루이 필리프가 7월 혁명으로 왕위에 오른 지 1년 후에 세상에 나왔습니다. 권력 초기, 정권의 입장에서는 무서울 게 없을 때였습니다. 결국 도미에는 체포되어 벌금을 내고도 6개월 동안이나 수감생활을 해야 했으며, 그 이후에는 정신병원으로 옮겨져 영어의 생활을 이어가야 했습니다. 하지만 그의 그림은 대부분 문맹이었던 민중들의 뇌리에 강하게 각인되었고, 2월 혁명을 탄생시키는 단초가 되었습니다.

PART 3

세계 부호로 이끄는
경제와 금융

틈틈히 보고, 생각은 더 크게 !

01 경제·무역

경기변동

경제활동이 경제의 장기 성장추세를 중심으로 상승과 하강을 반복하며 성장하는 현상

경기변동과정에서 나타나는 경기회복·호황·후퇴·불황을 경기변동의 4국면이라고 하며, 회복과 호황을 확장국면, 후퇴와 불황을 수축국면이라고 합니다. 경기변동은 특정경제변수에만 변동하는 것이 아니라 거의 모든 부문 및 변수가 GDP와 같은 방향으로 움직이며, 반복적·비주기적이며 지속적입니다.

경기순환 그래프

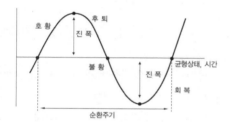

- 순환주기 : 정점에서 다음 정점까지의 기간 또는 저점에서 다음 저점까지의 기간입니다.
- 순환진폭(심도) : 저점에서 다음 정점까지의 거리(진폭이 클수록 경기변동이 심함)입니다.
- 기준순환일 : 경기의 정점과 저점이 발생한 구체적인 시점으로 통계청에서 발표합니다.

> **MORE**
>
> **GDP(Gross Domestic Product)**
> 우리나라 국경 안에서 이루어진 생산활동을 모두 포함하는 개념(국내총생산)입니다.

기회비용

하나의 재화를 선택했을 때, 그로 인해 포기한 다른 재화의 가치

어떤 생산물의 비용을 그 생산으로 단념한 다른 생산기회의 희생으로 보는 개념입니다. 즉, 하나의 선택에 따라 포기하게 된 선택의 가치로, 대안이 여러 가지인 경우에는 포기한 대안들 중 가장 큰 가치를 말합니다. 그리고 이때 선택에 영향을 주지 않는 비용(매몰비용)은 기회비용에 포함되지 않습니다.

MORE

매몰비용(Sunk Cost)
의사 결정을 하고 실행한 이후에 발생하는 비용으로 어떤 선택을 하든지 회수할 수 없는 비용을 의미합니다.

기업공개(Initial Public Offering)

회사가 발행한 주식을 대중에게 분산하고 재무내용을 공시하여 주식회사 체제를 갖추는 것

형식적으로 주식회사가 일반대중에게 주식을 분산시킴으로써 재무내용을 공시하고 주식회사 체제를 갖추는 것을 의미합니다. 실질적으로 소수의 대주주가 소유한 주식을 일반대중이 자유롭게 거래하도록 함으로써 자금조달을 원활하게 하고 자본과 경영을 분리하여 경영합리화를 도모합니다.

규모의 경제

생산규모의 투입량을 증가시킴으로써 이익이 증가하는 현상

생산비에 비해 생산량이 대폭 증가하면서 발생하는 경제적 이익을 말하며 규모에 대한 수익이라고도 합니다. 일부 규모가 큰 공급자의 독점으로 변할 경우 공급자가 가격을 마음대로 조정할 수 있다는 위험성을 갖습니다.

골디락스(Goldilocks)

높은 성장률을 기록하면서도 물가상승이 거의 없는 이상적인 경제상황

영국 동화 '골디락스와 곰 세 마리'에 등장하는 소녀 이름에서 유래한 용어입니다. 여주인공 골디락스는 곰이 끓이고 나간 세 가지의 수프인 뜨거운 것과 차가운 것, 적당한 것 중에서 적당한 것을 먹고, 딱딱한 침대, 너무 물렁한 침대, 적당한 침대 중 적당한 침대에 누워 쉬는데 이러한 골디락스를 경제에 비유하여 뜨겁지도 차갑지도 않은 경제, 즉 '호황'을 표현합니다. 일상생활에서는 가격이 아주 비싼 상품과 싼 상품, 중간 가격의 상품을 함께 진열하여 중간 가격의 상품을 선택하게 유도하는 판촉기법을 '골디락스 가격'이라 하기도 합니다.

경제활동인구

노동시장에서 경제활동에 기여할 수 있는 인구

만 15세 이상 인구 중 노동능력·의사가 있어 경제활동에 기여할 수 있는 인구입니다. 한편 경제활동참가율은 만 15세 이상 인구 중 경제활동인구가 차지하는 비율을 말합니다. 수입이 목적인 취업자와 일을 찾는 실업자를 포함합니다.

경제성장률

한 나라 경제가 일정 기간 동안 실질적으로 성장하는 비율

국가의 실질 GDP의 증가율을 나타내고 있기 때문에 실질성장률이라고도 하며 통상 1년 단위로 측정합니다.

$$경제성장률(\%) = \frac{이번연도\ 실질\ GDP - 전년도\ 실질\ GDP}{전년도\ 실질\ GDP} \times 100$$

버블경제

경제가 실물부문의 움직임과 괴리되어 성장하면서 실제보다 과대 팽창되는 경기상태

특정 상황이나 투자자산 또는 기업의 가치 등에 있어서 그것이 갖고 있는 내재적 가치에 비해 시장에서 형성되어 있는 가격이 과대평가된 상황입니다. 흔히 시장이 과열되었다고 말합니다. 최초의 버블경제로 여겨지는 것은 17세기 네덜란드의 튤립파동이며 가장 파장이 컸던 사례는 1980년대 일본으로, 당시 주가가 상승하면서 집값이 실제 가치에 비해 폭등하였으나 주가의 거품이 빠지자 경기는 1990년대 초부터 침체기로 접어들었습니다.

MORE

네덜란드 튤립파동

17세기 네덜란드에서는 귀족과 신흥 부자를 비롯해 일반인 사이에서도 튤립에 대한 투기 수요가 크게 증가하면서 튤립 가격이 한 달 만에 50배나 뛰는 일이 발생했습니다. 그러나 튤립의 재산적 가치를 인정할 수 없다는 법원의 판결과 함께 버블이 순식간에 꺼지면서 튤립 가격은 최고치 대비 수천 분의 1 수준으로 폭락하게 되었습니다.

인플레이션(Inflation)

화폐가치 하락으로 물가가 상승하는 현상

화폐가 시중에 많이 풀려 화폐가치가 하락하는 현상입니다. 과거 아프리카의 짐바브웨는 국제통화기금(IMF)으로부터 받은 구제자금을 상환하기 위해 엄청난 규모의 화폐를 찍었고, 화폐가 넘쳐나면서 물가가 하루에 2배씩 올라 연간 물가상승률이 2억 3,100만%에 달했습니다. 짐바브웨 정부는 이러한 초인플레이션 극복과 물가안정을 위해 리디노미네이션으로 대응했지만 극심한 인플레이션을 극복하지 못했습니다.

MORE

스태그플레이션(Stagflation)

경기침체를 의미하는 '스태그네이션(Stagnation)'과 인플레이션을 합성한 용어로, 경제활동이 침체되고 있는 상황에서도 물가는 지속적으로 상승하는 현상입니다.

통화정책

고용·물가안정·국제수지개선 등의 목표를 달성하기 위해 중앙은행이 통화량 및 금리를 조절하는 정책으로 재할인정책, 지급준비정책, 공개시장정책 등의 수단을 통해 정책목표를 이루려는 것입니다.

- **경기침체 시** : 중앙은행이 통화량을 늘리거나 이자율을 인하하는 등 통화확장정책을 펴면 시장에서 투자지출과 소비지출이 증가하여 총수요가 확대되면서 경기가 회복됩니다.
- **경기과열 시** : 중앙은행이 시중의 돈을 환수하여 통화량을 줄이거나 이자율을 인상하는 긴축 통화정책을 구사하면 투자와 소비가 감소하면서 총수요가 줄어들어 경기가 회복됩니다.

디플레이션 파이터(Deflation Fighter)

경기침체(디플레이션) 상황에서 경기부양을 위해 재정지출 확대 및 통화공급확대정책 등 다양한 정책을 통해 침체상황과 맞서 싸우는 정부, 중앙은행, 정책 책임자를 말합니다. 대표적인 예로, 2006년 취임 후 "디플레이션을 막기 위해서는 헬리콥터로 돈을 뿌리는 일도 마다하지 않겠다"는 발언을 했던 벤 버냉키 전 미국 연방준비제도 의장이 있습니다.

재화

인간에 도움이 되는 효용을 가지고 있는 모든 물체와 물질

- 정상재 : 소득이 증가(감소)했을 때 수요가 증가(감소)하는 재화
- 열등재 : 소득이 증가(감소)했을 때 수요가 감소(증가)하는 재화
- 경제재 : 희소성이 있어 대가를 지불하지 않고는 얻을 수 없는 경제적 가치가 있는 것
- 자유재 : 사용가치는 있으나 무한하여 교환가치가 없는 비경제재
  예 공기, 물
- 대체재 : 한 재화에 대한 수요와 다른 재화의 가격이 같은 방향으로 움직이는 관계에 있는 재화
  예 커피-홍차, 소고기-돼지고기
- 보완재 : 하나의 소비활동을 위해 함께 소요되는 경향이 있는 재화
  예 커피-설탕, 만년필-잉크
- 기펜재 : 열등재이면서도 재화가격이 상승할 때 수요량이 오히려 상승하는 재화(예를 들어 쌀 가격이 어느 정도 오를 경우 사람들은 비싼 고기의 소비를 줄이고 쌀을 더 먹을 수밖에 없습니다)

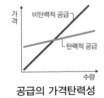

공급의 가격탄력성

공급의 가격탄력성

가격의 변화 정도에 따른 공급량의 변화 정도

어느 재화가격이 변할 때 그 재화의 공급량이 얼마나 변하는지를 나타내는 지표로, 이는 공급자들이 생산량을 얼마나 신축적으로 조절할 수 있는가에 의해 좌우됩니다.

$$공급의 가격탄력성 = \frac{공급량의 변화율}{가격의 변화율}$$

더블딥(Double Dip)

회복된 경제가 다시 침체기로 들어가는 현상

미국 대공황

침체기를 벗어난 경제가 다시 불황에 빠지는 현상입니다. 경제하강과 상승을 두 번 반복하는 W자형 경제구조라고 볼 수 있습니다. 우리말로는 이중하강이라고 부릅니다. 경기침체에 빠진 뒤 다시 회복해도 기업의 경영부진으로 인한 실업률이 올라가며 소비력이 줄어들어 다시 경기침체에 빠지는 구조입니다. 1930년대 발생한 미국 대공황이 더블딥의 대표적 사례입니다. 더블딥에서 한 번 더 경기침체에 빠지면 트리플딥이 됩니다.

희소성

인간의 무한한 욕구를 충족시키기에 부족한 공급 상태

희토류

인간의 욕구는 무한하지만 이를 충족시켜줄 수 있는 경제적 자원은 제한되어 있기 때문에 희소성이 생깁니다. 자원이 무한하게 공급된다면 희소성은 작지만, 인간이 필요로 하는 양에 비해 자원이 극소하다면 희소성은 커지게 됩니다. 이러한 희소성에 의해 경제문제도 발생하게 되는 것입니다.

MORE

희소성과 경제 간의 관계를 가장 잘 보여주는 희토류

자연계에 매우 드물게 존재하는 금속 원소라는 의미를 지닌 희토류는 화학적으로 매우 안정되어 있고, 열을 잘 전도하는 특징이 있으며, 전기적·자성적·발광적 성질을 갖습니다. 희토류는 전기 및 하이브리드 자동차, 풍력발전, 태양열 발전 등 21세기 저탄소 녹색성장산업에 꼭 필요한 물질입니다. 전 세계에서 이 희토류를 가장 많이 생산하고 있는 국가인 중국은 자국 내 희토류 생산량을 제한하고 수출량을 감축했으며, 희토류에 부과하는 세금을 대폭 인상하는 등 희토류를 정부 통제 하에 자원무기화하려는 모습을 보여 문제가 되고 있습니다.

공유경제(Sharing Economy)

합리적 소비·새로운 가치 창출을 구현하는 신개념 경제

집이나 자동차 등 자산을 비롯하여 지식이나 경험을 공유하며 합리적인 소비와 새로운 가치 창출을 구현하는 경제를 말합니다. 소유자들이 잘 이용하지 않는 물건으로부터 수익을 창출할 수 있고, 빌리는 사람은 물건을 사거나 서비스업체를 이용하는 것보다 적은 비용으로 서비스를 이용할 수 있다는 장점이 있습니다. 그러나 공유 서비스 이용 중에 발생되는 여러 가지 문제(사고 등)와 책임에 대해 이를 규제할 수 있는 법안이나 제도가 부족하다는 문제도 있습니다.

MORE

구독경제(Subscription Economy)

신문을 구독하듯 정기적으로 돈을 지급하고 다양한 재화와 서비스를 공급받는 소비행위·생활방식입니다. 주기적으로 소비하는 신선식품이나 공산품들을 선구매하여 공급받기에, 값싸게 양질의 물건을 얻을 수 있다는 장점이 있습니다. 가격대비 만족도를 극대화할 수 있습니다.

수요공급곡선

상품의 가격과 수요·공급량의 관계를 나타내는 곡선

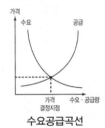

수요공급곡선

가격은 수요곡선과 공급곡선의 교차점에서 결정됩니다. 예를 들어 하나에 100원인 바나나 1,000원어치를 구매하려던 사람은, 바나나 가격이 200원이 된다면 10개 사려던 것을 5개밖에 살 수 없습니다. 즉, 가격과 수요량은 반비례한다고 볼 수 있습니다. 반면 바나나를 파는 공급자 입장에서는 100원하던 바나나가 200원에 팔릴 경우 더 많은 이익을 얻기 위해 더 많은 양의 바나나를 시장에 내놓게 됩니다. 따라서 가격과 공급량이 비례하는 그래프가 만들어지는 것입니다.

피구효과(Pigou Effect)

물가 하락 시 화폐의 실질가치는 증대해 결국 완전고용이 실현된다는 이론

경기불황이 심해짐에 따라 물가가 급속히 하락하고 경제주체들이 보유한 화폐량의 실질가치가 증가하게 되어 민간의 자산이 증가하면서 소비 및 총 수요가 증대되는 효과를 말합니다. 피구효과는 케인스 학파의 유동성 함정 논리에 대항하기 위해 고전학파들이 사용하는 논리로, 유동성 함정이 존재한다고 해도 물가가 신축적이라면 극심한 불황에서 자동적으로 탈출하여 완전고용을 이룰 수 있다고 보는 것입니다.

유동성 함정(Liquidity Trap)

기업의 생산 · 투자, 가계소비가 늘지 않아 경기가 나아지지 않는 현상

각 경제주체들이 돈을 움켜쥐고 시장에 내놓지 않는 상황이 마치 함정에 빠진 것 같다고 하여 이러한 이름이 붙여졌습니다. 경제학자 존 메이너드 케인스(John Maynard Keynes)가 처음 고안한 것으로 통화당국이 금리를 인하하고 자금을 공급해도 시중금리가 떨어지지 않고, 투자나 수요가 증가하지도 않는 상황을 나타냅니다.

케인스

경제분석일반

거시적 관점에서 통화량, 경기, 금리, 물가, 환율, 주가의 관계를 분석하는 것

① 통화량과 주가
- 통화량 증가 → 유동성 풍부 → 명목소득 상승 → 주식수요 증가 → 주가 상승
- 통화량 감소 → 인플레이션 압박 → 주가 하락

② 금리와 주가
- 금리 하락 → 자금조달 확대 → 설비투자 확대 → 수익성 상승 → 주가 상승
- 금리 상승 → 자금조달 축소 → 설비투자 축소 → 수익성 하락 → 주가 하락

③ 물가와 주가
- 완만한 물가 상승 → 기업판매이윤 증가 → 주가 상승
- 급격한 물가 상승 → 제조비용 증가 → 실질구매력 감소 → 기업수지 악화 → 주가 하락

④ 환율과 주가
- 환율 인하 → 수입 증가, 수출 감소 → 기업의 수익성 하락 → 주가 하락
- 환율 상승 → 수입 감소, 수출 증가 → 기업의 수익성 증가 → 주가 상승

⑤ 원자재가격과 주가
- 원자재가격 상승 → 제조비용 상승 → 국내제품가격 상승 → 판매 하락 → 주가 하락
- 원자재가격 하락 → 제조비용 하락 → 국내제품가격 하락 → 판매 상승 → 주가 상승

MORE
- **평가절상(환율 인하)** : 자국통화 가치 상승(1,000원/1$ → 900원/1$)
- **평가절하(환율 인상)** : 자국통화 가치 하락(1,000원/1$ → 1,100원/1$)

공공재

사회 구성원이라면 누구나 자신의 의사와 선택에 관계없이 공동으로 이용할 수 있는 재화와 서비스

사유재에 반대되는 개념으로 자신의 의사에 의해 재화와 서비스를 이용하고 그 대가를 자신이 지불해야 되는 것이 아니라 그 사회의 구성원이라면 별도의 비용을 지불하지 않고 이용할 수 있는 재화 및 서비스를 의미합니다. 예를 들어 공공시설, 경찰력, 건강보험 등이 있습니다. 공공재는 그 성질상 비용을 부담하지 않는 자도 그 이익을 누릴 수 있기 때문에 '무임승차'의 문제가 발생되기도 합니다.

근원물가지수

물가변동이 심한 품목을 제외하고 산출한 물가지수

근원물가지수란 일시적인 경제상황보다는 기초적인 경제상황을 바탕으로 물가를 파악하는 것입니다. 즉, 물가변동이 심한 품목을 제외하고 산출하는 물가지수입니다. 일시적인 물가변동요인을 배제하고 인플레이션 국면을 살펴봅니다. 한 국가의 경제ㆍ물가상태가 장기적으로 어떤 흐름을 띠고 있는지 알아보기는 유용하나, 체감물가와는 큰 괴리를 보인다는 한계를 가집니다.

MORE

- **소비자물가지수** : 대표적인 인플레이션 지표로서 정부가 경기를 판단하거나 화폐의 구매력 변동을 측정할 때 이용하는 물가지수입니다. 국민연금, 최저생계비 등 각종 지급액을 조정할 때 활용됩니다.
- **생활물가지수** : 소비자물가지수의 보조지수로 소비자 물가 조사대상 품목 중에서 일반 소비자들이 자주 구입하는 기본 생필품 144개(2020년 기준=100)를 선정해 이들 품목의 평균적인 가격변동을 나타낸 것입니다.

경기종합지수(CI ; Composite Index)

경기에 민감하게 반영하는 주요 경제지표들의 전월대비 증감률을 반영하여 작성한 지수

경기종합지수(CI)는 각 지표의 전월대비변화율을 통계적으로 종합·가공하여 산출한 지수로 CI가 전월대비 증가율이 (+)면 경기상승, (-)면 경기하강을 나타내며 그 증감률에 따라 경기변동의 진폭까지 알 수 있습니다. 경기확산지수와 달리 경기순환의 방향·국면 및 변동속도까지 동시에 파악할 수 있고, 현재 경기상태를 정확하게 반영하여 국민경제 전체의 동향을 쉽게 파악할 수 있어 정책수립의 기초자료로도 제공됩니다.

지니계수

빈부격차와 계층 간 소득분포 불균형 정도를 나타내는 수치

계층 간 소득분포의 불균형 정도를 나타내는 수치로, 소득이 어느 정도 균등하게 분배돼 있는지를 평가하는 데 주로 이용됩니다. 지니계수는 0에서 1 사이의 수치로 표시되는데 소득분배가 완전평등한 경우가 0, 완전불평등한 경우가 1입니다. 즉, 낮은 수치는 더 평등한 소득 분배를, 반면에 높은 수치는 더 불평등한 소득 분배를 의미합니다.

엥겔(Engel)계수

총 가계지출액 중에서 식료품비가 차지하는 비율

저소득 가계일수록 가계지출 중 식료품비가 차지하는 비율이 높고, 고소득 가계일수록 식료품비가 차지하는 비율이 낮음을 엥겔의 법칙이라고 합니다. 식료품은 필수품이기 때문에 소득 수준과 관계없이 반드시 일정한 비율을 소비하게 되나 어느 수준 이상이 되면 소비할 필요가 없는 재화입니다. 따라서 엥겔계수는 소득 수준이 높아짐에 따라 점차 감소하는 경향을 갖습니다. 독일 통계학자 에른스트 엥겔(Ernst Engel)의 이름을 차용했습니다.

MORE

엥겔계수 계산

$$\frac{식료품비(음식물비)}{총\ 가계지출액(총생계비)} \times 100$$

엔젤(Angel)계수

엔젤은 보통 미국 등에서 유아부터 초등학교까지의 어린이를 지칭하는 용어로, 가계총지출에서 이들을 위해 지출한 교육비, 장난감, 옷값, 용돈 등의 지출이 차지하는 비율입니다. 엔젤계수가 높아진다는 것은 그만큼 그 나라가 선진화되었다는 것을 의미합니다.

$$\frac{교육비}{총지출액} \times 100$$

소득수준별 엥겔계수와 엔젤계수

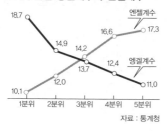

자료 : 통계청

어빙 피셔

피셔효과

명목금리는 기대 인플레이션과 실질금리의 합과 같다는 것

시중의 명목금리는 실질금리와 예상 인플레이션율의 합계와 같다는 것을 말합니다. 예를 들어 시중의 명목금리가 15%라고 할 때 예상되는 인플레이션율이 연 8%라면 실질금리는 7%가 됩니다. 시중의 명목금리가 상승하는 이유는 실질금리의 상승 때문일 수도 있고, 앞으로 인플레이션율이 높아질 것이라는 예상 때문일 수도 있다는 것입니다. 따라서 인플레이션 기대심리를 자극하지 않는 범위 내에서 통화를 신축적으로 운용하면 실질금리의 하락을 통한 시중 명목금리의 하락을 가져올 수 있게 됩니다.

MORE

금리의 종류

- **콜금리** : 금융기관 간에는 일시적으로 자금이 남는 곳과 부족한 곳이 생기는데, 이러한 자금을 거래하는 시장이 콜(Call)시장입니다. 여유자금이 있는 금융기관이 콜론(1~2일짜리 초단기 자금거래)을 내놓으면 자금이 부족한 금융기관이 이 콜머니를 빌리게 되는데, 이때 형성되는 금리가 콜금리입니다.
- **CD금리** : 시장에서 양도가 가능한 정기예금증서로, 은행은 자금조달을 위해 CD를 발행하고 투자자는 투자를 위해 CD를 매입합니다. CD의 가격이 하락한다는 것은 만기에 동일한 액면 금액을 받기 위해 이전보다 더 낮은 가격으로 살 수 있다는 것을 의미합니다.
- **기준금리(RP금리)** : 중앙은행에서 일반은행 또는 민간금융기관과 거래할 때 적용하는 금리로써 안정된 금융정책을 위한 기준이 되는 금리입니다. 우리나라의 경우 이를 한국은행에서 결정합니다.
- **시중금리** : 은행 또는 민간 금융기관이 개인에게 여수신 업무를 할 때 적용되는 금리로 현재 국내에서는 모든 은행금리가 자금의 수급에 의한 자율적인 신축성이 없기 때문에 시중금리라고 표현합니다. 일반은행의 표준 예금금리와 대출금리 등이 시중금리에 해당하는 것입니다.

필립스 곡선

임금상승률과 실업률과의 관계를 나타낸 그래프

실업률이 낮으면 임금상승률이 높고 실업률이 높으면 임금상승률이 낮다는 관계를 나타낸 곡선입니다. 영국 경제학자 필립스가 실제 영국의 사례를 토대로 분석한 결과에서, x=실업률, y=임금상승률로 하여 $\log(y+0.9)=0.984-1.394x$라는 관계를 도출하였습니다. 이 경우 실업률이 5.5%일 때 임금상승률은 0이 됩니다. 최근에는 임금상승률과 실업률의 관계보다는 물가상승률과 실업률의 관계를 보는 것이 일반적입니다.

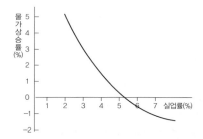

한계효용체감의 법칙

한 재화의 소비량이 일정단위를 넘어서면, 소비량이 증가할수록 그 재화의 한계효용이 지속적으로 감소하는 것

어떠한 재화를 소비함에 있어 추가적으로 얻는 효용을 한계효용이라고 합니다. 즉, 어떤 상품을 한 단위 더 추가적으로 소비함으로써 '소비자가 얼마만큼 더 만족을 느끼게 되는가?'에 대한 것입니다. 예를 들어, 추운 겨울 반팔을 입고 있는 사람이 점퍼 한 벌을 구입하면 만족도가 크지만 점퍼를 얻은 후에는 굳이 필요하지 않기 때문에 추가 구매 시 만족도가 떨어지게 되는 것과 같은 것입니다.

독점적 경쟁시장

기업들이 독점적 입장의 강화를 꾀하면서도 서로 경쟁하는 시장

진입장벽이 없어 많은 경쟁자가 시장에 있지만 제품 차별화를 통해 생산자가 일시적으로 독점력을 행사하는 시장입니다. 진입과 퇴거가 자유롭고, 다수 기업이 존재하며, 개별기업들이 차별화된 재화를 생산합니다.

MORE

- **완전경쟁시장** : 수많은 판매자와 구매자가 주어진 조건에서 동일한 재화를 사고파는 시장
- **독점시장** : 특정기업이 생산과 시장을 지배하고 있는 시장
- **과점시장** : 소수의 몇몇 대기업들이 시장의 대부분을 지배하는 형태
- **독과점시장** : 독점과 과점시장을 합친 형태

케인스

거시경제학

국가의 경제발전을 분석 대상으로 삼는 경제학

국가의 경제상황 변화를 탐구 대상으로 하여 각 경제 요인의 상관관계를 분석하는 경제학입니다. 거시경제학에서 사용하는 지표로는 소비, 투자, 정부지출, 조세, 국민소득, 화폐, 이자율, 물가, 노동, 자본, 수출, 수입, 환율, 국제수지 등이 있습니다. 정부의 시장 개입을 통해 기존 자본주의의 보완을 주도한 케인스에 의해 주창되었습니다.

MORE

미시경제학

경제주체들의 각 행위에 대한 상관관계를 분석하는 경제학입니다. 경제주체로는 소비자와 생산자가 있습니다. 소비자는 효용 극대화를 목표로, 기업은 이윤 극대화를 목표로 할 때 시장의 상황이 어떻게 변하는지를 탐구합니다.

국내총생산(GDP ; Gross Domestic Product)

일정 기간 동안에 한 나라의 국경 안에서 생산된 모든 최종생산물의 시장가치

① 일정 기간 동안 : 유량개념을 의미하며 보통 1년을 단위로 측정
② 한 나라의 국경 안 : 속지주의 개념으로 외국인이 국내에서 생산한 것은 포함되지만 내국인이 국외에서 생산한 것은 제외
③ 최종생산물 : 중간생산물은 제외
④ 시장가치 : 시장에서 거래된 것만 포함

국민총생산(GNP ; Gross National Product)

일정 기간 동안에 한 나라의 국민에 의해 생산된 모든 최종생산물의 시장가치

한 나라의 거주자가 일정 기간 동안 생산한 모든 최종생산물과 용역의 시장가치로, 현재는 잘 사용되지 않는 개념입니다.

MORE

국민총소득(GNI ; Gross National Income)
일정 기간 동안에 한 나라의 국민에 의하여 벌어들인 실질소득의 합계액으로, GDP에 교역조건 변동에 따른 무역손익을 반영한 국민소득통계의 총량지표를 말합니다.

국민순생산(NNI ; Net National Income)
국민총생산(GNP)에서 고정자본소모를 뺀 순부가가치를 말합니다. 이때 고정자본소모란 기계 등이 마모되어 나중에 못쓰게 될 경우 새 기계로 바꾸는 데 필요한 금액 등을 말하며, 공장의 입장에서 보면 총생산보다는 본래의 기계가치를 그대로 유지하면서 새롭게 생산해낸 부가가치, 즉 순생산이 더욱 의미가 있습니다.

재정정책

조세와 국공채 수입을 통해 들어오는 재정수입을 가지고 정부가 추진하고자 하는 정책목표의 실현을 위해 투입하는 정부의 행위

정부가 공공서비스의 생산 및 각종 정책의 수립 · 집행 등 공공목적을 달성하기 위해 필요한 재원을 조달하고, 이를 관리 · 운용하는 정부의 제반 재정활동입니다. 이는 자원의 최적 배분과 경제의 안정화, 소득의 재분배 기능을 수행합니다.

MORE

긴축재정정책

호황기에는 재정지출을 억제하고 조세수입을 높여 총수요를 억제함으로써 경제안정을 도모합니다.

확장재정정책

불황기에는 조세수입을 낮추고 국채발행 등을 통해 재정지출을 확대하여 총수요 증대를 꾀함으로써 경기회복을 도모합니다.

통화정책

중앙은행이 통화량 및 금리를 조절함으로써 고용 · 물가안정 · 국제수지 개선 등의 목표를 달성하기 위한 정책

중앙은행이 재할인정책, 지급준비정책, 공개시장정책 등의 수단을 통해 정책목표를 이루려는 것을 말합니다. 예를 들어 경기침체 시에는 통화량을 늘리거나 이자율을 낮추는 등 확장통화정책으로 투자나 소비지출을 증대시켜 경기를 회복시키고, 경기과열 시에는 시중의 돈을 환수하여 통화량을 줄이거나 이자율을 높이는 긴축통화정책으로 투자 및 소비를 감소시켜 과열된 경기가 회복되게 하는 것입니다.

기축통화

국제적인 주도국가의 통화로서 국제거래의 결제수단으로 널리 수용되는 통화

기축통화로서의 수용가능성은 당해 통화가치의 안전에 대한 신뢰와 상품이나 부채에 대한 결제수단으로의 수용가능성에 의존합니다. 19세기에는 영국의 파운드가 기축통화 역할을 하였고 20세기 중반 이후에는 미국의 달러가 기축통화로서 자리를 잡았습니다.

양적완화

중앙은행이 경기부양을 위해 통화량을 늘리는 정책

정부가 국채나 다양한 금융자산의 매입을 통해 시장에 유동성을 공급하여 직접적인 방법으로 통화량 자체를 늘리는 정책입니다. 이러한 양적완화는 그 나라뿐만 아니라 다른 나라 경제에도 영향을 미칠 수 있습니다.

테이퍼링(Tapering)

중앙은행이 시장에 돈을 푸는 양적완화 정책을 점진적으로 축소하는 것

'점점 가늘어지다', '끝이 뾰족해지다'라는 뜻으로 벤 버냉키 미국 전 연방준비제도(Fed) 의장이 처음 사용한 용어로 미국의 양적완화 정책을 점진적으로 줄여나가는 것을 말합니다. 즉, 출구전략의 일환으로서 그동안 매입하던 채권의 규모를 점진적으로 축소하는 정책을 취하는 것입니다.

벤 버냉키

다보스포럼

스위스의 휴양도시 다보스에서 열리는 세계경제포럼

정확한 명칭은 세계경제포럼(WEF ; World Economic Forum)이고 본부는 스위스 제네바에 있습니다. 1971년 비영리 재단으로 창설되어 '유럽인 경영 심포지엄'으로 출발하였으나 1973년에 전 세계로, 그리고 정치인으로까지 확대되었습니다. 독립된 비영리단체로서 세계 각국의 정상과 장관, 재계 및 금융계 최고 경영자들이 모여 각종 정보를 교환하고, 세계 경제 발전방안 등에 대해 논의합니다.

USMCA(북미자유무역협정)

미국 · 멕시코 · 캐나다의 무역협정

미국 · 캐나다 · 멕시코가 기존의 북미자유무역협정(NAFTA)을 대체하기 위해 맺은 협정으로 2018년 10월 1일에 3국이 합의했습니다. 교역규모가 1조 2,000억달러에 이르며 2020년 7월 1일에 발효되었습니다. 핵심 자동차부품의 역내 원산지비율 규정을 강화하고 자동차 노동자 임금을 인상하는 것 등이 주요 내용입니다.

G7

미국 · 영국 · 프랑스 · 독일 · 이탈리아 · 캐나다 · 일본 등 선진 7개 국가

세계경제가 나아갈 방향과 각국 사이의 경제정책에 대한 협조 및 조정에 관한 문제를 논의하기 위한 주요 7개국의 모임입니다. 회원국들은 1년에 두세 차례씩 재무장관과 중앙은행 총재들이 연석으로 회동하여 세계경제방향과 각국 간의 경제정책 협조조정 문제를 논의하며, 각국 대통령 및 총리가 참석하는 정상회담도 1년에 한 번씩 개최합니다.

MORE

- **G2** : 미국, 중국
- **G8** : 미국, 영국, 프랑스, 독일, 이탈리아, 캐나다, 일본, 러시아
- **G20** : 미국, 영국, 프랑스, 독일, 이탈리아, 캐나다, 일본, 러시아, 한국, 중국, 호주, 인도, 브라질, 멕시코, 인도네시아, 아르헨티나, 튀르키예, 사우디아라비아, 남아공, EU 의장국

아시아유럽정상회의(ASEM)

아시아와 유럽의 협력관계 강화를 위해 발족된 기구

아시아와 유럽이 새로운 동반자 관계를 구축함으로써 유럽-북미-동아시아 3각 지역협력체제의 기틀을 마련한다는 데 의의를 둡니다. 한국은 ASEM을 통해 신국제경제질서 개편에 능동적으로 참여하고 아시아 지역 및 유럽연합과 정치 · 경제적 협력 기반을 다지며 동북아 안보환경 개선 및 한반도 정세 안정의 유지, 양 지역 간 다양한 협력 사업 전개를 통한 실질 협력관계 강화를 모색하겠다는 입장입니다.

아시아태평양경제협력체(APEC)

아시아 · 태평양 국가들의 경제협력을 위해 만든 국제기구

태평양 주변 국가들의 정치 · 경제적 결속을 다지는 기구로 지속적인 경제성장과 공동의 번영을 위해 1989년 호주 캔버라에서 12개국 간의 각료회의로 출범했습니다. 총 회원국은 한국, 미국, 일본, 오스트레일리아, 뉴질랜드, 캐나다, ASEAN 6개국(말레이시아, 인도네시아, 태국, 싱가포르, 필리핀, 브루나이) 등 총 21개국이 가입해 있습니다.

유럽연합(EU)

유럽공동체의 명칭

하나의 유럽이란 이름으로 단일시장을 구축, 단일통화(유로화)를 실현하여 각 국가의 발전을 촉진하겠다는 목적으로 1993년 11월 1일에 창립한 유럽공동체입니다. 그러나 영국이 2016년 국민투표로 EU 탈퇴를 결정했고 2020년 탈퇴했습니다.

유로존(Eurozone)

유럽연합의 단일화폐인 유로를 국가통화로 도입하여 사용하는 국가나 지역

유로화를 국가통화로 사용하는 유럽의 총 20개국이 가입된 국가 · 지역을 말합니다. 유로존 가입 조건은 정부의 재정적자 규모가 국내총생산의 3% 미만, 정부의 공공부채 규모가 국내총생산의 60% 이내, 물가상승률이 유로존 회원국 최저 3개국보다 1.5%를 초과하지 않을 것 등 재정 · 부채 · 물가 · 환율 등의 조건을 충족해야 합니다.

세계무역기구(WTO)

국가 간 무역 확대를 통한 경제발전을 목적으로 설립된 국제기구

1994년 우루과이라운드 협상이 마무리되고 마라케시 선언을
공동으로 발표함으로써 1995년 1월 정식 출범한 국제기구입
니다. 1947년 이래 국제무역질서를 규율해오던 '관세 및 무역
에 관한 일반협정(GATT)' 체제를 대신하게 되었습니다. 세계
무역분쟁조정, 관세인하 요구, 반덤핑규제 등의 역할을 하며,
막강한 국제적인 법적권한과 구속력을 행사하고 있습니다.

석유수출국기구(OPEC)

산유국 간의 석유정책협조와 정보수집 · 의견교환을 위한 기구

1960년 9월 이라크, 쿠웨이트, 사우디아라비아, 베네수엘라,
이란 5개국이 설립하였으며, 본부는 오스트리아의 빈에 있습
니다. 1959년, 1960년의 2회에 걸쳐 강대국에 의해 원유공시
가격이 대폭 인하되었는데, 이는 OPEC를 설립하는 계기가
되었다고 합니다.

반덤핑관세(Anti-Dumping Duties)

덤핑효과를 상쇄할 목적으로 부과하는 관세

특정 국가의 기업이 시장점유율을 확대할 목적으로 정상가격
보다 부당하게 낮은 가격에 제품을 수출하는 것을 덤핑이라
고 합니다. 이러한 덤핑에 의해 수입국이 경제적으로 피해를
입었다고 판단되는 경우 덤핑효과를 상쇄하기 위해 관세를 부
과하는데 이를 반덤핑관세라고 합니다.

상계관세

특정국가가 자국의 수출품에 장려금이나 보조금을 지급할 경우, 수입하는 나라가 이로 인한 경쟁력을 상쇄시키기 위해 부과하는 누진관세

국내산업의 경쟁력을 유지하기 위한 제도입니다. 수출국이 수출기업에 보조금이나 장려금을 지급하여 수출상품의 경쟁력을 높일 경우, 수입국이 보조금이나 장려금에 해당하는 금액만큼 수입상품에 대해 추가로 부과하는 특별관세를 의미합니다.

MORE
- **할당관세** : 원활한 물자수급과 산업의 경쟁력을 강화하기 위해, 특정물품의 수입을 촉진시킬 필요가 있을 때 수입품의 일정한 수량을 기준으로 관세를 부과하는 것입니다.
- **조정관세** : 국민경제에 부정적인 영향을 미칠 우려가 있을 경우, 일정기간 동안 세율을 조정하여 부과하는 것입니다.
- **탄력관세** : 국내산업 보호, 물가안정 목적으로 정부가 국회의 위임을 받아 일정한 범위 내에서 관세율을 가감할 수 있는 권한을 갖는 것입니다.
- **보호관세** : 국내산업을 보호 · 육성하기 위해 여러 산업의 제품과 동일한 외국의 수입품에 높은 관세를 부과하는 것입니다.

경제협력개발기구(OECD)

제2차 세계대전 직후 새로운 세계정세에 대응하기 위해 설립된 국제기구

제2차 세계대전 뒤 유럽각국은 협력체제를 정비할 필요가 있었고, 1948년 4월 마셜플랜을 수용하기 위해 유럽경제협력기구(OEEC)를 출범시켰습니다. 이후 1960년 12월 OEEC에 미국·캐나다를 추가로 포함하여 20개국 각료와 당시 EEC(유럽경제공동체), ECSC(유럽석탄철강공동체), EURATOM(유럽원자력공동체)의 대표들이 모여 '경제협력개발기구조약(OECD조약)'에 서명하고 1961년에 협정문이 발효됨으로써 탄생했습니다. 우리나라는 1996년 12월에 29번째 회원국으로 가입했습니다.

미국 연방준비제도(Fed ; Federal Reserve System)

미국의 중앙은행제도

제롬 파월
미 연준 의장

1913년 미국의 연방준비법에 의해 설치된 미국의 중앙은행제도입니다. 미국은 전역을 12개 연방준비구로 나눠 각 지구에 하나씩 연방준비은행을 두고 이들을 연방준비제도이사회(FRB)가 통합하여 관리하는 형태를 취합니다. 이사회는 각 연방은행의 운영을 관리하고 기준금리 등 미국의 금융정책을 결정하는 역할을 합니다. 화폐공급 한도를 결정하는 것은 연방공개시장위원회(FOMC)이며 FRB는 FOMC와 협력하여 금융정책을 수행합니다.

신자유주의

국가의 시장개입을 최소화하고, 경제주체의 자유로운 경제활동을 추구하는 경제이론

국가가 시장에 최대한 개입하지 않는 '작은 정부'를 추구하며, 시장의 기능이 민간의 자유로운 경제활동에 의해 작동되어야 한다는 경제이론입니다. 자유시장과 기업에 대한 규제완화, 경제주체의 재산권 보장을 주장합니다. 신자유주의는 1970년대 후반부터 영국의 마거릿 대처 수상, 미국 로널드 레이건 대통령 등이 정책기조에 채용하면서 세계적으로 부각되었으나, 한편으론 노동계와의 갈등도 촉발됐습니다. 그러다 1990년~2000년대의 금융자본주의 시대를 지나 신자유주의는 2008년 서브프라임 모기지 사태를 야기하며 세계경제를 큰 위기에 몰아넣었고, 이후로 무분별한 신자유주의에 대한 성토가 일어났습니다.

MORE

수정자본주의

소득불평등 같이 자본주의가 일으키는 여러 가지 병폐를 국가가 개입해 방지해야 한다는 경제이론입니다. 수정자본주의를 채택함으로써 자본주의 체제의 발전과 건전한 지속을 이끌어 낼 수 있다고 봅니다.

민영화

공공서비스나 공기업, 국책사업의 운영을 민간에 맡기는 것

민영화의 가장 큰 목적은 '작은 정부'의 구현이라고 할 수 있습니다. 공공서비스의 영역을 시장경제로 옮겨 정부의 개입을 최소화하고, 민간 사업자들끼리 경쟁하게 해 서비스의 질을 높이고 민간경제를 활성화하는 목적이 있습니다. 또 공기업은 세금으로 운영되기 때문에, 공기업이 민영화되면 운영에 쓰던 세금을 다른 곳에 쓸 수 있어 결과적으로 세입이 증대됩니다. 그러나 한편으론 국민생활에 필수적인 에너지, 수도, 의료 등의 서비스 가격이 인상될 수 있다는 단점도 있습니다.

국세

국가의 살림을 위해 국민으로부터 부과·징수하는 조세

국가가 국가업무수행에 소요되는 경비를 충당하기 위해 국민에게 부과·징수하는 조세로, 지방자치단체가 과세의 주체가 되는 지방세에 대응하는 개념입니다. 국세는 크게 내국세와 관세, 목적세로 구분되며, 내국세는 다시 직접세와 간접세로 구분됩니다.

지방세

지방자치단체가 그 지역 국민에게 부과·징수하는 조세

지방자치단체가 자치단체의 안정된 존립과 주민의 복지에 필요한 공공의 경비를 마련하기 위해 관할구역 내의 주민, 재산 또는 수익, 기타 특정행위에 대하여 부과·징수하는 조세입니다.

MORE

지방세의 종류

취득세, 등록면허세, 레저세, 지방소비세, 지역자원시설세, 지방교육세, 지방소득세, 주민세, 재산세, 자동차세, 담배소비세

직접세

세금을 납부하는 사람(납세자)과 실제 부담하는 사람(담세자)이 같은 조세입니다.

MORE

직접세의 종류
- **소득세** : 일반 근로자가 노동으로 인한 수익 소득에 대해 납부하는 세금
- **법인세** : 법인기업의 소득에 대해 납부하는 세금
- **상속세** : 피상속인 사망 시 그 재산을 무상 취득하면서 내는 세금
- **종합부동산세** : 일정 기준을 초과하는 토지와 주택 소유자에 대해서 부여하는 세금
- **증여세** : 타인에게 재산을 무상으로 받는 경우 납부하는 세금

간접세

납세의무자와 담세자가 일치하지 않아 조세의 부담이 타인에게 전가되는 조세입니다.

MORE

간접세의 종류
- **부가가치세** : 상품, 서비스 거래과정에서 부과된 세금
- **개별소비세** : 특정물품 수입, 특정장소 입장, 특정행위에 부과하는 세금
- **주세** : 주류(술)에 부과하는 세금
- **인지세** : 재산상의 권리의 변동 · 승인을 표시하는 증서 작성자에게 부과하는 세금
- **증권거래세** : 주권 또는 지분의 양도에 대해 부과되는 세금

4대 과세요건

- 납세의무자 : 세법의 규정에 의해 세금을 납부할 의무가 있는 자
- 과세물건 : 납세의무 성립요건의 물적 요소로서 과세의 목적물로 정하는 물건, 행위, 사실 등의 과세 객체
- 과세표준 : 세액산출의 기초가 되는 과세물건의 수량 또는 가액
- 세율 : 과세표준에 대한 세액의 비율

세입

경상수입(조세수입+세외수입)·자본수입·원조수입으로 구분되며, 경상수입이 세입의 대부분을 차지하고, 그중에서도 조세수입이 약 90%가량을 차지합니다.

- 경상수입
  - 조세수입 : 국민들의 세금으로 징수
  - 세외수입 : 수수료, 입장료, 벌과금 등으로 얻는 수입
- 자본수입
  정부 소유의 토지나 건물 등을 매각하여 얻는 수입
- 원조수입
  외국이나 국제기구의 원조 또는 지방정부의 경우 중앙정부로부터 받는 교부금

상속세

사망을 원인으로 무상으로 이전되는 재산을 과세대상으로 하여 그 재산의 취득자에게 과세하는 조세

상속·유증·사인증여로 재산을 취득하는 경우 부과되는 조세를 말합니다. 재산의 취득자는 상속인, 과세대상은 상속재산입니다.

누진세

소득금액에 비례하여 세율을 높이는 조세 제도

능력에 따라 세금을 부담시킨다는 취지로 과세 대상의 금액이 클수록 더 높은 세율을 부과하는 세금입니다. 소득이 많은 사람은 많게, 소득이 적은 사람은 적게 세금을 내도록 해야 한다는 것입니다.

의료수가

의료보험법에 따라 국민건강보험이 보장하는 의료서비스 가격을 국가가 정하는 제도

의료수가는 건강보험심사평가원에서 결정하는데, 환자가 의료서비스에 대해 지불하는 본인부담금과 건강보험공단에서 의료기관에 지급하는 금액을 합친 것입니다. 기본적으로 치료에 들어가는 원가와 의료 인건비, 의료기관 운영비 등을 고려해 결정합니다. 또 의료서비스의 정도와 서비스 제공자의 소득, 물가상승률 같은 지표를 함께 감안합니다. 의사는 서비스마다 정해진 의료수가 이상의 이득을 취할 수 없습니다. 국민들이 의료서비스를 저렴하게 제공받을 수 있는 국민건강보험의 기반입니다.

추가경정예산(추경)

국회를 통과한 본예산에 추가 또는 변경을 가하는 예산

정부가 1년 단위로 편성한 국가 예산안이 국회에서 의결된 이후 새로운 사정으로 인해 소요경비에 과부족이 생길 때 본예산에 추가 또는 변경을 가하는 예산을 말합니다. 국가재정법은 '전쟁이나 대규모 재해가 발생한 경우'와 '경기침체, 대량실업, 남북관계의 변화, 경제협력과 같은 대내·외 여건에 중대한 변화가 발생하였거나 발생할 우려가 있는 경우' 등을 추경을 편성할 수 있는 사유로 규정합니다. 추경 편성은 경제 활력 제고를 위한 대책으로 활용되지만 재정건전성에는 부담으로 작용할 수 있습니다.

게임이론(Theory of Games)

전략적 상황에서의 의사결정이론

1944년 폰 노이만(Johann Ludwig von Neumann)과 모르겐슈테른(Oskar Morgenstern)의 공저 '게임의 이론과 경제행동'에서 발표된 이론입니다. 이는 경기자(Player), 전략(Strategy), 보수(Payoff)라는 요소로 구성되어 있으며, 상호의존적·전략적 상황을 고려하는 한 사람의 행위가 다른 사람의 행위에 미치는 의사결정과정을 연구했습니다. 현재까지 수리경제학에서 활발히 인용되는 기초이론입니다.

폰 노이만

02 금융·산업·경영

핀테크(FinTech)

금융(Financial)과 기술(Technology)의 합성어

간편한 송금·결제를 비롯하여 대출이나 자산관리 및 크라우드펀딩 등 전반적인 금융서비스 기술의 혁신을 의미합니다. 금융서비스와 관련한 소프트웨어를 만드는 등 금융업무 효율을 향상시킬 수 있는 기술적인 과정으로 ATM, 인터넷뱅킹 등도 이에 포함됩니다. 자신의 신용카드와 연동되어 있는 애플리케이션에 소비패턴이나 주가, 환율 등 각종 지표를 대입해 맞춤형 자산관리 서비스를 제공하는 등 오프라인 금융 업무를 대체해 비용 절감과 맞춤형 서비스까지 제공한다는 점에서 주목받고 있습니다.

빅 스텝(Big Step)

중앙은행이 기준금리를 한 번에 0.50%포인트 인상하는 것

빅 스텝과 자이언트 스텝은 미국 연방준비제도나 우리나라의 한국은행 등 국가의 중앙은행이 한 번에 0.50%포인트 이상 큰 폭으로 기준금리를 조정할 때 쓰이는 말입니다. 빅 스텝은 0.50%포인트, 자이언트 스텝은 0.75~1.00%포인트 인상을 뜻하는데, 국내 언론·증권시장에서만 쓰이는 용어로 알려져 있습니다.

랩어카운트(Wrap Account)

고객이 예탁한 재산에 대해 자산구성, 운용, 투자자문까지 통합적으로 제공하는 자산 종합관리계좌

증권사에서 여러 종류의 자산운용 관련 서비스를 하나로 구성하여 관리하는 종합자산관리 방식입니다. 고객의 자산구성에서부터 운용 및 투자자문까지 통합적으로 관리해주는 것으로 선진국에서는 보편적인 것입니다. 고객이 돈을 맡기면 증권사는 고객의 자산규모와 기호에 맞춰 적절한 운용배분과 투자종목을 추천하고 이에 대한 일정한 수수료를 받게 됩니다.

MORE

방카슈랑스

프랑스어로 은행(Banque)과 보험(Assurance)의 합성어로, 은행 등 금융기관이 보험상품을 판매하는 것입니다. 은행과 보험사가 상호 제휴와 업무협력을 통해 종합금융서비스를 제공하는 새로운 형태의 금융서비스로 볼 수 있습니다.

법정관리

재정적 궁핍으로 파탄에 직면하였으나 회생 가능성이 있는 주식회사에 대해 이해관계인들의 이해를 조정하여 그 사업의 정리재건을 도모하는 제도

기업이 자력으로 회사를 유지하기 불가능할 정도로 부채가 많을 때 법원이 지정한 제3자가 자금을 비롯하여 기업활동 전반을 관리하는 것입니다. 즉, 부도 위기에 몰린 기업을 파산시키는 것보다는 살려내는 것이 기업과 채권자에게는 물론 국민경제 전반에 이롭다는 생각을 바탕으로 합니다.

신용점수제

신용등급제를 대체하는 개인신용평가 점수제도

개인신용평가 기준을 1~1,000점까지의 점수로 부여하는 제도입니다. 기존 신용등급제를 대체해 2021년 1월 1일부터 전 금융권에서 전면 시행됐습니다. 신용평가를 할 때 실제 신용상태를 감안해 세분화된 점수를 적용합니다. 신용등급이 아닌 신용점수만 산정해 금융사와 소비자 등에 제공하는 것입니다. 근소한 차이로 하위등급을 받은 사람이 대출 등에 제약을 받았던 문턱이 낮아지고 좀 더 정교한 여신심사가 가능해졌습니다.

배드뱅크(Bad Bank)

금융기관의 부실자산 및 채권을 인수하여 전문적으로 처리하는 기구

신용불량자에게는 채권추심에 대한 부담을 덜어주면서 신용회복의 기회를 제공해주고, 금융기관 입장에서는 채권추심 일원화에 따라 채권추심비용을 절약할 뿐만 아니라 채권 회수 가능성도 제고하는 등 부실채권을 효율적으로 정리할 수 있게 하자는 취지에서 만들어진 기관입니다.

리디노미네이션

한 나라에서 통용되는 화폐의 액면가(디노미네이션)를 동일한 비율의 낮은 숫자로 변경하는 조치

화폐의 가치적인 변동 없이 액면을 동일 비율로 하향 조정하는 것을 말합니다. 경제 규모가 커지고 물가가 상승함에 따라 거래되는 숫자의 자릿수가 늘어나는 계산상의 불편을 해소하기 위함입니다.

카르텔(Cartel)

사업자가 다른 사업자와 공동으로 상품 또는 서비스의 가격, 거래조건 등을 결정하거나 제한하는 행위

공정거래법상 부당한 공동행위에 해당하며 담합으로도 불립니다. 시장에서 자율적으로 결정되어야 할 가격이나 거래조건을 사업자들이 인위적으로 조절함으로써 시장경제질서를 왜곡시키는 것입니다. 기업 간 경쟁으로 얻은 이익을 소비자들로부터 박탈하고, 기업에게는 경쟁 유인을 줄여 경쟁력 제고 노력을 약화시킵니다.

팩토링(Factoring)

금융기관들이 기업으로부터 매출채권을 매입, 이를 바탕으로 자금을 빌려주는 제도

기업들이 상거래대가로 현금 대신 받은 매출채권을 신속히 현금화하여 기업활동을 돕자는 취지로 지난 1920년대 미국에서 처음 도입되었습니다. 현재는 산업은행, 수출입은행을 제외한 모든 금융기관이 활발하게 취급하고 있습니다.

아시아인프라투자은행
(AIIB ; Asian Infrastructure Investment Bank)

중국이 제안하여 주도적으로 설립을 추진한 국제금융기관

아시아 · 태평양 지역 국가들의 도로 · 철도 · 항만 등의 사회간접자본(인프라)의 건설에 대한 자금을 지원하기 위해 중국의 제안과 주도로 설립된 국제금융기구입니다.

숏커버링(Short Covering)

주식시장에서 매도한 주식을 다시 사들이는 것

공매도(주식시장에서 보유한 주식이나 채권이 없는 상태에서 매도주문한 경우)한 주식을 되갚기 위해 다시 사는 환매수를 말합니다. 주가가 하락할 것이 예상될 때 공매도를 하게 되는데, 이후 주가가 하락하면 싼 가격에 사서 돌려줌으로써 차익을 챙길 수 있지만 주가가 상승할 때는 손실을 줄이기 위해 주식을 매수하게 됩니다. 이러한 숏커버링은 주가상승을 가져옵니다.

신 파일러(Thin Filer)

신용을 평가할 금융거래정보가 거의 없는 사람

영어로 얇다는 뜻의 'Thin', 서류라는 뜻의 'File', ~하는 사람이라는 의미를 가진 접미사 '-er'이 합쳐져 만들어진 용어로, 신용을 평가할 수 없을 정도로 금융거래정보가 거의 없는 사람을 지칭합니다. 구체적으로는 최근 2년 동안 신용카드 사용내역이 없고, 3년간 대출실적이 없는 이를 가리킵니다. 20대 사회초년생이나 60대 이상 고령층이 주로 이에 해당합니다. 신용정보가 부족하다는 이유로 신용이 낮게 평가되어 대출금리를 낮게 적용받기 어렵습니다.

갭투자

전세를 끼고 주택을 구매해 수익을 올리는 투자 방법

주택의 매매가격과 전세가격의 차이(갭 : Gap)가 작을 때 전세를 끼고 주택을 매입해 수익을 내는 방식입니다. 즉 매매가격과 전세가격의 차이만큼의 돈을 갖고 주택을 매입한 후 전세 계약이 종료되면 전세금을 올리거나 주택 매매가격이 오른 만큼의 차익을 얻을 수 있는 형태입니다. 이는 역으로 매매나 전세 수요가 줄어 매매가격이나 전세가격이 떨어지면 문제가 생기는 것을 의미합니다. 주택 매매가격이 떨어지면 전세 세입자가 집주인에게 전세보증금을 돌려받지 못하는 이른바 '깡통전세'가 속출할 위험이 있습니다.

한국예탁결제원

주식 · 채권 등 유가증권의 집중 예탁업무를 담당하는 기관

국내 유일의 증권중앙예탁기관으로 증권 및 금융 관련 기관이 주주로 참여하고 있는 증권거래법에 의해 설립된 공공특수법인입니다. 한국예탁결제원에 예탁된 유가증권의 안전관리와 결제 제도 관련 업무가 증권시장에 미치는 영향이 매우 크기 때문에 정부는 투자자 보호를 위한 공공성 확보 장치를 마련하고 제도적으로 엄격한 감독과 규제를 하고 있습니다.

블랙스완(Black Swan)

통념상 전혀 예측할 수 없었던 불가능한 일이 일어나는 것

모든 백조는 희다고 믿었지만 17세기 말 네덜란드의 한 탐험가가 검은 백조를 발견하면서 통념이 부서지는 충격을 받았다는 데서 유래합니다. 2007년 미국의 금융분석가 나심 니콜라스 탈레브가 자신의 저서 〈블랙스완〉에서 증시의 대폭락 가능성과 글로벌 금융위기를 예측하면서 유명해졌습니다.

MORE

화이트스완(White Swan)

반복적으로 일어나는 금융위기 속에서 마땅한 해결책을 제시하지 못하는 상황으로, 역사적으로 되풀이돼온 금융위기를 말합니다. 누리엘 루비니 미국 뉴욕대 교수가 이름 붙인 용어로, 그가 제시한 금융위기의 공통적인 징후는 완화된 통화정책, 금융시스템에 대한 느슨한 감독과 규제, 금융권의 과도한 부채, 민간과 공공부문의 과도한 차입과 부채 등이 있습니다. 이는 금융위기를 충분히 예측·예방할 수 있다고 보는 것으로, 블랙스완과 대조됩니다.

DSR(Debt Service Ratio)

대출 가능 규모 산정 시 사용되는 지수

우리말로는 '총부채원리금상환비율'이라 불리며, 채무자의 소득 대비 기존 채무액을 참고해 대출 가능 한도를 설정하는 데 사용되는 지표입니다. 연간 갚아야 하는 대출 금액의 원금과 이자는 물론 신용대출, 자동차 할부, 학자금 대출, 카드론 등 모든 기타부채의 이자와 원금 상환비용까지 더해 연간 소득에서 차지하는 비율로 나타냅니다. 기타부채의 원금 상환액까지 포함시킨다는 점에서 DTI(총부채상환비율)보다 강력한 대출 규제 지수입니다. 정부는 국민들이 이 비율의 어느 선 아래로까지만 대출을 받을 수 있게 하겠다는 식으로 은행을 통해 대출을 제한합니다.

리베이트(Rebate)

판매자가 지불받은 대금이나 이자 중 상당액을 구매자에게 돌려주는 행위 또는 그 금액

환급액 또는 감액이라고도 하며 제조업체가 거래처에 영업이윤을 배분함으로써 판로를 유지하기 위한 목적에서 발생한 것으로, 리베이트는 상거래에서 오랫동안 인정되어온 일종의 거래 관행입니다. 그 정도가 지나치지 않고 적당할 경우에는 일종의 적법한 경품 제공의 성격을 지니고 있지만 간혹 로비로 변질되기도 합니다.

MORE

쌍벌제

의료업계에서 리베이트로 인한 비용이 약값에 반영돼 국민들이 부담을 안게 되자 도입한 제도로, 리베이트를 제공한 사람은 물론 받은 의료인도 처벌받는 것입니다. 판매 촉진을 목적으로 금전, 물품 등의 리베이트를 제공한 사람은 경제적 이득을 전액 몰수당하며 2년 이하의 징역이나 3,000만원 이하의 벌금 또는 과징금 없이 1년 이내의 자격정지 처벌을 받게 됩니다.

감자(減資)

주식회사가 자본금의 정리, 회사분할, 합병 등의 목적으로 자본금을 줄이는 것

감자는 주주의 이해관계에 변화를 초래하고 회사 채권자의 담보를 감소시키게 되므로 주주총회의 특별결의를 거쳐야 하고 채권자 보호절차를 밟아야 합니다. 감자의 방법에 따라 주식금액의 감소, 주식수의 감소 그리고 이 둘을 혼합한 형태로 구분됩니다.

오픈 이노베이션(Open Innovation)

기업 내외부가 기술·아이디어를 공유하며 새로운 혁신을 이뤄내는 현상

기업이 기술과 아이디어, 연구개발(R&D) 자원을 내·외부와 공유하면서 새로운 기술을 발전시킬 수 있다는 용어입니다. 미국 버클리대학의 헨리 체스브로(Henry Chesbrough) 교수가 2003년에 처음 만든 개념으로, 그는 기술이나 아이디어를 기업 내외의 경계를 넘나들며 공유하면 상호 간의 영향으로 기술혁신이 추진된다고 봤습니다.

내부자거래

특정 기업의 직무 또는 지위를 맡은 사람이 기업 내부 정보를 이용하여 자기 회사의 주식을 거래하는 행위

내부자거래는 행위자가 부당이익을 취할 수 있을 뿐만 아니라 일반투자자들에게까지 피해를 주기 때문에 대부분 국가에서는 이를 범죄로 규정하고 처벌합니다. 우리나라에서는 금융감독원이 이에 대한 감시기능을 하고 있습니다.

콘체른(Konzern)

법률적으로 독립된 기업들이 하나의 기업처럼 결합하는 형태

여러 개의 기업이 주식교환 등 금융적 결합에 의해 수직적으로 결합하는 기업집단을 의미합니다. 일반적으로 한 거대한 기업이 다른 계통의 다수 기업을 지배하기 위해 형성하며, 법률적으로 독립되어 있지만 실질적으로는 결합되어 있는 형태입니다.

쿼드러플 위칭 데이(Quadruple Witching Day)

주식시장의 4가지 파생상품의 만기가 겹치는 날

매년 3, 6, 9, 12월 둘째 주 목요일은 주가지수 선물·옵션과
주식 선물·옵션 만기일이 겹쳐 '네 마녀의 날'로 불립니다. 해
당 일에는 막판에 주가가 요동칠 때가 많아 '마녀(파생상품)가
심술을 부린다'는 의미로 이 용어가 만들어졌습니다. 쿼드러플
위칭 데이에는 파생상품과 관련된 숨어 있었던 현물주식 매매
가 정리매물로 시장에 쏟아져 나오며 예상하기 어려운 주가의
움직임을 보이기도 합니다.

채무상품·유예상품(Debt Cancellation & Debt Suspension)

신용카드사가 매월 회원으로부터 수수료를 받고 회원에게 사망, 질병 등
사고가 발생했을 때 신용카드 채무를 면제하거나 결제를 유예하는 서비스

경제적 위기에 놓였을 때를 대비한다는 점에서 보험의 일종으
로 간주합니다. 그러나 한편 가입이 이루어지는 과정에서 일
부 카드사가 텔레마케팅을 하면서 매월 수수료를 납부하는 사
실을 제대로 알리지 않는 등 불완전판매로 인한 소비자 피해
가 문제되었고, 가입자나 상속인이 가입 사실을 몰라 보상금
을 찾아가지 못하는 경우도 많다는 지적이 있었습니다.

상장(Listing)

거래소가 정한 일정 요건을 충족하는 증권에 대해 증권시장에서 거래될 수 있도록 가격을 부여한 것

증권이 거래소에서 매매되면 발행회사의 사회적 평가가 높아져 증자 등이 쉬워지는 등 여러 장점이 있기 때문에 많은 기업들이 상장의 효과를 누리려 합니다. 하지만 한국거래소는 공신력을 높이기 위하여 자본금, 재무건전성 등 일정한 상장심사 기준을 정하여 선별하고 있습니다.

MORE

상장의 효과
- **상장회사 측면**
  소유주식의 분산 촉진, 유상증자를 통해 자금조달 용이, 당해 기업 및 생산 제품의 홍보효과 개선, 기업의 공신력 제고, 종업원의 사기진작 및 경영권 안정
- **투자자 측면**
  주식의 유동성과 환금성 제고, 기업 내용의 공개로 투자 판단에 도움, 다수의 투자자에 의한 거래로 공정한 가격 형성

서킷브레이커(CB ; Circuit Breaker)

주식시장에서 주가가 급등 또는 급락하는 경우 주식매매를 일시 정지하는 제도

1987년 미국에서 일어난 블랙먼데이 이후 주식시장의 붕괴를 막기 위해 도입한 제도로, 일시적으로 거래를 중단시켜 주식시장을 안정화하는 것입니다. 우리나라의 경우 3단계(종합주가지수가 전일에 비해 8 · 15 · 20% 이상 등락한 경우)로 나눠 각 단계별로 1일 1회 발동할 수 있습니다.

MORE

사이드카(Side Car)
프로그램 매매호가 관리제도의 일종으로 선물가격이 기준가 대비 5% 이상(코스닥은 6% 이상)인 상황이 1분간 지속할 때 선물에 대한 프로그램 매매만 5분간 중단합니다. 5분 후 자동 해제되며 1일 1회 발동할 수 있습니다.

선물(Futures)

계약은 현재 시점에서 하고 결제는 미래의 일정 시점에 이행하는 거래

선물거래는 일종의 예약거래로 계약과 동시에 결제하는 현물거래와는 차이가 있습니다. 선물거래에는 주식, 주가지수, 금리 등을 거래하는 금융선물뿐만 아니라 금, 은, 구리, 아연 등을 교환하는 상품선물까지 다양합니다.

코스닥시장

벤처 · 유망중소기업 등이 중심이 된 성장기업 중심의 시장

유가증권시장과 함께 독립된 경쟁시장입니다. 유가증권시장에 비해 완화된 상장기준을 적용하지만 금융투자업자의 역할과 책임이 중요시되며 고위험고수익 시장으로 투자자의 자기책임원칙이 강조됩니다. 이러한 코스닥시장은 자금의 조달 및 운용, 벤처산업의 육성 기능을 하기도 합니다.

코스피200(KOSPI200)

한국거래소의 유가증권시장 상장종목 중 업종 대표성과 시가총액 유동성을 고려해 200개의 종목을 산출한 지수

1990년 1월 3일을 기준으로 시작되었으며, 코스피200 내에 있는 종목은 항상 그대로 유지되는 것이 아니고, 일정 기간마다 시가총액, 혹은 거래량 등을 고려하여 새로운 종목이 편입되기도 하고 제외되기도 합니다. 일반적으로 이 지수에 포함되어 있는 종목이라면 우량종목으로 간주됩니다.

뱅크런(Bank Run)

금융시장이 극도로 불안한 상황일 때 은행에 돈을 맡긴 사람들이 대규모로 예금을 인출하는 사태

은행을 뜻하는 'bank'와 달린다는 의미의 'run'이라는 단어의 합성어로, 예금자들이 은행에서 예금을 인출하기 위해 몰려드는 현상을 일컫는 말입니다. 예금을 맡긴 은행에 문제가 생겨 파산할지도 모른다고 생각하는 예금자들이 서로 먼저 돈을 찾으려고 은행으로 뛰어가는 모습에서 유래됐습니다.

채권(債券)

정부, 공공단체와 주식회사 등이 일반인으로부터 비교적 거액의 자금을 일시에 조달받기 위하여 발행하는 차용증서이자 유가증권

차입기간 동안 확정이자와 원금 지급을 약속하는 금융상품으로 상환기한이 정해져 있는 기한부 증권이자, 상환 시 받을 이자가 결정되어 있는 확정이자부 증권입니다. 채권은 투자자를 보호하기 위해 발행 기관이나 회사를 법률로 정합니다.

MORE

채권 관련 용어
- **액면** : 채권 1장마다 권면에 표시되어 있는 1만원, 10만원, 100만원 등의 금액입니다.
- **단가** : 액면 10,000원당 단가입니다.
- **표면이율** : 액면에 대한 연간 이자율을 의미하며, 할인채의 경우는 할인율로 표시합니다.
- **잔존기간** : 기존에 발행된 채권의 중도매매 시 매매일로부터 원금상환까지의 기간입니다.
- **수익률** : 이율은 액면에 대한 이자율, 수익률은 투자원본에 대한 수익의 비율입니다.
- **경과이자** : 발행일로부터 매매일까지의 기간 동안 표면이율에 의해 발생한 이자입니다.
- **발행일과 매출일** : 발행일은 채권의 신규창출 기준일, 매출일은 채권이 실제로 신규창출된 날짜입니다.

모기지론(Mortgage Loan)

부동산을 담보로 주택저당증권을 발행하여 장기주택자금을 대출해주는
제도

주택자금 수요자가 은행을 비롯한 금융기관에서 장기주택자
금을 빌리면 은행은 주택을 담보로 주택저당증권을 발행하여
이를 중개기관에 팔아 대출자금을 회수합니다. 이때 중개기관
은 주택저당증권을 다시 투자자에게 판매하고 그 대금을 금융
기관에 지급합니다.

MORE

주택저당증권(MBS)

금융기관이 주택을 담보로 만기 20~30년짜리 장기대출을 해준 주택저당
채권을 대상자산으로 하여 발행한 증권

예금자보호제도

금융회사가 예금을 지급할 수 없을 때 예금보험공사가 대신 지급해주는
공적보험제도

금융회사가 도산하더라도 예금자를 보호하려는 목적으로 대
량 예금인출사태를 방지함으로써 금융시스템의 안정을 도모
하고, 소액 예금자를 보호하기 위해 도입되었습니다. 원금과
정해진 이자를 합해 예금자 1인당 최고 5,000만원까지 보호
받을 수 있습니다.

MORE

예금자보호법에 의한 주요 보호상품 및 비보호상품

구 분	보호상품	비보호상품
은 행	보통·정기예금, 주택청약예금, 정기적금 등	양도성예금증서(CD), 주택청약저축, 수익증권 등
보험회사	개인보험, 퇴직보험 등	법인보험, 변액보험 등
종합금융회사	발행어음, 어음관리계좌 등	수익증권, 뮤추얼펀드 등
상호저축은행	보통·저축예금, 정기 예·적금, 신용부금 등	저축은행발행채권 등 각종 채권

주가지수연동형 상품(ELD, ELS, ELF)

수익증권의 한 종류로 고객들이 예탁한 돈을 주가지수의 움직임에 맞춰
이익을 내도록 운용하는 것

주가지수연동형 상품의 비교

구 분	ELD (주가지수연동예금)	ELS (주가지수연동증권)	ELF (주가지수연동펀드)
판매 기관	은 행	증권사 (투자매매·중개업자)	집합투자업자
상품 성격	예 금	증 권	증권펀드
만기 수익	지수에 따라 사전에 제시한 수익 확정지급	지수에 따라 사전에 제시한 수익 확정지급	운용성과에 따라 실적배당
예금 보호	보 호	비보호 (발행사신용 중요)	비보호 (실적배당상품)
중도 해지	가 능 (원금손실 가능)	제한적(유가증권시장 에서 매도, 원금손실 발생 가능)	가 능 (원금손실 가능)
장 점	은행이 제시한 수익 보장	증권사가 제시수익을 달성할 수 있도록 상품을 구성	추가수익 발생 가능
단 점	추가수익 없음	추가수익 없음	제시수익 보장 없음

주택담보대출비율(LTV ; Loan To Value ratio)

집을 담보로 돈을 빌릴 때 집의 자산가치를 얼마로 보는가의 비율

주택의 종류 및 주택의 소재 지역에 따라 담보자산의 시가 대비 처분가액 비율이 달라질 수 있습니다. 이는 과도한 부동산 담보 대출을 억제하고 부동산 투기를 막는 데 효과가 있다고 합니다.

총부채상환비율(DTI ; Debt To Income ratio)

총소득에서 부채(빚)의 연간 원리금 상환액이 차지하는 비율

금융부채 상환능력을 소득으로 따져 대출한도를 정하는 방식 입니다. 금융기관이 대출금액을 정할 때 대출자의 상환능력을 검증하기 위해 활용하는 개인신용평가시스템과 비슷한 개념 으로 수치가 낮을수록 빚 상환능력이 양호하거나 소득에 비해 대출규모가 작다는 의미입니다.

$$DTI = \frac{\text{해당 주택담보대출 연간 원리금 상환액 + 기타부채의 연간 이자 상환액}}{\text{연소득}}$$

MORE

개인신용평가시스템(CSS)
고객의 신상정보, 거래실적, 신용도 등을 통계적으로 분석해 신용상태를 계량화한 시스템

헤지펀드

투자 위험 대비 고수익을 추구하는 투기성 자본

소수의 고액투자자를 대상으로 하는 사모펀드입니다. 주가의 장·단기실적을 두루 고려해 장·단기 모두에 투자하는 식으로 포트폴리오를 구성하여 위험은 분산시키고 수익률은 극대화합니다. 또한, 헤지펀드는 원래 조세회피 지역에 위장거점을 설치하고 자금을 운영하는 투자신탁으로 자금은 투자위험을 회피하기 위해 펀드로 사용됩니다.

MORE

사모펀드
소수의 투자자들로부터 자금을 모아 주식이나 채권 등에 운용하는 펀드

인덱스펀드

특정지수들을 따라가도록 설계되고 운용되는 펀드

주가지표의 변동과 동일한 투자성과를 내기 위해 구성된 포트폴리오로 증권시장의 장기적 성장추세를 전제로 하는 펀드입니다. 그러므로 인덱스펀드의 목표수익률은 시장수익률 자체가 주된 목적이 되며 지수추종형 펀드 또는 패시브형 펀드라고도 합니다.

MORE

인덱스펀드의 장점
- 객관적 운용
- 분산투자
- 거래비용 저렴
- 운용결과 예측 용이

퇴직급여제도

근로자 재직기간 중 적립한 재원을 근로자 퇴직 시 연금 또는 일시금으로 지급하는 제도

기업이 근로자의 안정적인 노후를 위해 근로자의 재직기간 중 퇴직급여 지급재원을 외부의 금융기관에 적립하고 이를 기업이나 근로자의 지시에 따라 운용한 후 근로자가 퇴직할 때 연금 또는 일시금을 지급하는 제도로 2005년 12월 1일 도입되었습니다. 퇴직급여 재원을 회사와 별도로 적립하므로 퇴직금과 달리 체불 위험이 크게 줄어든다는 장점이 있습니다. 퇴직연금제도와 퇴직금제도를 합쳐서 퇴직급여제도라고 합니다.

리볼빙(Revolving) 결제

이용금액을 일정비율로 상환하여 잔여 이용한도 범위 내에서 계속 카드 사용을 하도록 하는 방법

일시불과 현금서비스 이용금액을 사용자가 원하는 비율로 우선 상환하면 잔여 이용금액이 다음 달로 이월되어 상환이 연장되는 결제방식입니다. 사용자 입장에서는 자신의 재무구조의 유동성을 늘릴 수 있지만 이자부담 증가 등의 단점도 있습니다.

MORE

리볼빙 결제의 장단점

구 분	장 점	단 점
카드사	• 안정적인 이자 수입확보로 수익성 제고 • 회원의 일시적인 유동성 부족 시 상환을 연장할 수 있어 연체율 개선	• 한도관리 등 리스크 관리 미흡 시 저신용 회원의 역선택 발생 • 리볼빙 자산이 급증할 경우 유동성 위험 증가
고 객	일시적인 유동성 부족에도 연체 없이 상환 연장이 가능	• 대금결제 장기화로 이자부담 증가 • 단기 상환부담 완화로 카드부채 증가 가능성

프로젝트 파이낸싱(PF ; Project Financing)

사업성만을 따져 투자처로부터 자금을 조달하는 방식

'프로젝트 파이낸싱(PF)'은 오직 사업계획이 얼마나 완벽하고 수익성이 좋을지를 따져서 대출을 받아 자금을 조달하는 방식입니다. 대출금은 사업성공 이후 벌어들인 수익으로 상환합니다. 금융기관이나 투자자들은 향후 지속적인 투자성과를 기대하고 사업계획의 가능성을 따져 자금을 대줍니다. 또한 PF의 사업은 대개 대단지 아파트 건설처럼 장기적으로 진행되기 때문에 사업 중간 중간에도 투자금을 회수할 수 있습니다. 다만 그만큼 투자위험성도 크고 이자율도 높은데다가, 자칫 부동산 거품을 유발할 수도 있고 금융건전성을 악화시킬 우려도 있습니다.

환율

자국과 외국통화 간의 교환 비율

외화 1단위를 얻기 위해 지불해야 하는 자국통화의 양으로, 한 나라 통화의 대외 가치를 나타내는 자국통화와 외국통화의 교환 비율을 말합니다.

• 환율 하락(평가절상) : 한 국가의 통화가치가 상대적으로 상승하는 것으로 수입 증대, 수출 감소, 외채부담 감소, 국제적인 영향력 강화 제고현상이 나타납니다.

• 환율 상승(평가절하) : 한 국가의 통화가치가 상대적으로 하락하는 것으로 수출 증대, 수입 감소, 외채부담 증가, 국내 인플레이션 현상이 나타납니다.

규제 샌드박스

새로운 산업 분야가 생길 경우 기업들이 부담 없이 투자할 수 있도록, 기존 산업현장에 있던 각종 규제를 일시적으로 완화시켜주는 입법·행정 처리를 말합니다. 우리나라에서는 4차 산업혁명에 따른 새로운 산업 분야에 기업들이 발 빠르게 대처할 수 있도록 '규제혁신 5법' 등을 입법 통과시켜 신기술에 대한 우선 허용 사후규제 원칙 등을 마련했습니다.

종합부동산세

고가의 토지 및 주택의 소유자에게 부과하는 세금

고가의 토지 및 주택의 소유자에게 부과하는 세금을 말합니다. 부동산 보유에 대한 조세부담의 형평성을 제고하고자 만들어졌습니다. 재산세의 경우 지방세이지만 종합부동산세는 국세이기 때문에, 중앙정부가 부동산 가격 폭등 방지를 위해 정책적으로 활용하는 세금이 되기도 합니다.

퍼펙트스톰

심각한 세계경제위기를 비유적으로 이르는 말

여러 악재들이 동시다발적으로 일어나면서 직면하게 되는 절체절명의 세계적 경제위기 상황을 가리킵니다. 약한 태풍이 다른 자연현상을 만나 엄청난 파괴력을 가지게 됨을 의미했던 것이 각종 악재가 중첩되는 초대형 경제위기를 표현하는 말로도 쓰이게 됐습니다.

메기효과(Catfish Effect)

강한 경쟁자로 인해 조직전체가 발전하는 것

치열한 경쟁환경이 오히려 개인과 조직전체의 발전에 도움이 되는 것을 말합니다. 정어리들이 천적인 메기를 보면 더 활발히 움직인다는 사실에서 유래합니다. 정어리 수조에 천적인 메기를 넣으면 정어리가 잡아먹힐 것 같지만, 오히려 생존을 위해 꾸준히 움직여 살아남는다는 것입니다. 조직 내에 적절한 자극제가 있어야 기업의 경쟁력을 높일 수 있다는 의미로 '메기경영'이라는 용어가 파생됐습니다.

레몬마켓(Lemon Market)

쓸모없는 재화나 서비스 등 저급품만 거래되는 시장

레몬은 '시큼하고 맛없는 과일'로 통용되며 속어로 불량품을 뜻하는데, 이에 빗대어 경제 분야에서는 쓸모없는 재화나 서비스가 거래되는 시장을 말합니다. 정보의 비대칭성으로 인해 소비자들은 판매자보다 제품에 대한 정보가 적을 수밖에 없는데, 소비자들은 자신들이 속아서 구매할 것을 우려해 싼값만 지불하려 하고, 이로 인해 저급품만 유통되는 시장입니다.

셰일가스(Shale Gas)

미국에서 2010년대 들어서 개발되기 시작한 퇴적암 오일

퇴적암의 한 종류인 셰일층에서 채굴할 수 있는 '액체 탄화수소'입니다. '수압파쇄', '수평시추' 등의 기술발전으로 채산성을 갖추면서 생산량이 폭발적으로 늘어났습니다. 수압파쇄 기술은 시추공 내로 물을 주입하여 지하 암석층에 균열을 일으켜 가스를 뽑아내는 기술입니다. 수평시추 기술은 지면에서 수직으로 들어가던 종전의 기술과 달리, 수평에 가깝게 파고 들어가 시추 포인트당 자원과 접촉면을 넓혀 많은 양을 얻는 방법입니다.

세계 3대 석유

생산량과 거래량이 많고 독점되어 있지 않으며, 가격형성과정이 투명한 석유시장

① 서부 텍사스산 중질유(WTI ; West Texas Intermediate) : 미국 서부 텍사스 부근에서 생산되는 원유로 미국, 캐나다, 멕시코 등 미주지역의 원유 가격의 기준이 됩니다. 미국 석유시장 자체가 세계시장의 1/4를 차지하고 있기 때문에 WTI는 국제 유가를 선도하는 가격지표로 가장 많이 사용됩니다.

② 브렌트유(Brent Oil) : 영국 북해의 브렌트, 티슬 등의 지역에서 생산됩니다. 유럽과 아프리카 지역의 유가 기준이 되며, 가장 광범위한 지역으로 수출되는 원유입니다.

③ 두바이유(Dubai Oil) : 중동 두바이 지역에서 생산되는 원유로 중동을 포함한 아시아, 태평양 지역을 대표하는 원유입니다. 현재 우리나라 수입 석유의 약 80%를 차지하고 있으며, 따라서 유가 결정에도 가장 큰 영향을 미치는 원유입니다.

슈퍼그리드(Super Grid)

대륙 간 혹은 국가 간에 생산된 전력을 연결하여 서로 융통하는 에너지 수송 네트워크

미국 존 F. 케네디 대통령이 1960년대 미국 북서부의 수력발전 전력을 남쪽 캘리포니아주에 공급하도록 한 프로젝트에서 처음 사용된 것으로 슈퍼그리드가 구성되면 국가 간 전원설비를 공유할 수 있어 전력수요가 급증하는 시간대의 예비전력을 확보할 수 있고, 해외전원 개발을 통해 전원입지난도 해소할 수 있습니다. 최근에는 스마트그리드(Smart Grid)가 적용된 전력망이 연결된다는 차원에서 슈퍼그리드라는 용어가 더 자주 쓰이고 있습니다.

MICE산업

부가가치가 큰 복합전시산업

MICE는 기업회의(Meeting), 인센티브관광(Incentive tour), 국제회의(Convention), 전시(Exhibition) 및 이벤트(Event)의 각 영어 앞 글자를 딴 말로서, 국제회의와 포상관광, 국제 전시회와 이벤트를 주축으로 하는 산업입니다. 대표적인 MICE산업 국가는 싱가포르인데, 주변 관광지와 지정학적 위치를 활용해 도시를 고층빌딩과 휴양지로 개발하여 각종 국제회의와 산업의 트렌드를 살펴볼 수 있는 전시회와 이벤트를 개최하고 있습니다. MICE를 유치하는 도시는 지역경제를 활성화하고 개최지의 이미지를 각인시킬 수 있습니다. 우리나라의 대표적 MICE 기업에는 킨텍스와 코엑스 등이 있습니다.

엑시트(EXIT)

벤처기업이 사업을 키워 대기업 등에 매각하는 것

벤처기업이 사업을 궤도에 올린 뒤 회사를 대기업 등에 매각
해 자금을 회수하는 것을 말합니다. 엑시트를 통해 또 다른
창업을 모색할 수 있는 발판을 제공해 산업 생태계를 선순환
시키는 기능을 합니다.

엑스포(Expo)

국제박람회기구가 정기적으로 개최하는 세계박람회

엑스포(세계박람회)는 올림픽, 월드컵과 함께 세계 3대 이벤
트로 꼽힙니다. 세계의 첨단산업기술과 문화를 만날 수 있는
자리로서, 엑스포 개최가 불러일으키는 경제효과는 월드컵의
4배가량이라고 합니다. 최초의 근대적 엑스포는 1851년 영국
런던에서 열린 만국박람회라 할 수 있고, 1928년에는 이 엑스
포를 체계적으로 관리하고 유치 업무를 맡을 국제박람회기구
(BIE ; Bureau International des Expositions)가 설립되었
습니다. 본부는 프랑스 파리에 있으며 1년에 2회 총회를 열고
엑스포 개최지를 선정하는 등 현재까지 중추적인 역할을 맡
고 있습니다. BIE에서 공인하는 엑스포에는 등록박람회(세계
박람회)와 인정박람회가 있습니다. 작은 규모의 인정박람회는
특정주제를 갖고 등록박람회 사이사이에 3개월간 개최됩니
다. 최대 전시면적은 제한되어 있고, 개최하는 나라가 국가관
을 만들어 참가국에 대여하는 방식입니다. 반면 등록박람회의
주제와 전시면적에는 제한이 없고, 개최간격은 5년에 6개월
동안 진행됩니다. 개최국은 전시할 부지를 마련해주고 참가국
이 스스로 국가관을 만듭니다.

구조조정(Restructuring)

기업의 불합리한 경영 구조를 개편하여 경제적 효율성을 높이는 경영
활동

성장성이 부족한 사업분야의 축소 또는 폐쇄, 중복성을 띤 사업의 통폐합, 기구 및 인원의 감축, 부동산 등 소유자산의 매각처분 같은 수동적 구조조정 기법과 국내외의 유망기업과 제휴하여 새로운 기술을 개발시킨다거나 전략적으로 다른 사업분야와 공동사업을 추진하는 방법 등의 적극적 구조조정 기법이 있습니다.

6시그마

무결점 작업을 수행할 수 있는 프로세스 능력을 수치화한 것

6시그마 수준이라고 하면 100만개의 생산제품 중 많아야 3~4개의 불량품이 발생하는 것을 말하는데 실제 6시그마 계산에 의하면 10억개 중에 두 개 정도의 수준입니다. 6시그마를 기업 환경에서 적용하면 무조건 열심히 일하는 것이 아니라 효과적으로 일하고, 실수를 더욱 적게 하는 무결점 운동이 이뤄집니다. 미국 모토로라사에서 품질혁신운동으로 시작되었지만, 제너럴 일렉트릭(GE)의 회장이었던 잭 웰치에 의해 널리 알려지게 되었습니다.

리니언시(Leniency)

담합행위를 한 기업들에게 자진신고를 유도하는 자진 신고자 감면제

담합 사실을 처음 신고한 업체에게는 과징금 100%를 면제해 주고, 2순위 신고자에게는 50%를 면제해주는 제도를 말합니다. 이 제도는 상호 간의 불신을 자극하여 담합을 방지하는 효과를 얻게 하지만 매출액이 클수록 과징금이 많아지기 때문에 담합으로 인해 가장 많은 혜택을 본 기업이 자진신고를 하여 처벌을 면할 수 있다는 한계를 가집니다.

모라토리엄(Moratorium)

국가가 외국에 대해 채무의 지불을 일정 기간 유예하는 것

외채의 상환시점이 찾아왔지만 국가가 채무상환을 일시적으로 연기하겠다고 대외적으로 선언하는 것을 말합니다. 모라토리엄이 선언되면 해당 국가는 빚을 갚기 위한 시간을 벌기 위해 정부 차원에서 긴급 발표를 하여 해외 채권자들에게 알리고 협의를 통해 채무를 갚아나가게 됩니다. 모라토리엄 선언국은 대외 신용도가 크게 떨어지게 되고, 구조조정 · 세금 인상 등 불이익을 감수해야 합니다.

MORE

디폴트(Default)
채무불이행으로서 한 정부가 외국에서 빌려온 차관을 정해진 기간 안에 갚지 못하는 경우를 말합니다.

목표관리(MBO ; Management By Objectives)

상사와 부하가 협의하여 작업량을 정하고 이에 대한 성과를 함께 측정하는 방법

측정 가능한 특정 성과목표를 상급자와 하급자가 함께 합의하여 설정한 뒤 목표를 달성할 책임부문을 명시하고, 진척상황을 정기적으로 점검한 후 진도에 따라 보상하는 경영시스템을 말합니다.

벤치마킹(Benchmarking)

최고의 경쟁력을 가진 상대와 비교해 그 강점을 파악하고 자기혁신을 추구하는 경영기법

조직의 업적향상을 위해 최고수준에 있는 다른 조직의 제품이나 서비스, 업무방식 등을 서로 비교하여 새로운 아이디어를 얻고 경쟁력을 확보해나가는 체계적이고 지속적인 개선활동의 과정을 말합니다.

다국적 기업

2개국 이상에 영업·제조 거점 등 현지법인을 두고 기업 활동을 하는 기업

다국적 기업에서는 시장, 기술, 경영 방법의 국제화가 이루어집니다. 이러한 다국적 기업의 일반적인 경향은 국내 기업 활동과 해외 활동의 구별이 없으며, 기업의 이익에 따라 장소와 기회가 있으면 언제 어디로든 진출하게 되는 것입니다.

크라우드소싱(Crowd Sourcing)

기업이 생산과 서비스 과정에 소비자를 참여시켜 제품을 만들고 수익을
참여자와 공유하는 방법

대중(Crowd)과 외부자원활용(Outsourcing)의 합성어로, 기
업이 제품이나 서비스 개발과정에 소비자나 대중을 참여시켜
더 좋은 제품·서비스를 제공하고, 그 수익을 참여자와 공유
하고자 하는 방법입니다.

회사의 종류

상법상 회사는 사원의 책임에 따라 네 가지의 회사로 구분

• 합명회사 : 몇 사람이 동업을 하면서 회사를 설립해 회사의
  존망을 모든 사원이 함께 책임지는 회사
• 합자회사 : 일부사원은 투자 없이(월급사원), 일부사원은 투
  자(월급+투자수익)하여 그 투자금액은 손실을 감수해야 하
  는 형태의 회사로, 즉 합명+유한회사 형태
• 주식회사 : 주식을 발행하여 여러 사람이 자본투자에 참여할
  수 있는 회사
• 유한회사 : 사원이 일정 금액을 투자하여, 그 투자금액만큼
  만 책임지는 회사

구 분	인적회사			물적회사	
	합명회사	합자회사		주식회사	유한회사
구 성	무한책임 사원	무한책임 사원	유한책임 사원	주주 (유한책임 사원)	유한책임 사원
채권자에 대한 책임	직접, 연대, 무한		직접, 연대, 유한	간접, 유한	

BCG 매트릭스

상대적 시장점유율과 사업성장률을 기초로 구성된 분석기법

보스턴컨설팅그룹이 1970년대 초 개발했으며, 기업의 경영전략 수립에 있어 기본적인 분석도구로 활용되는 사업포트폴리오 분석기법입니다. BCG 매트릭스는 자금의 투입·산출 측면에서 사업(전략사업 단위)이 현재 처해있는 상황을 파악하여 상황에 맞는 처방을 내리기 위한 분석도구입니다.

• 스타(Star) 사업 : 성공사업. 수익성과 성장성이 크므로 계속적 투자가 필요합니다.
• 캐시카우(Cash Cow) 사업 : 수익창출원. 기존의 투자에 의해 수익이 계속적으로 실현되므로 자금의 원천사업이 됩니다. 시장성장률이 낮으므로 투자금액이 유지·보수 차원에 머물게 되어 자금투입보다 자금산출이 많습니다.
• 물음표(Question Mark) 사업 : 신규사업. 상대적으로 낮은 시장점유율과 높은 시장 성장률을 가진 사업으로, 기업의 행동에 따라서는 차후 스타(Star) 사업이 되거나 도그(Dog) 사업으로 전락할 수 있는 위치에 있습니다. 일단 투자하기로 결정한다면 상대적 시장점유율을 높이기 위해 많은 투자금액이 필요합니다.
• 도그(Dog) 사업 : 사양사업. 성장성과 수익성이 없는 사업으로, 철수하는 것이 좋습니다.

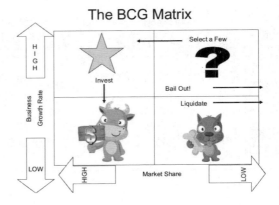

The BCG Matrix

M&A(Merger and Acquisition)

기업인수합병

합병(Merger)과 인수(Acquisition)의 합성어로 우리나라에서는 '기업인수합병'이라는 용어와 같이 사용됩니다. 각각 독립된 둘 이상의 기업이 하나의 경제적 실체가 되는 모든 행위를 포괄하고 있는 개념으로도 쓰입니다.

MORE

합병과 인수
- **합병** : 두 개 이상의 기업이 하나의 기업으로 재편되는 것
- **인수** : 특정기업의 기존 가지고 있는 지분을 매입하거나 신주발행에 참여하여 경영권을 획득하는 것

경영진 매수(MBO ; Management Buy-Out)

현 경영진이 중심이 되어 회사 또는 사업부를 인수하는 것

일반적인 M&A는 외부 제3자에 의해 이루어지지만 MBO는 회사 내부의 임직원에 의해 이루어집니다. 따라서 MBO는 기존 임직원이 신설회사의 주요 주주이면서 동시에 경영인이 되는데, 기존 경영자가 그대로 사업을 인수함으로써 경영의 일관성을 유지하고, 고용안정과 기업의 효율성을 동시에 추구할 수 있습니다.

스톡옵션(Stock Option)

직원이 일정 수량의 주식을 살 수 있는 권한

기업이 임직원에게 자기회사의 주식을 일정 수량, 일정 가격으로 매입할 수 있는 권리를 부여하는 제도입니다. 주가가 상승할 때에는 직원의 충성심과 사기의 향상을 기대할 수 있습니다.

MORE

풋백옵션(Put Back Option)

일정한 실물 또는 금융자산을 약정된 기일이나 가격에 팔 수 있는 권리로 풋 옵션을 기업 인수합병에 적용한 것입니다.

손익계산서

일정 기간에 있어서 모든 수익과 비용을 대비하여 나타낸 재무제표

재무상태표가 일정 시점에서 기업의 재무상태를 보여주는 데 비해 손익계산서는 일정 기간 동안에 일어난 경영활동의 성과를 표시합니다. 모든 수익과 비용은 그것이 발생한 기간에 정당하게 배분되도록 처리하되 미실현이익은 당기의 이익계산에 산입하지 아니함을 원칙으로 합니다.

사회적 기업

사회적 가치를 실현하는 동시에 수익을 창출하는 기업형태

사회적 기업은 취약계층에게 일자리나 복지서비스를 제공하는 회사를 말하며, 비영리와 영리의 중간형태를 갖습니다. 우리나라에서는 노숙자를 판매원으로 고용해 도움을 주는 '빅이슈' 잡지가 대표적인 사회적 기업입니다. 사회적 기업은 국가의 인증을 받아 4대보험, 소득세·법인세 감면 등 세제혜택과 경영지원을 받을 수 있습니다.

어닝시즌(Earnings Season)

기업들의 분기별 · 반기별 실적 발표 시기

기업은 일정 기간(1년에 4번, 분기별) 동안 실적을 발표하여 이를 종합하여 반기보고서, 연간결산보고서를 발표합니다. 이 때가 보통 12월인데, 실적발표가 집중되는 만큼 주가의 향방이 결정되는 중요한 시기이기 때문에 투자자들은 어닝시즌에 집중하게 됩니다.

MORE

어닝 서프라이즈(Earnings Surprise)

시장 예상치를 뛰어 넘는 '기대 이상의 실적'을 말합니다. 기업의 실적에 의하여 주가의 방향은 달라지는데, 발표한 실적이 예상보다 높을 때는 주가가 큰 폭으로 오르는 경우가 더욱 많습니다. 그러나 반대로, 예상보다 훨씬 낮을 때는 주가에 충격을 준다는 의미로 어닝 쇼크(Earning Shock)라고 합니다.

재무상태표

기업의 일정 시점에 있어서 재무상태를 나타내는 재무제표

국제회계기준(IFRS)에 의해 기존의 대차대조표의 명칭이 변경된 것으로 형식은 다음과 같습니다.

차 변		대 변	
자 산	유동자산	부 채	유동부채
	고정자산		고정부채
		자기자본	자본금
			자본잉여금
			이익잉여금
			자본조정

헤징(Hedging)

자산의 가격변동으로부터 발생하는 위험을 줄이거나 없애는 투자전략

구 분	분산투자	헤 지
대상위험	비체계적 위험	비체계적 위험 + 체계적 위험
방 법	상관관계가 낮은 자산들에 동일 포지션	상관관계가 높은 자산들에 반대 포지션

주요 회계용어 한 줄 정리

① 자산 : 기업이 소유하고 있는 모든 재산
  • 현금 : 지폐와 주화, 통화 대용증권
  • 외상매출금 : 상품을 팔고 대금은 외상으로 한 경우
  • 매출채권 : 외상매출금과 받을 어음을 합한 것
  • 미수금 : 상품이 아닌 토지 등의 물건을 외상으로 매각처분한 경우 받지 못한 금액
  • 단기대여금 : 금전을 타인에게 빌려주고 차용증서를 받은 경우
  • 선급금 : 상품을 매입하기로 하고 계약금을 미리 지급한 것

② 부채 : 장래에 타인에게 갚아야 할 돈
  • 외상매입금 : 상품을 매입하고 대금은 외상으로 한 경우
  • 지급어음 : 상품을 매입하고 약속어음을 발행한 경우
  • 미지급금 : 물건(토지 등)을 외상으로 구입한 경우
  • 단기차입금 : 현금을 빌리고, 차용증서를 써준 경우
  • 선수금 : 상품을 매출하기로 하고, 계약금을 미리 받은 것

③ 자본 : 기업의 순자산(순재산)으로 자산에서 부채를 뺀 것

④ 수 익
- 상품매출이익 : 상품을 원가 이상으로 매출하였을 때 생기는 이익
- 임대료 : 건물, 토지 등을 빌려주고 집세 및 지대로 받는 이익
- 유가증권처분이익 : 주식, 사채 등의 유가증권을 원가 이상으로 처분하는 경우의 이익
- 유형자산처분이익 : 건물, 토지 등의 유형자산을 원가 이상으로 처분하는 경우의 이익

⑤ 비 용
- 상품매출손실 : 상품을 원가 이하로 판매하였을 때 생기는 손실
- 임차료 : 건물, 토지 등을 빌린 데 대한 집세 및 지대로 지급하는 비용
- 잡손실 : 영업활동과 관계없이 생기는 적은 손실(도난 손실 포함)
- 유가증권처분손실 : 주식, 사채 등의 유가증권을 원가 이하로 처분하는 경우의 손실
- 유형자산처분손실 : 선물, 토지 등의 유형자산을 원가 이하로 처분하는 경우의 손실

주요 인사 관련 용어 한 줄 정리

① 채용(採用) · 임용(任用) : 소정의 절차에 의해 사람을 뽑아 회사에 근무하게 함

② 보직(補職) : 구체적인 직무의 담당을 명하고 특정 직무에 종사하게 하는 것
- 전보(轉補) : 조직 내의 한 직위에서 동일한 직급의 다른 직위로 보직을 변경하는 수평적 이동
- 직급(職級) : 직무의 종류 중 하나로 곤란성과 책임도가 상당히 유사한 직위의 군
- 직위(職位) : 하나의 사원에게 부여하는 직무와 책임
- 전직(轉職) : 조직 속의 한 직위에서 직무의 종류와 성격이 다른 직렬로 수평 이동하는 것
- 직무대리(職務代理) · 직무대행(職務代行) : 직급배정을 변경함이 없이 다른 직급의 업무를 수행하게 하는 잠정적인 임용조치 또는 그러한 업무를 담당하는 사람. 대체로 상위직급에 결원이 있을 때나 상급자의 유고 시에 하급자로 하여금 그 업무를 임시로 대행하게 하는 수단
- 직위해제(職位解除) : 직무수행능력이 부족하거나 근무성적이 극히 불량한 자, 징계의결이 요구 중인 자, 형사사건으로 기소된 자 등에 대해 신분은 보존시키되 직위를 부여하지 않는 행위. 이 기간 중 능력의 향상 또는 개전이 없다고 인정된 때에 직권면직을 통해 신분을 박탈할 수 있음

③ 휴직(休職) : 그 신분을 유지하면서 일정 기간 그 직무를 쉬는 일
- 의원휴직(依願休職) : 육아, 개인사정 등 본인의 출원에 의한 휴직
- 직권휴직(職權休職) · 명령휴직(命令休職) : 근무로 인해 병세 악화 우려가 있거나 사고 또는 행방불명, 형사사건의 기소, 징집 · 소집 등 이유로 임용권자의 명령에 의한 휴직

④ 복직(復職) : 물러났던 직무에 다시 종사함

⑤ 징계(懲戒) : 부정이나 부당한 행위를 되풀이하지 못하도록 제재를 가함
  • 경고(警告) : 잘못을 지적하여 재발 방지 촉구
  • 견책(譴責) : 잘못을 꾸짖고, 다시 그런 일이 없도록 엄중히 경고
  • 감봉(減俸) : 근로기준법에 따라 그 감액은 1회의 액이 평균임금의 1일분의 2분의 1을, 총액이 임금지급기에 있어서의 임금총액의 10분의 1을 초과하지 못함
  • 정직(停職) : 일정 기간 직무에 종사하지 못하게 하는 징계처분, 정직기간 중에는 보수를 지급하지 않음

⑥ 면직(免職) : 일하던 자리에서 물러나게 함, 상급자가 처분을 내림
  • 직권면직(職權免職) · 해고(解雇) : 임용권자의 일방적 의사와 직권에 의해 행하여지는 면직행위
  • 당연면직(當然免職) : 직원으로서의 자격을 상실하거나 직무를 수행할 수 없는 사유가 발생하여 당연히 퇴직하는 것
  • 징계면직(懲戒免職) : 징계처분으로 행하여지는 면직행위

코스의 정리

외부효과로 초래되는 비효율성을 시장의 기능이 해소할 수 있다는 로널드 코스의 이론

민간 경제주체들이 자원의 배분 과정에서 아무런 비용을 치르지 않고 협상할 수 있다면, 외부효과로 인해 초래되는 비효율성을 시장에서 그들 스스로 해결할 수 있다는 것입니다.

로널드 코스

앰부시 마케팅(Ambush Marketing)

스폰서 권리가 없는 자가 마치 스폰서인 것처럼 현혹하는 마케팅

매복마케팅이라고도 하며, 공식스폰서의 권리를 획득하지 못한 기업들이 마치 자신이 공식스폰서인 것처럼 대중들을 현혹해서 공식스폰서 활동의 기대효과 일부분을 빼앗을 목적으로 각종 이벤트와 함께 실시하는 것입니다.

MORE

앰부시 마케팅의 사례
- 경기 중계방송 전후에 자사광고를 내보내는 방법
- 복권이나 경품행사 등을 통해 경기 주체와 개최장소를 알리는 방법
- 팀이나 선수 등 작은 단위의 참가자와 스폰서계약을 맺는 방법
- 경기장 주변에 광고하는 방법

안테나숍

상품의 판매동향을 살피기 위해 실제 판매에 앞서 운영되는 점포

신제품이나 신업태 등에 대한 시장조사나 수요조사, 광고효과 측정 등을 목표로, 제품기획과 생산에 필요한 정보입수를 우선 과제로 삼아 운영되는 점포입니다.

MORE

파일럿숍
상품의 동향을 살피기 위해 본사나 도매상이 직영으로 운영하는 소매점포를 말합니다.

팝업스토어
하루나 길게는 한두 달 정도 짧은 기간만 운영하는 상점입니다. 브랜드의 특징을 살릴 수 있고, 입소문 마케팅에 유리합니다.

플래그십스토어
시장에서 성공을 거둬 이미 검증된 특정 상품의 브랜드를 중심으로 해서 그 성격과 이미지를 극대화하기 위해 만든 매장입니다.

블랙박스 전략

신기술에 대한 정보를 원천봉쇄하기 위해 특허출원을 하지 않는 전략

신기술을 개발한 기업이 관련된 특허를 출원할 경우 경쟁업체가 이 기술을 참고하여 신기술이 공개되는 것을 막기 위해 아예 특허출원을 하지 않은 채 기술을 숨기는 전략을 말합니다. 특허출원으로 인한 수입보다 자신들만이 보유한 기술력으로 시장에서 경쟁하는 것이 더 나은 효과를 얻는다는 판단에서 활용됩니다.

퍼플오션(Purple Ocean)

레드오션과 블루오션의 장점만을 따서 만든 새로운 시장

레드와 블루를 섞었을 때 얻을 수 있는 보라색 이미지를 사용하여, 경쟁이 치열한 레드오션에서 자신만의 차별화된 아이템으로 블루오션을 개척하는 것을 의미합니다. 포화시장으로 인식되던 감자칩 시장에서 달콤한 맛의 감자칩 '허니버터칩'을 내놓아 선풍적인 인기를 끌며 기존의 짭잘한 감자칩 시장 외에 '달콤한 감자칩' 시장을 개척한 사례가 있습니다.

MORE

레드오션

이미 시장에 많이 난입해 있는 사업을 가지고 시장에 뛰어들어 경쟁하는 것을 의미합니다. 편의점이나 요식업 등 주위에서 쉽게 볼 수 있는 것들이 그것이며 수익 등에서 좋은 결과를 기대하기 어렵지만 실패의 위험이 적다고 볼 수 있습니다.

블루오션

넓고 한계가 없는 시장을 의미합니다. 관련 사업이 거의 없기 때문에 경쟁자가 없어 사업의 성공 가능성도 크지만 미지의 시장을 개척해야 한다는 점에서 실패에 대한 리스크가 큰 시장일 수도 있습니다.

부패한 종교와 광기의 희생양, 마녀사냥

종교가 사회 전반을 장악하고 있던 시절, 교회는 권력과 기득권을 유지하기 위해 교회 권력에 대항하는 것으로 보이는 이들을 마녀·마법사로 몰아 고문, 재판, 사형에 이르는 행위들을 자행했습니다. 초기에는 마녀의 재판을  종교재판소가 전담했지만 이후 세속법정이 주관하게 되면서 모략은 광기로 변해갔습니다.

마녀사냥은 15세기 이후 이교도의 침입과 종교개혁으로 분열되었던 종교적 상황에서 비롯되었습니다. 즉, 위기에 봉착한 교회가 종교적 번민을 해결하기 위한 수단으로 시작한 것이었습니다. 여기에 종교전쟁·30년전쟁·백년전쟁·흑사병 등으로 피폐해지자 그 피폐의 원인이 필요해졌고, 그 원인을 마녀와 마법사에서 찾으면서 가속화되었습니다.

마녀 지명은 일방적으로 이루어졌습니다. 광기에 빠진 마녀 사냥꾼들은 결코 '괴물'이 아닌, 평범하고 선한 이웃들이었습니다. 교회는 평소 못마땅하게 여겼거나 경제적으로 풍족한 과부를 마녀로 고발했습니다. 마녀로 지목되는 순간이 바로 마녀가 되는 순간이었습니다. 마녀인지 아닌지를 밝히는 증거는 별로 중요하지 않았습니다. 자백만 있으면 그만이었습니다. 결국 극악한 고문이 필요했습니다. 죔쇠로 손가락을 으스러뜨리기, 벌겋게 달군 쇠꼬챙이로 살을 지지기 등은 약과였습니다. 몸에 바윗덩어리를 매달아 관절에서 뼈를 빼버리기도 했습니다. 고문으로 죽거나 자백을 한 후 화형으로 죽거나 죽기는 매한가지였습니다. 그 덫에서 벗어날 수 있는 사람은 아무도 없었습니다.

미국의 인류학자 마빈 해리스의 연구에 따르면 15세기에서 18세기에 이르는 동안 마녀 또는 마법사라는 죄목으로 처형된 사람이 무려 50만명에 이르렀습니다. 특히 희생자 중에는 여성이 많았는데, 이는 여성 그 자체가 원죄라는 기독교 관점에 기인한 것으로 풀이됩니다. 오늘날에는 그 어떤 근거도 없이, 또는 비상식적인 근거를 내세워 '집단이 개인을 집중적으로 공격하거나 몰아세우는 것'을 빗대는 말로 사용되고 있습니다.

PART 4

미래 리더를 위한
정치와 사회

틈틈이 보고, 생각은 더 크게 !

01 정치 · 국제 · 법률

간접민주정치(間接民主政治)

국민이 선거를 통해 대표자를 선출하여 간접적으로 정치에 참여하는 것

고대 아테네에서는 시민들이 직접 정치에 참여하는 직접민주
정치제도를 따랐지만 인구가 증가하고 국가의 범위가 커짐에
따라 이러한 직접민주정치는 현실적으로 불가능하게 되었습
니다. 따라서 이를 대신하여 국민들은 투표를 통해 자신의 의
견을 대표할 수 있는 대표자를 선출하고, 이들을 통해 정치에
간접적으로 참여하는 제도인 간접민주정치를 발달시키게 되
었습니다. 이러한 간접민주정치의 형태로는 의원내각제와 대
통령제가 있습니다.

> **MORE**
>
> **의원내각제**
> 정부의 성립과 존속이 의회의 신임에 의존하는 정부 형태를 의미합니다.
>
> **대통령제**
> 의회로부터 독립한 대통령을 중심으로 행정권을 행사하는 정부 형태를
> 의미합니다.

국가의 3요소

국민 · 영토 · 주권

국가가 존립하기 위해서는 국민(사람)과 영토, 주권(정부)이
라는 3가지 요소가 있어야 합니다. 그중 주권은 국가의 의사
를 결정할 수 있는 권력을 말합니다.

국민의 4대 의무

대한민국 헌법은 납세 · 국방 · 교육 · 근로 · 재산권 행사 · 환경보전의 의무를 6가지 의무로 규정합니다. 그중 근로의 의무, 납세의 의무, 국방의 의무, 교육의 의무를 4대 의무라고 합니다.

국적

한 국가의 구성원이 되는 자격이나 신분

우리나라의 국적법은 '속인주의'를 원칙으로 속지주의를 보충하고 있으며 '부모양계혈통주의'를 표방하고 있습니다. 출생에 의해 국적을 취득하는 선천적 취득에 관하여는 속인주의와 속지주의가 있고 부모의 국적에 따라 자녀의 국적을 결정하는 혈통주의가 있으며 부모의 국적에 관계없이 자기가 출생한 지역에 따라 국적을 결정하는 출생지주의가 있습니다.

MORE

인지
혼인 외에 출생한 자녀에 대하여 친아버지나 친어머니가 자기 자식임을 인정함으로써 법률상 친자관계로 되는 행위를 말합니다.

귀화
다른 나라의 국적을 취득하여 국민이 되는 일을 말합니다.

국적회복
국적을 잃었던 자가 다시 국적을 얻는 일을 말합니다.

대의제(代議制)

국민들이 선출한 대표자들을 통하여 국가 의사를 결정하는 간접민주주의 제도

간접민주제 또는 대표민주제라고 불리는 이 제도는 국민이 직접 국가의 의사를 형성하지 않고, 대표자를 선출하여 간접적으로 의사결정과정에 참여하는 국가 의사결정의 원리입니다. 이 제도는 대부분의 나라에서 시행되고 있으며, 간접민주제의 형태로는 대의정치 · 정당정치 · 대표민주제 · 책임정치 등을 들 수 있습니다.

MORE

정당정치

정권을 잡고 있는 정당의 정책을 기초로 운용하는 정치를 말합니다.

책임정치

국가가 국민에 대하여 책임을 지는 정치를 말합니다.

매카시즘

조셉 매카시

미국 상원의원 조셉 매카시를 중심으로 일어난 미국의 반공주의 열풍

매카시즘이란 1950년대 미국에 불었던 반공주의 선풍으로 당시의 위스콘신주 상원의원 조셉 매카시의 이름을 딴 것입니다. 1950년 2월 9일 링컨 탄생 기념제에서의 연설이 발단이 되었는데, 이후 매카시는 국내의 공산주의 활동을 과장하면서 국민의 지지를 얻은 반면 공산주의의 위협이라는 명목으로 시민들의 자유 또한 억압받게 되었습니다. 1954년 이러한 무차별적인 적색분자 색출의 위험성이 문제되어 상원의 사문결의(査問決議)에 의해 매카시가 실각됨으로써 미국 내의 매카시즘은 일단락되었습니다.

사회계약설(社會契約說)

토머스 홉스

국가의 성립을 국민의 합의에서 비롯된 것으로 보며 국민의 권리를 중요시하는 이론

사회계약설에 대한 홉스와 로크, 루소 등의 이론이 중요합니다.

• 홉스 : 자연 상태는 '만인에 대한 만인의 투쟁'이라고 보았기 때문에 모든 권리를 군주에게 위임함으로써 국가가 평화롭게 유지될 수 있다는 생각으로 군주주권론을 주장하였습니다.

• 로크 : 입헌군주제를 옹호하였고, 대표자에게 권리를 일부 양도한 후 국민은 국가에 대한 저항권을 지닐 수 있도록 하자고 주장하였습니다.

• 루소 : 자연 상태를 행복한 상태로 보았으나 사적소유에 의해 권리가 박탈당할 우려가 있어 이를 보호하기 위해 계약이 필요하다고 주장하였습니다.

숙의민주주의

숙의를 바탕으로 한 합의적인 의사결정 방식의 민주주의

'숙의(熟議)'는 '깊이 생각하여 넉넉히 의논함'을 뜻하는 것으로, '숙의'가 의사결정의 중심이 되는 형식을 숙의민주주의라고 합니다. 직접민주주의적인 형태로서, 다수결로 대표되는 대의민주주의의 한계를 보완하는 기능을 갖습니다. 갈등이 첨예한 사안에 관하여 단순히 찬성 혹은 반대로 대립하는 것이 아니라 충분한 시간을 두고 전문가가 제공하는 지식과 정보를 바탕으로 의견 수렴 과정을 거치며 해결책을 도출해 낸다는 장점이 있습니다.

게티즈버그 연설(Gettysburg Address)

링컨이 남북전쟁 중에 미국 펜실베이니아주 게티즈버그에서 했던 연설

미국 링컨 대통령이 남북전쟁 중이던 1863년 11월 19일, 미국 펜실베이니아주 게티즈버그에서 했던 연설을 말합니다. 이 연설에서 링컨 대통령은 살아남은 사람들이 한결 더 헌신할 것을 결심해야 한다며, "국민의, 국민에 의한, 국민을 위한 정치를 지상에서 소멸하지 않도록 하는 것"이야말로 그 목적이라고 하였습니다. 이 연설문은 미국 역사상 가장 많이 인용된 연설 중 하나이자, 가장 위대한 연설로 손꼽힙니다.

MORE

남북전쟁

1861~1865년 미국에서 노예제도의 존폐를 둘러싸고 벌어진 내전입니다. 북부의 승리는 미국 전역에서 노예제가 폐지되는 계기가 되었으며, 산업의 발전을 가져오기도 했습니다.

네포티즘(Nepotism)

친족 중용(重用)주의 또는 족벌정치를 이르는 말로, 정치권력자가 자신의 가족이나 친족들에게 정치적 특혜를 베푸는 것

중세 로마교황들이 자기 사생아를 '조카(Nephew)'라고 부르면서 등용시키는 것에서 유래한 것으로 권력부패의 온상이자 정실인사의 대명사로 인식됩니다.

고노 요헤이

고노 담화

일본군 위안부 모집에 대해 일본군이 강제 연행했다는 것을 인정하는 내용이 담긴 담화

1993년 8월 4일 고노 요헤이 일본 관방장관이 위안부 문제와 관련, 일본군 및 관헌의 관여와 징집 · 사역에서의 강제를 인정하고 문제의 본질이 중대한 인권 침해였음을 승인하면서 사죄한 일본 정부의 공식 입장입니다.

MORE

무라야마 담화

1995년 당시 일본 무라야마 총리가 식민지 지배와 침략의 역사를 인정하고 사죄하는 뜻을 공식적으로 표명한 담화입니다. 외교적으로 일본이 가장 적극적으로 일본의 식민지배를 사죄한 것으로 평가되지만, 강제동원 피해자에 대한 배상문제와 군 위안부 문제 등에 대한 언급은 없었습니다.

미야자와 담화

1982년 역사교과서 파동 시 미야자와 당시 관방장관이 "일본 정부가 책임지고, 교과서 기술을 시정하겠다"고 밝힌 내용으로, 일본은 이에 근거해 교과서 검정 기준에 '근린제국 조항'을 넣었습니다.

글리루스 주의
란트슈게마인데

란트슈게마인데(란츠게마인데)

스위스의 일부 주(州)에서 행하는 직접민주제에 의한 최고 의결기구

스위스 연방공화국의 23개 주(州) 중 북동부 아펜첼이너로덴주와 중부 글라루스주의 최고 의결기구로 스위스의 지역주민들이 모두 광장에 모여 지역의 주요사안에 대해 토론하고 결정을 내리는 자리입니다. 지역 주민이라면 누구나 의견을 내놓을 수 있고 진지한 토론을 통해 서로의 입장을 이해하면서 해결책을 찾아내도록 하는 것입니다. 자신이 원한다면 주민이 모두 모인 자리에서 지역의 주요사안에 대해서 직접 말할 수 있고 새로운 사업을 제안할 수도 있습니다.

필리버스터(Filibuster)

소수가 다수의 독주를 막기 위해 합법적으로 의사진행을 방해하는 행위

의회 내에서 긴 발언을 통해 의사진행을 합법적으로 방해하는 행위를 말합니다. 우리나라는 1964년 당시 국회의원 김대중이 김준연 의원의 구속동의안 통과를 막기 위해 5시간 19분 동안 연설을 진행한 것이 최초입니다. 그러나 박정희 정권 때 필리버스터가 금지되었고, 2012년 국회선진화법이 도입되면서 부활했습니다.

교섭단체(交涉團體)

국회에서 정당 소속 의원들의 의견과 정당의 주장을 통합하여 국회가 개회되기 전에 반대당과 교섭·조율하기 위해 구성하는 단체

소속 국회의원의 20인 이상을 구성 요건으로 하며 하나의 정당으로 교섭단체를 구성하는 것이 원칙이지만 복수의 정당이 연합해 구성할 수도 있습니다. 매년 임시회와 정기회에서 연설을 할 수 있으며 국무위원 출석 요구 등을 할 수 있습니다.

패스트트랙(Fast Track)

쟁점 법안의 빠른 본회의 의결을 진행하기 위한 입법 시스템

본회의 의석수가 많더라도 해당 상임위 혹은 법사위 의결을 진행시킬 수 없어 법률안을 통과시키지 못하는 경우가 있는데, 이런 경우 소관 상임위 혹은 본회의 의석의 60%가 동의하면 '신속처리안건'으로 지정해 패스트트랙으로 본회의 투표까지 진행시킬 수 있습니다. 이를 위해 상임위 심의 180일, 법사위 회부 90일, 본회의 부의 60일, 최장 330일의 논의기간을 의무적으로 갖게 됩니다.

독트린(Doctrine)

국제사회에서 공식적으로 표방하는 정책상의 원칙

어원은 라틴어 'Doctrina'로 종교의 교리나 교의를 뜻하는 말입니다. 정치나 학문 등의 '~주의'나 '~신조'를 나타내는 뜻으로 쓰이거나, 강대국 외교 노선의 기본 지침으로 대내외에 천명될 경우에 사용됩니다.

> **MORE**
>
> **미국 대통령들의 독트린**
> ① 먼로 독트린(Monroe Doctrine)
>   1823년 유럽 열강으로 하여금 더 이상 미 대륙을 식민지화하지 못하게 하거나 미 대륙에 있는 주권 국가에 대한 간섭을 거부하는 내용입니다.
> ② 트루먼 독트린(Truman Doctrine)
>   1947년 공산주의 확대를 저지하기 위하여 자유와 독립의 유지에 노력하며, 소수의 정부지배를 거부하는 의사를 가진 나라에 대하여 군사적·경제적 원조를 제공한다는 내용입니다.
> ③ 닉슨 독트린(Nixon Doctrine)
>   1969년 발표한 고립주의 외교정책으로 미국은 아시아 제국(諸國)과의 조약상 약속을 지키지만, 강대국의 핵에 의한 위협의 경우를 제외하고는 내란이나 침략에 대하여 아시아 각국이 스스로 협력하여 그에 대처하여야 한다는 내용입니다.
> ④ 오바마 독트린(Obama Doctrine)
>   2009년 인권관련 정책(관타나모 죄수 석방문제, 전쟁포로 대우문제 등)입니다.

캐스팅보트(Casting Vote)

투표결과 찬성과 반대가 같은 수일 때 의장의 재결권

합의체의 의결에서 가부동수인 경우에 의장이 가지는 결정권을 말합니다. 또한, 양대 당파의 세력이 거의 비슷하여 제3당이 비록 소수일지라도 의결의 가부를 좌우할 경우에도 제3당이 캐스팅보트를 쥐고 있다고 말하기도 합니다.

정기국회

매년 1회 정기적으로 소집되는 국회

정기국회는 매년 9월 1일에 열리며 정기회의 · 회기는 100일을 초과할 수 없습니다. 정기회의의 주요업무는 다음 해의 예산안을 심의 · 확정하는 일로, 이 기간 중에 위원회 또는 본회의에 상정하는 법률안은 다음 연도의 예산안처리에 부수하는 법률안에 한합니다. 다만, 긴급하고 불가피한 사유로 위원회 또는 본회의 의결이 있는 경우에는 일반법률도 상정할 수 있습니다.

MORE

임시국회

대통령 또는 국회 재적의원 1/4 이상의 요구에 의해 열립니다. 따로 집회 요구가 없더라도 국회는 매년 2월, 4월, 6월의 1일과 8월 16일에 임시회의를 소집해야 합니다. 임시회의 회기는 집회 후 즉시 의결로 정하되, 의결에 의해 연장할 수 있습니다. 다만, 임시회의 회기는 30일(8월 16일에 집회하는 임시회의의 회기는 8월 31일까지)로 합니다.

오픈프라이머리

당내 경선제의 한 유형으로, 선거 등에서 선거 후보자를 선출할 때 일반 국민이 직접 참여해 선출하는 방식

대선이나 총선, 지방선거 등에서 선거 후보자를 선출하는 경우, 후보자 선출권을 소속 정당의 당원에만 국한하지 않고 일반 국민으로 확대하는 것입니다. 국민의 선거 참여를 확대하여 민주주의를 실현한다는 면에서는 긍정적이지만 정당정치가 어려워진다는 부정적 측면도 있습니다.

큰 정부론

20세기 이후 시장 경제의 문제점을 극복하기 위하여 정부가 시장에 전면적으로 개입하는 과정에서 생겨난 개념

모든 경제부문을 시장의 기능에만 맡김으로써 초래된 시장실패, 즉 독과점 · 경기불황 · 실업자 증대 · 환경오염 등과 같은 부정적 현상을 바로잡기 위해서 정부가 시장 경제에 전면적으로 개입하는 과정에서 생겨난 개념입니다.

MORE

작은 정부론

정부의 규모를 축소하여 재정지출을 줄이고 민간의 자율성을 높이는 정책으로 애덤 스미스와 리카도 등의 고전 경제학파에 의해 주창되었습니다. 19세기 자본주의 초기단계에서 경제적 자유주의를 옹호했던 작은 정부의 예로 제퍼슨 대통령이 대표적이었고, 1980년대 레이건 행정부와 1990년대의 클린턴 정부를 들 수 있습니다.

매니페스토(Manifesto)

정당이나 후보자가 선거공약의 구체적인 로드맵을 문서화하여 공표하는 정책서약서

매니페스토는 출마자가 과거에 어떤 비리 사건에 연루된 적이 있으면 그 경위를 밝히고 앞으로는 그런 일이 없을 것이라는 다짐과 함께 구체적인 정책대안을 공약서에 담아서 유권자에게 약속하는 것을 말합니다. 유권자가 이를 통해 후보의 정책을 평가하고, 실천 가능한 공약과 대안을 제시한 후보가 당선될 수 있는 환경을 만들도록 한 것입니다. 우리나라에서는 2006년 지방선거에서 처음 등장하였습니다.

대통령의 지위와 권한

대통령은 한 나라의 원수이자 외국에 대해 국가를 대표하는 자로 국가 원수로서의 권한과 행정부 수반으로서의 권한을 지님

- 국가 원수로서의 권한 : 긴급명령권, 조약 체결 · 비준권, 국민투표 부의권 등
- 행정부 수반으로서의 권한 : 국군통수권, 법령 집행권, 국가 대표 및 외교에 관한 권한 등

국가 긴급권의 발동 요건 및 통제 수단

종 류	발동 요건	통제 수단
긴급재정 · 경제처분 및 명령권	내우, 외환, 천재지변 또는 중대한 재정 · 경제상의 위기	국회의 사후 승인
긴급명령권	국가의 안위에 관계되는 중대한 교전 상태	국회의 사후 승인
계엄선포권	전시 · 사변 또는 이에 준하는 국가 비상 사태	국회의 해제 요구

민주선거 4대 원칙

보통선거 · 평등선거 · 직접선거 · 비밀선거

- 보통선거 : 만 18세 이상 국민은 성별 · 재산 · 종교 · 교육에 관계없이 선거권을 갖는 제도 ↔ 제한선거
- 평등선거 : 모든 유권자에게 한 표씩 주고, 그 한 표의 가치를 평등하게 인정하는 제도 ↔ 차등선거
- 직접선거 : 선거권자가 대리인을 거치지 않고 자신이 직접 투표 장소에 나가 투표하는 제도 ↔ 대리선거
- 비밀선거 : 누구에게 투표했는지 알 수 없게 하는 제도 ↔ 공개선거

옴부즈만(Ombudsman)제도

정부의 부당한 행정 조치를 감시하고 조사하는 일종의 행정 통제제도

입법부와 법원이 가지고 있는 행정 통제의 고유 권한이 제 기능을 발휘하지 못함에 따라, 이를 보완하고 보다 적극적으로 국민의 이익을 보호하려는 취지에서 1809년 스웨덴에서 처음 창설된 대국민 절대 보호 제도입니다. 옴부즈만과 비슷한 제도로 우리나라에는 '국민권익위원회'가 있습니다.

MORE

국민권익위원회

부패 방지와 국민의 권리 보호 및 구제를 위하여 설치한 국무총리 소속의 행정기관으로 2008년 2월 29일 법률 제8878호로 제정되었습니다. 부패 방지와 국민의 권리 보호 및 구제를 위하여 과거 국민고충처리위원회 · 국가청렴위원회 · 국무총리행정심판위원회 등의 역할을 하고 있습니다.

보궐선거(補闕選擧)

대통령이나 국회의원 또는 기초 · 광역단체장 등의 자리가 비었을 때 이를 채우기 위해 실시하는 선거

보궐선거는 재선거와 보궐선거로 나뉘는데, 재선거는 공직선거가 당선인의 선거법 위반 등으로 공정하게 치러지지 않았을 경우 당선을 무효화하고 다시 치르는 선거입니다. 보궐선거는 선거에 의해 선출된 의원 등이 임기 중 사퇴, 사망, 실형 선고 등으로 인해 그 직위를 잃어 공석 상태가 되는 경우에 치르는 선거를 말합니다.

정부형태의 비교

대통령제와 의원내각제의 차이

구 분	대통령제(현재 대한민국)	의원내각제
특 징	• 권력 분립 지향(견제와 균형) • 대통령은 국민에 대해 책임 • 대통령은 국가원수이며 행정부 수반 • 대통령의 법률안 거부권 • 내각은 의결기관이 아닌 심의기관임 • 의회는 행정부를 불신임할 수 없고, 행정부도 의회를 해산할 수 없음 • 정부는 법률안 제안권이 있으며 정부각료의 의회 출석 발언권은 없음 • 정부각료는 의회의원을 겸할 수 없음	• 권력 융합주의 • 의회의 신임(대체로 다수당)에 의해 내각구성 • 왕, 대통령은 정치적 실권이 없는 상징적 존재 • 의회는 내각불신임 의결권을 가지고 있음 • 내각은 의회해산권과 법률안 제안권을 갖고 있음 • 각료는 원칙적으로 의회의원이어야 하며 의회 출석 발언권을 가짐 • 내각은 의결기관임
장 점	• 대통령 임기 동안 정국 안정 • 정책의 계속성 보장 • 국회 다수당의 횡포 견제	• 정치적 책임에 민감 • 국민의 민주적 요청에 충실 • 정국 안정 시 능률적 행정
단 점	• 대통령의 강력한 권한으로 독재화의 가능성 있음 • 책임 정치의 실현이 곤란 • 행정 · 입법의 반목	• 다수당의 횡포 가능성 • 군소 정당 난립 시 정국 불안 • 정책의 일관성 · 지속성 결여
공통점	사법부의 독립을 엄격히 보장 → 기본권의 보장	

MORE

우리나라가 채택하고 있는 의원내각제적 요소

행정부(대통령)의 법률안 제안권, 의원의 내각각료 겸직 가능, 국무총리제, 국무회의의 국정 심의, 대통령의 국회 출석 및 의사표시권, 국회의 국무총리 · 국무위원에 대한 해임건의권 및 국회 출석 요구 · 질문권 등

내각불신임권

국회가 투표를 통해 내각을 신임하지 않는다는 의사를 결정하는 것

비례대표제(比例代表制)

각 정당의 총 득표수에 비례하여 당선자를 결정하는 제도

사표(死票)를 방지하고 소수표를 보호하는 동시에 국민의 의사를 정확·공정하게 반영하는 것이 목적입니다. 비례대표제의 장점은 투표권자들이 투표하는 한 표의 가치를 평등하게 취급한다는 점에서 참다운 선거권의 평등을 보장하고 정당 정치 확립에 유리하며 소수 의견을 존중해 다양한 여론을 반영할 수 있는 것입니다. 그러나 군소정당이 난립하고, 정당 간부의 횡포가 발생할 수 있다는 단점을 가지기도 합니다.

단원제와 양원제

단원제는 국회를 1개의 합의체로 구성, 양원제는 2개의 합의체로 구성하는 제도

단원제는 국민에 의해 선출된 의원들로 구성된 의회로 단일 구성됩니다. 양원제는 귀족국가의 구조적 특수성이 있는 영국에서 시작된 것으로, 국민으로부터 선출된 의원으로 구성된 하원과 세습·임명·직능(職能)대표로 구성되는 상원으로 구성됩니다. 우리나라는 제2공화국에서 양원제를 실시하였으나 제3공화국 이후 현재까지 단원제를 채택하고 있습니다. 미국, 영국, 프랑스 등 많은 국가에서는 양원제를 채택하고 있습니다.

구 분	단원제	양원제
장 점	• 국정처리가 신속함, 비용이 절약됨 • 국회의 책임 소재가 명백 • 정부에 대한 국회 지위가 강력함 • 국민 의사는 하나라는 일원적 민주주의 이론에 충실함	• 신중한 심의로 과오를 방지함 • 의회(특히 하원)와 정부 간의 충돌을 완화할 수 있음 • 상원에 직능대표제 도입이 용이함 • 의회의 횡포를 방지할 수 있음
단 점	• 경솔·부당한 심의, 입법으로 과오를 범하기 쉬움 • 다수당의 횡포를 견제하기 어려움 • 의회와 정부 간의 충돌시 해결이 어려움 • 직능대표제 도입이 곤란함	• 국정처리가 지연되고 많은 경비가 듦 • 서로의 책임 전가로 무책임하게 될 우려가 있음 • 정부에 대한 국회 지위가 약화됨

MORE

직능대표제

국민 각계각층의 이해관계를 반영하기 위해 직업별로 선거인단을 조직하여 의회에 대표자를 내보내는 선거제도입니다.

레임덕(Lame Duck)

임기 말 권력누수 현상

'절름발이 오리'라는 뜻으로, 현직 대통령의 임기만료를 앞두고 나타나며 대통령의 권위나 명령이 제대로 시행되지 않거나 먹혀들지 않아 국정수행에 차질이 생기는 권력누수 현상입니다. 임기제한으로 인해 지위유지를 못하게 됐거나 임기만료가 얼마 남지 않은 경우, 집권당이 의회에서 다수의석을 얻지 못한 경우에 레임덕이 발생하기 쉽습니다.

일사부재의의 원칙

한 번 부결된 안건은 같은 회기 중에 재발의하거나 제출하지 못한다는 원칙

소수파에 의한 의사방해를 막기 위한 제도로 국회법상의 원칙입니다. 국회의 대의기능을 제한하는 의사원칙이므로, 그 적용범위는 국회법의 규정문언(부결된 안건은 같은 회기 중에 다시 발의 또는 제출하지 못한다)에 엄격히 한정되어야 합니다.

MORE

일사부재리의 원칙

어떤 사건에 대해 판결이 내려지고 그것이 확정되면 그 사건을 다시 소송으로 재판하지 않는다는 원칙을 말합니다.

정족수(定足數)

회의를 진행하고 의사를 결정하는 데 필요한 최소한의 인원수

정족수에는 의결정족수와 의사정족수가 있습니다. 의결정족수는 의결을 유효하게 성립시키는 데 필요한 정족수를 말하고, 의사정족수는 회의를 열고 진행하기 위해 필요한 정족수를 말합니다.

MORE

헌법에 규정된 특별 의결정족수
- **재적의원 3분의 2 이상의 찬성** : 헌법 개정안 의결, 대통령 탄핵 소추 의결, 국회의원 제명 의결
- **재적의원 과반수의 찬성** : 개헌안 발의, 대통령 탄핵 소추 발의, 공무원 탄핵 소추 의결, 국무총리 · 국무위원 해임 건의, 계엄 해제 요구
- **재적의원 과반수 출석과 출석의원 3분의 2 이상의 찬성** : 법률안 거부로 인한 재의결
- **재적의원 3분의 1 이상의 찬성** : 국회 의사정족수, 국무총리 · 국무위원 해임 건의안 발의, 탄핵 소추안 발의(대통령 제외)

게리맨더링(Gerrymandering)

집권당에 유리하도록 한 기형적이고 불공평한 선거구 획정

1812년 미국 매사추세츠 주지사 게리가 당시 공화당 후보에게 유리하도록 선거구를 재조정하였는데 그 모양이 마치 그리스 신화에 나오는 샐러맨더와 비슷하다고 한 데서 유래한 말로 특정 정당이나 후보자에게 유리하도록 선거구를 인위적으로 조작하는 것을 의미합니다. 우리나라는 이러한 부정행위를 방지하기 위해 선거구 법정주의를 채택하고 있습니다.

MORE

선거구

독립적으로 선거를 시행하여 대표를 선출할 수 있는 단위 구역을 말합니다. 현재 우리나라의 선거구는 총 253개이며, 비례대표 47명을 포함하여 총 300석의 국회의원 자리가 완성됩니다.

선거구 법정주의

선거구가 특정한 정당이나 후보자에게 유리해지지 않도록 국회가 선거구를 법률로써 정하는 제도를 말합니다.

엽관주의(Spoils System)

선거로 정권을 잡은 사람 또는 정당이 관직을 지배하는 인사 관행

"전리품은 승자의 것이다"라는 미국 상원의원 마시의 말에서 유래한 것으로, 당시 관직을 선거에서 이긴 정당 혹은 사람의 '전리품'이라 여기게 되면서 이루어진 인사 관행입니다. 19세기 미국의 공무원 인사제도는 엽관주의에 따라 선거를 통해 집권한 정당에 의해 이루어졌는데, 이렇게 정당에 대한 기여나 당선자(인사권자)와의 개인적 관계에 의해 관직을 임용하게 됨에 따라 행정능률이 저하되고 행정질서가 교란되는 각종 문제가 발생하면서 실적주의가 대두했습니다.

선거구(選擧區)

독립적으로 선거를 시행할 수 있는 단위 구역

선거구마다 선출하는 의원의 수에 따라 소선거구 · 중선거구 · 대선거구로 나뉩니다.

- 소선거구제 : 선거구별 1인을 선출하는 제도로 다수대표제와 관련됩니다.

장 점	• 군소정당의 난립을 방지하여 정국의 안정 촉진 • 후보자에 대한 판단이 쉬워 정확한 선택 가능 • 투표율이 높고 선거공영제 실시에 유리
단 점	• 사표가 많이 발생함 • 소수당에 불리함

- 중 · 대선거구제 : 선거구별 2~4인을 선출하는 제도로 소수대표제와 관련됩니다.

장 점	• 사표를 방지할 수 있음 • 지연, 혈연에 의한 당선을 줄이고 신진세력 진출에 용이
단 점	• 선거비용이 증가하고, 관리가 어려움 • 후보자가 난립하고 후보자에 대한 판단이 어려움

MORE

다수대표제

한 선거구에서 최고 득점자를 당선자로 정하는 제도로 소선거구제를 기본으로 하며 다수당에 유리합니다.

소수대표제

한 선거구에서 2명 이상의 당선자를 정하는 제도로 중 · 대선거구제를 기본으로 하며 소수의견의 반영이 가능합니다.

언더독(Under Dog) 효과

약세 후보가 유권자들의 동정을 받아 지지도가 올라가는 경향

개싸움 중에 밑에 깔린 개가 이기기를 바라는 마음과 절대 강자에 대한 견제심리가 발동하게 되어 선거철에 지지율이 약한 후보에게 유권자들이 동정표를 주는 현상을 말합니다. 여론조사 전문가들은 밴드왜건과 언더독 효과가 동시에 발생하기 때문에 여론조사발표가 선거결과에 미치는 영향은 중립적이라고 봅니다.

MORE

밴드왜건 효과

밴드왜건이란 서커스 행렬을 선도하는 악대 마차로, 사람들이 무의식적으로 그곳에 몰려들면서 군중이 점점 증가하는 것을 비유하여 생긴 용어입니다. 정치에서는 특정 유력 후보가 앞서가는 경우 그 후보에 대해 유권자의 지지가 더욱 커지는 것을 의미하고, 경제에서는 특정 상품의 수요가 증가하면 대중들이 따라 사는 경우를 말합니다.

스윙보터(Swing Voter)

선거 등의 투표행위에서 누구에게 투표할지 결정하지 못한 유권자

선거에서 후보자를 정하지 못하고 어느 후보에게 투표할지 결정 못한 유권자로 '플로팅보터(Floating Voter)'라고도 합니다. 과거에는 미결정 투표자라는 뜻의 '언디사이디드보터(Undecided Voter)'라는 말이 많이 쓰이기도 했습니다. 부동층 유권자들은 지지정당이 없기 때문에 여러 요소에 따라 정당을 쉽게 바꿀 수 있습니다.

우리나라 국회의원선거 채택 제도

직접선거제, 소선거구제, 다수대표제, 선거구법정주의, 비례대표제, 선거 공영제, 지역대표제

- 직접선거제 : 선거권자가 후보자에게 직접 투표하는 제도
- 소선거구제 : 선거구마다 한 사람의 대표를 선출하는 제도
- 단순다수대표제 : 과반의 지지를 얻지 못 해도 최다 득표자 를 당선시키는 제도
- 선거구법정주의 : 특정 정당·후보자가 유리하지 않도록 국 회가 선거구를 법률로 정하는 제도
- 비례대표제 : 일부 의석은 각 정당별로 득표비율에 따라 의 석을 배정하는 제도
- 선거공영제 : 국가기관(선거관리위원회)이 선거를 관리하는 제도(선거의 공정성 확보를 목적으로 하며, 선거운동의 기 회균등·선거비용의 국가부담을 내용으로 함)
- 지역대표제 : 일정 지역을 기준으로 선거구를 확정하여 대표 자를 선출하는 제도

전시작전통제권(WOC ; Wartime Operational Control)

한반도 유사시 주한미군사령관이 한국군의 작전을 통제할 수 있는 권리

평상시 작전통제권은 우리나라가 갖고 있지만 전투준비태세 인 '데프콘' 3단계가 발령되면 한미연합사령관에게 통제권이 넘어가도록 되어 있습니다. 다만, 수도방위사령부 예하부대 등 일부 부대는 전작권 이양에서 제외돼 유사시에도 한국군 이 독자적으로 작전권을 행사할 수 있습니다. 우리나라에서는 '군사 주권' 확보를 위해 적절한 시기에 전작권을 환수해야 한 다는 주장이 나옴에 따라 한미 양국은 여러 차례 연례안보협 의회(SCM)를 거쳐 이양시기를 논의해 왔습니다.

국제사법재판소(ICJ ; International Court of Justice)

국가 간의 분쟁을 법적으로 해결하는 국제연합 기관

국제연합(UN)의 주요 사법기관으로 국가 간 분쟁의 법적해결을 위해 설치되었습니다. 재판소는 국제연합 총회·안전보장이사회에서 선출된 15명의 재판관으로 구성되며, 국제법을 원칙으로 심리합니다. 법원 판결의 집행은 헌장에 따라 '만약 사건의 일방 당사국이 재판소가 내린 판결에 따라 자국이 부담하는 의무를 이행하지 않을 경우' 타방의 당사국은 안전보장이사회에 제소할 수 있습니다. '이사회는 필요하다고 인정할 때 권고를 하거나 판결의 집행에 필요한 조치를 결정할 수 있다'고 규정되어 있으므로 판결은 구속력을 가지지만 판결의 불이행이 국제평화와 안전을 해친다고 인정되는 경우에 한하기 때문에 판결집행의 제도적 보장은 미흡한 실정입니다.

양해각서(MOU ; Memorandum Of Understanding)

외교교섭으로 양해된 내용을 확인·기록하기 위한 정식계약 체결 이전의 문서

국가 간 정식계약의 체결에 앞서 이루어지는 문서로 된 합의입니다. 당사국 사이의 외교교섭 결과에 따라 서로 양해된 사항을 확인·기록하거나, 본조약·협정의 후속 조치를 목적으로 작성합니다. 공식적으로는 법적 구속력을 갖지는 않지만, 조약과 같은 효력을 갖게 됩니다. 포괄적 개념으로는 국가기관 사이, 일반기관 사이, 일반기업 사이 등에서도 다양한 문서의 형태로 이루어질 수 있습니다.

북대서양조약기구
(NATO ; North Atlantic Treaty Organization)

북대서양조약에 따라 설립된 북아메리카와 서유럽을 연결하는 집단안전보장기구

북대서양조약을 기초로 미국, 캐나다와 유럽 10개국 등 12개국이 참가해 발족한 집단방위기구로, 냉전 당시 구소련을 중심으로 한 동구권의 위협에 대항하기 위해 창설됐습니다. 공산권은 NATO에 대한 대항으로 지역안보기구인 바르샤바조약기구를 창설했으나 소련의 붕괴로 해체되자 NATO 체제를 변화시켜 미국 주도로 지역분쟁에 대처하는 유럽 안보기구로 변화했습니다. 2022년 러시아는 인접국인 우크라이나가 NATO 가입을 시도하자 침공을 감행했습니다.

배타적 경제수역(EEZ ; Exclusive Economic Zone)

자국 연안으로부터 200해리까지의 모든 자원에 대해 독점적 권리를 행사할 수 있는 수역

자국 연안으로부터 200해리까지의 수역에 대해 천연자원의 탐사·개발 및 보존, 해양환경의 보존과 과학적 조사활동 등 모든 주권적 권리를 인정하는 유엔해양법상의 개념입니다. 배타적 경제수역은 영해와 달리 영유권은 인정되지 않습니다. 따라서 어업행위 등 경제 활동의 목적이 없는 외국 선박의 항해와 통신 및 수송을 위한 케이블이나 파이프의 설치는 허용되지만 자원탐사 및 개발, 어업활동 등의 경제활동은 연안국의 허가를 받아야 하며, 이를 위반했을 때는 처벌을 받게 됩니다.

ICBM (Inter-Continental Ballistic Missile)

대륙간 타격을 할 수 있는 사정거리를 지닌 탄도미사일을 말합니다. 1957년 러시아는 세계 최초의 ICBM인 R-7을 발사했고, 미국은 1959년부터 배치하기 시작했습니다. 초기 ICBM은 추진제 문제와 발사준비 시간 때문에 사실상 사용이 불가능했던 까닭에 이후 로켓으로 개량되어 우주개발에 사용됐습니다. 이후 추진제 문제를 해결하고, 발사 준비 시간을 단축시키는 데 초점을 맞춰 군사무기로 사용되었습니다. 1990년대부터 ICBM 개발에 나선 북한은 1998년 '대포동 1호'를 시작으로 꾸준히 개발을 진행하여, 2017년 '화성-14형'을 선보이며 ICBM 기술을 완성시켰다고 밝혔습니다.

MORE

SLBM(Submarine-Launched Ballistic Missile)

잠수함에서 발사가 가능한 탄도유도탄을 말합니다. 잠수함으로 타격 목표 국가에 더욱 가까이 접근하여 발사할 수 있다는 점, 탐지가 어렵다는 점 때문에 지상에서 발사되는 미사일보다 더욱 위협적입니다.

한국형 3축체계

킬체인(Kill Chain) · 한국형 미사일방어(KAMD) · 대량응징보복(KMPR)

미사일 선제 대응방법 순서로서 3축은 북한의 미사일 위협을 실시간으로 탐지해 표적을 타격하는 공격체계인 킬 체인(Kill Chain, 1축), 북한의 미사일을 공중에서 방어하는 한국형 미사일방어체계(KAMD, 2축), 북한의 미사일 공격 시 미사일 전력과 특수작전부대 등으로 지휘부를 응징하는 대량응징보복(KMPR, 3축)을 말합니다.

투키디데스의 함정(Thukydides Trap)

신흥국과 기존 강대국의 필연적인 갈등

투키디데스는 고대 그리스 아테네의 역사가로, 기원전 5세기경 지속된 아테네와 스파르타의 전쟁사를 담은 〈펠레폰네소스 전쟁사〉를 저술했으며 "역사는 영원히 되풀이 된다"는 명언을 남겼습니다. 미국 정치학자 그레이엄 앨리슨은 2017년 낸 저서 〈예정된 전쟁〉에서 기존 강국이던 스파르타와 신흥 강국이던 아테네가 맞붙었듯이 늘 역사는 반복되어왔으며, 현재 미국과 중국의 충돌 또한 필연적이라는 주장을 했습니다. 또 이런 필연을 '투키디데스의 함정'이라고 명명했습니다.

일국양제(一國兩制)

한 국가 안에 서로 다른 두 체제를 공존시키는 것

한 나라 안의 두 체제를 의미합니다. 중국 개혁·개방의 설계사로 불리는 덩샤오핑이 만들어낸 개념입니다. 덩샤오핑은 중국 경제발전을 위해 1978년 '사회주의를 핵심으로 하되 경제는 사회주의 계획경제와 자본주의 시장경제 두 체제를 병행할 수 있다'는 논리를 제시했습니다. 중국은 1997년과 1999년 각각 영국과 포르투갈로부터 홍콩과 마카오의 주권을 반환받으면서 50년 동안 이를 보장하기로 합의했습니다. 중국은 양안(兩岸·중국과 대만) 관계에서도 '하나의 중국'을 강조하며 일국양제를 내세우고 있습니다.

아이언 돔(Iron Dome)

이스라엘군이 개발한 이동식 전천후 방공시스템

이스라엘이 개발하여 2011년부터 운용 중인 이동식 전천후 방공시스템입니다. 단거리 로켓포나 155mm 포탄, 다연장 로켓포 등을 요격합니다. 우크라이나가 지난 2022년 6월 이스라엘에 이 아이언 돔 미사일 지원을 요청한 것으로 보도됐습니다. 이전에도 지원을 요청한 적이 있으나, 공개적으로 이스라엘 당국에 이를 타전한 것은 처음인데 이스라엘은 러시아와의 이해관계 때문에 선뜻 응하지 않고 있다고 전해졌습니다. 또 2023년에는 팔레스타인의 무장정파 하마스가 이스라엘을 대규모 '카삼로켓'으로 공격했을 때, 아이언 돔이 발동했으나 허점을 드러내기도 했습니다.

페르소나 논 그라타

국가가 외교사절로 받아들이기를 기피하는 사람

좋아하지 않는 인물이란 뜻의 라틴어로 외교상의 '기피인물'을 말합니다. 외교관계에 관한 빈협약 9조에 의해 외교사절의 아그레망(Agrément, 승인)이 요청되었을 때, 아그레망을 요청받은 국가가 '호감이 가지 않는 사람'이라고 판단한 경우, 그 이유를 밝히지 않고 그 사람의 파견을 거부할 수 있습니다.

팔레스타인 분쟁

유대인들이 팔레스타인 지역에 이스라엘을 건국하며 발생한 분쟁

팔레스타인은 이스라엘과 요르단의 여러 지역을 포함하며 대체로 서쪽의 지중해에서 동쪽의 요르단강까지, 북쪽의 이스라엘과 레바논 국경지대에서 남쪽의 가자지구에 이르는 지역을 가리킵니다. 밸푸어 선언과 시오니즘 운동으로 유대인들이 팔레스타인으로 모여들면서 예전부터 거주하던 아랍인과의 갈등이 격화되어 분쟁이 심화되자 1947년에 UN이 팔레스타인을 이스라엘과 아랍의 양국으로 분할하는 안을 결의하였고, 다음 해에 이스라엘 공화국이 건국되면서 아랍연합군과 이스라엘의 중동전쟁이 4차례, 이스라엘과 팔레스타인 간의 전쟁이 2차례 일어나게 됩니다. 중동평화를 위한 국제사회의 중재로 여러 평화 협정이 있었으나 팔레스타인의 자살폭탄 공격과 이스라엘의 반격·침공이 이어져 2023년에도 전면전이 발생하는 등 여전히 분쟁이 끊이지 않고 있습니다.

MORE

밸푸어 선언

1차 세계대전 중 영국 외무장관 밸푸어(Balfour, A. J.)가 팔레스타인에 유대인의 민족 국가를 건설하는 것을 지지한 선언입니다.

시오니즘(Zionism)

세계 각지에 흩어져 있던 유대인들이 팔레스타인에 국가를 건설하자는 운동입니다.

NGO(Non-Governmental Organization)

비정부기구 또는 비정부단체

정부 이외의 기구로서 국가주권의 범위를 벗어나 사회적 연대와 공공목적을 실현하기 위한 자발적인 공식 조직을 의미하는 것으로 그린피스, 세계자연보호기금, 국제사면위원회 등이 있습니다. UN 헌장에 따라 UN 경제사회이사회의 자문기관으로 인정받고 있으며, 그 권위는 입법·사법·행정·언론에 이어 '제5부'라 불리거나 정부·기업에 대응하는 '제3섹터'라고도 불립니다. 공동의 이해를 가진 사람들이 특정목적을 위해 조직한 NGO는 다양한 서비스와 인도주의적 기능을 수행하고 있습니다.

공동경비구역(JSA ; Joint Security Area)

비무장지대 안에 있는 특수지역

1953년 10월 군사정전위원회 본부구역 군사분계선(MDL) 상에 설치한 지대로 판문점이라고도 합니다. 비무장지대에 남과 북의 출입은 제한적이지만 양측이 공동으로 경비하는 공동경비구역은 비무장지대 내 특수지역으로, 양측의 허가받은 인원만이 출입할 수 있습니다. 공동경비구역은 휴전선 155마일 중 한국군(350여 명)과 미군(250여 명)으로 구성된 유엔사령부 경비대대가 북과 함께 관할하는 유일한 지역입니다.

UN(United Nations : 국제연합)

전쟁을 방지하고 평화를 유지하기 위해 설립된 국제기구

설립일	1945년 10월 24일
설립목적	전쟁 방지 및 평화 유지
주요활동	평화유지활동, 군비축소활동, 국제협력활동
본 부	미국 뉴욕

주요 기구	총 회	• 국제연합의 최고 의사결정기관 • 9월 셋째 화요일에 정기총회 개최 (특별한 안건이 있을 경우에는 특별총회 또는 긴급총회 소집)
	안전보장이사회 (안보리, UNSC)	• UN 회원국의 평화와 안보 담당 • 5개의 상임이사국(미국 · 영국 · 프랑스 · 러시아 · 중국)과 10개의 비상임이사국으로 구성됨
	경제사회이사회 (ECOSOC)	• 국제적인 경제 · 사회 협력과 개발 촉진, UN 총회를 보조하는 기구 • 유엔가맹국 중 총회에서 선출된 54개국으로 구성
	국제사법재판소 (ICJ)	• 국가 간의 법률적 분쟁을 재판을 통해 해결 • 네덜란드 헤이그에 위치함
	신탁통치이사회	신탁통치를 받던 팔라우가 1994년 독립국이 된 이후로 기능이 중지됨
	사무국	UN의 운영과 사무 총괄
전문기구		국제노동기구(ILO), 국제연합식량농업기구(FAO), 국제연합교육과학문화기구(UNESCO), 세계보건기구(WHO), 국제통화기금(IMF), 국제부흥개발은행(세계은행, IBRD), 국제금융공사(IFC), 국제개발협회(IDA), 국제민간항공기구(ICAO), 만국우편연합(UPU), 국제해사기구(IMO), 세계기상기구(WMO), 국제전기통신연합(ITU), 세계지적재산권기구(WIPO) 등

군사분계선(MDL ; Military Demarcation Line)

휴전 협정에 의해 두 교전국이 설정한 군사활동의 경계선

한국의 경우 1953년 7월 유엔군 측과 공산군 측이 합의한 정전협정에 따라 규정된 휴전의 경계선을 말합니다. 길이는 약 240km이며, 남북 양쪽 2km 지역을 비무장지대로 설정하여 완충구역으로 둡니다. 정전협정 제1조는 양측이 휴전 당시 점령하고 있던 지역을 기준으로 군사분계선을 설정하고 상호 간에 이 선을 침범하거나 적대행위를 하는 것을 금지하고 있습니다.

MORE

북방한계선(NLL ; Northern Limit Line)

해양의 북방한계선은 서해 백령도 · 대청도 · 소청도 · 연평도 · 우도의 5개 섬 북단과 북한 측에서 관할하는 옹진반도 사이의 중간선을 말합니다. 1953년 이루어진 정전협정에서 남 · 북한 간 육상경계선만 설정하고 해양경계선은 설정하지 않았는데, 당시 주한 유엔군 사령관이었던 클라크는 정전협정 직후 북한과의 협의 없이 해양경계선을 일방적으로 설정했습니다. 북한은 1972년까지 이 한계선에 이의를 제기하지 않았으나 1973년부터 북한이 서해 5개 섬 주변 수역을 북한 연해라고 주장하며 NLL을 인정하지 않고 침범하여 남한 함정들과 대치하는 사태가 발생하기도 했습니다.

치킨게임(Chicken Game)

어느 한쪽이 양보하지 않을 경우 양쪽 모두 파국으로 치닫게 되는 극단적인 게임이론

1950~1970년대 미국과 소련 사이의 극심한 군비경쟁을 꼬집는 용어로 사용되면서 국제정치학 용어로 정착됐습니다. 가령 한 국가 안의 정치나 노사협상, 국제외교 등에서 상대의 양보만을 기다리다가 파국으로 끝나는 것 등의 사례가 있습니다.

이지스함

이지스 전투체계를 탑재한 구축함

이지스(AEGIS) 시스템이란 목표의 탐색에서부터 파괴까지의 전 과정을 하나의 시스템으로 연결한 미 해군의 최신종합무기 시스템입니다. 이지스함은 이지스 시스템을 탑재한 구축함으로, 동시에 최고 200개의 목표를 탐지·추적하고, 그중 24개의 목표를 동시에 공격할 수 있습니다. 이지스 레이더는 최대 1,000km 밖의 적 항공기를 추적할 수 있고, 탄도미사일의 궤적까지 탐지합니다. 우리나라의 이지스함에는 세종대왕함, 율곡이이함, 서애(西厓)유성룡함, 정조대왕함이 있습니다.

SOFA(Status Of Forces Agreement : 주한미군지위협정)

주한미군의 법적 지위에 관한 한·미 양국의 협정

정식명칭은 '대한민국과 아메리카합중국 간의 상호방위조약 제4조에 의한 시설과 구역 및 대한민국에서의 군대의 지위에 관한 협정'입니다. 1953년 7월 휴전이 성립된 후에도 한미상호방위조약 제4조에 따라 미국군대는 계속 주둔하게 되었고 미국군대의 법적지위에 관하여 한미 양국 간에 합의가 필요하게 되어 협정을 체결한 것입니다.

탈레반

아프가니스탄을 지배하는 이슬람 무장 세력

'구도자', '학생' 등을 의미하는 탈레반은 1994년 결성된 무장 세력으로, 이슬람 이상국가 건설을 목표로 무장투쟁을 벌이며 1996년 아프가니스탄 전 국토의 95%를 장악해 실질적인 지배세력이 됐습니다. 탈레반은 엄격한 이슬람 율법 통치를 강행해 텔레비전 시청금지, 여학교 폐쇄, 가혹한 이슬람식 처벌 부활, 여성·아동 학대, 세계문화유산인 바미얀석불 파괴 등을 자행해 국제사회의 비난을 받았습니다. 2001년 9월 미국 테러사건의 배후자로 지목된 오사마 빈 라덴의 신병 인도를 거부하면서 아프가니스탄 전쟁이 일어났고, 2001년 11월 탈레반 정권이 무너지면서 여러 정파가 참여한 임시정부가 구성되었습니다. 이후 2021년 아프가니스탄에서 미군이 철군하자 잔존한 탈레반은 수도 카불을 무혈점령하고 정권을 재탈환했습니다.

MORE

반달리즘(Vandalism)

문화유산이나 예술작품을 훼손하거나 파괴하는 행위를 의미하는 것으로 게르만족의 한 일파인 반달족에서 유래한 말입니다. 폴란드 남쪽에 거주하던 반달족은 민족대이동 시기 북아프리카로 건너가 반달왕국을 세웠고, 455년 로마를 침공했는데 그 당시 고대 로마문화유산을 실제 파괴했는지 여부는 확실히 알 수 없으나 파괴자·약탈자로 인식되었다고 합니다. 프랑스 혁명 당시의 군중들이 교회 건축물 등을 파괴한 행위를 반달족에 비유하며 반달리즘이라고 부른 것이 유럽에 퍼지면서 오늘날의 의미가 되었습니다. 탈레반의 바미얀 불상 파괴 행위 등도 이러한 반달리즘의 대표적 사례입니다. 최근 우리나라에서도 불법 영상공유 사이트 운영자의 지시를 받아, 10대들이 경복궁 담장에 스프레이 낙서를 한 사건이 발생하기도 했습니다.

IAEA

핵확산금지조약(NPT)

핵보유국이 비핵보유국에 핵무기를 양여하거나 비핵보유국이 핵무기를 보유하는 것을 금지하는 조약

1968년 미국, 소련, 영국 등 총 56개국이 핵무기 보유국의 증가 방지를 목적으로 체결하였고 1970년에 발효된 다국간 조약입니다. 핵보유국에 대해 핵무기 등 제3자로의 이양을 금지하고 핵군축을 요구하며 비핵보유국에 대해서는 핵무기 개발·도입·보유 금지와 원자력시설에 대한 국제원자력기구(IAEA)의 사찰을 의무화하고 있습니다. 우리나라는 1975년 86번째로 정식 비준국이 되었으며, 북한은 1985년 가입했으나 IAEA가 임시핵사찰 이후 특별핵사찰을 요구한 데 반발하여 1993년 3월 NPT 탈퇴를 선언하였습니다. 같은 해 6월 미국과의 고위급회담 후에 탈퇴를 보류하였으나 2002년에 불거진 북한핵개발 문제로 2003년 1월 다시 탈퇴를 선언하기도 했습니다.

MORE

국제원자력기구(IAEA ; International Atomic Energy Agency)

국제연합 총회 아래 설치된 준독립기구로서, 전 세계 평화를 위한 원자력의 사용을 촉진·증대하기 위해 노력하며, IAEA의 원조가 군사적 목적으로 이용되지 않도록 보장하는 데 설립목적을 두고 있습니다. 1970년에 발효된 핵확산금지조약에 따라 핵무기 비보유국은 IAEA와 평화적 핵이용활동을 위한 안전협정을 체결해야 하며, IAEA는 핵무기 비보유국이 핵연료를 군사적으로 전용하는 것을 방지하기 위해 현지에서 직접 사찰할 수 있습니다. IAEA는 2023년 시작된 일본의 핵 오염수 방류에 대한 안전성 점검에 나섰는데, 일본의 핵 오염수 처리과정에 절차적 하자가 없다고 발표한 바 있습니다.

주체사상

김일성이 창시하고 김정일이 이론적으로 심화시킨 혁명사상
으로, 사회분야 전반을 지배하는 통치이념이자 북한의 모든
정책과 활동의 기초가 되는 조선노동당의 유일지도사상을 말
합니다. '혁명과 건설의 주인은 인민대중이며 혁명과 건설을
추진하는 힘도 인민대중에 있다'는 것을 강조합니다. 그러나
'혁명적 수령관' 등을 동시에 내세워 수령과 인민대중의 관계
를 주종관계로 규정함으로써 지배적 통치이념의 역할을 하고
있습니다. 북한은 2009년 4월 헌법을 개정하면서 '공산주의'
를 삭제하고, 군대를 중시하고 군사력 증강에 집중한다는 선
군(先軍)사상과 주체사상을 핵심적 이념으로 채택하였습니다.

법적 안정성

사회생활이 법에 의하여 보호·보장되어 안정되게 이루어지는 것

현행 법질서가 동요됨이 없이 어느 행위가 옳은 것이고, 어떠
한 권리가 보호되며, 책임추궁은 어떻게 되느냐가 사회 구성
원들에게 확실히 알려져 있어서 사람들이 법의 권위를 믿고
행동할 수 있는 상태를 말합니다.

MORE

법적 안정성의 유지 조건
- 법이 함부로 변동되지 않아야 하고, 국민의 법의식과 합치되어야 합니다.
- 법의 내용이 명확해야 하고, 실제로 실현 가능한 것이어야 합니다.

법의 체계

헌법 → 법률 → 명령 → 조례 → 규칙

- 헌법 : 모든 법령의 근본이 되며 다른 법률이나 명령으로는 변경할 수 없는 국가의 최상위 규범
- 법률 : 헌법이 정하는 절차에 따라 국회에서 제정하며 일반적으로 국민의 권리와 의무사항을 규정한 것
- 명령
  - 대통령령 : 법률을 시행하기 위해서 필요한 사항에 관하여 대통령이 발하는 명령
  - 총리령 · 부령 : 국무총리 또는 행정 각부의 장관이 그의 소관 사무에 관하여 법률이나 대통령의 위임에 의거하여 발하는 명령
- 조례 : 지방자치단체가 지방의회의 의결에 의하여 법령의 범위 내에서 자기의 사무에 관하여 규정한 것
- 규칙 : 지방자치단체의 장이 법령 또는 조례에서 위임한 범위 내에서 그 권한에 속하는 사무에 관하여 규정한 것

법치주의

국가가 국민의 자유와 권리를 제한하거나 국민에게 새로운 의무를 부과할 때에는 반드시 의회가 제정한 법률에 의하거나 법률적 근거가 있어야 한다는 원칙을 말합니다.

MORE

헌법에 나타난 법치주의 정신
- **제10조** : "모든 국민은 인간으로서의 존엄과 가치를 가지며, 행복을 추구할 권리를 가진다. 국가는 개인이 가지는 불가침의 기본적 인권을 확인하고 이를 보장할 의무를 진다."
- **제11조** : "모든 국민은 법 앞에 평등하다."
- **제12조 제1항** : "모든 국민은 신체의 자유를 가진다. 누구든지 법률에 의하지 아니하고는 체포, 구속, 압수, 수색 또는 심문을 받지 아니하며 법률과 적법한 절차에 의하지 아니하고는 처벌 · 보안처분 또는 강제노역을 받지 아니한다."

법적용의 원칙

상위법우선의 원칙 · 특별법우선의 원칙 · 신법우선의 원칙 · 법률불소급의 원칙

- 상위법우선의 원칙

  실정법상 상위의 법규는 하위의 법규보다 우월하며, 상위의 법규에 위배되는 하위의 법규는 정상적인 효력이 발생하지 않는다는 원칙입니다.

- 특별법우선의 원칙

  특정한 사람, 사물, 행위 또는 지역에 국한되는 특별법이 일반법보다 우선적으로 적용된다는 원칙입니다.

- 신법우선의 원칙

  법령이 새로 제정 또는 개정되어 법령 내용에 충돌이 생겼을 때, 신법이 구법에 우선적으로 적용된다는 원칙입니다.

- 법률불소급의 원칙

  새롭게 제정 또는 개정된 법률은 그 법률이 효력을 가지기 이전에 발생한 사실에 대해 소급하여 적용할 수 없다는 원칙으로, 기득권의 존중 또는 법적 안정성을 반영한 것이며 특히 형법에서 강조됩니다.

MORE

신법과 구법

동일한 사항에 관하여는 신법이 제정되었을 때 구법의 규정에 저촉되는 경우 신법의 효력발생과 동시에 구법의 효력이 상실되는 것이 원칙입니다. 다만, 구법의 적용으로 인한 행위가 존속하는 경우 신법과의 관계를 규정하는 것을 경과규정이라고 하며 일반적으로 부칙에서 이를 규정합니다.

법의 해석

구체적이고 개별적인 사건이나 사실에 법을 적용하기 위하여 추상적 · 일반적으로 규정된 법규의 내용을 명확하게 하고 그 참뜻을 밝히는 일

• 목 적

법이념과 정신의 객관화 → 법률 조항의 문리적 · 기계적인 의미만 밝히려고 해서는 안 되고, 법이 지닌 이념과 가치에 타당하도록 해석해야 합니다.

• 종 류

유권 해석	입법 해석	입법기관이 입법권에 근거하여 일정한 법규정이나 법개념의 해석을 당시 법규정으로 정해놓은 것
	행정 해석	행정기관이 법을 집행하는 과정에서 법집행권에 근거하여 법의 의미와 내용을 밝히는 것
	사법 해석	법원이 사법권에 근거하여 판결의 형식으로 내리는 해석(최종적인 유권해석)
학리 해석	문리 해석	법규정의 문구나 문장을 있는 그대로 충실하게 해석하려는 입장으로, 가장 일반적인 법해석 방법
	논리 해석	법규정의 문구에 크게 구애받지 않고 입법 취지와 전체적 문맥 등을 고려하여 논리적 추리에 행하는 해석으로 유추해석, 확장해석, 축소해석, 반대해석 등이 있음

특별검사의 임명 등에 관한 법률(특검법)

상설특별검사제도의 도입 근거를 마련한 법률

대통령 측근이나 고위공직자 등 국민적 관심이 집중된 대형 비리사건에 있어 검찰수사의 공정성과 신뢰성 논란이 생길 때 특별검사제도를 운용해왔습니다. 그러나 특별검사제도의 도입에는 여러 논란이 있어 이를 해소하고자 미리 특별검사제도의 발동경로와 수사대상, 임명절차 등을 법률로 제정해두고 대상사건이 발생하면 곧바로 특별검사를 임명하여 최대한 공정하고 효율적으로 수사하기 위해 마련한 법률입니다.

낙태권

여성이 자율적으로 인공임신중절을 결정할 수 있는 권리

낙태를 전면 혹은 일부·조건부로 허용하는 문제에 대해서는 논쟁이 있어 왔습니다. 태아를 단순히 생명으로 볼 것인지, 하나의 인격을 가진 인간으로 볼 것인지에 대한 갑론을박은 지금도 이어지고 있습니다. 그러나 현재의 많은 국가는 낙태를 허용하거나 합법적으로 낙태의 요건과 절차를 정하고 있습니다. 우리나라 또한 2019년 낙태와 관련된 규정에 헌법재판소가 헌법불합치 결정을 내리면서 낙태가 조건부 허용되었습니다. 미국에서는 1973년 '로 대 웨이드(Roe v. Wade)' 판결로 모든 주에서 낙태가 허용되었다가, 2022년 미국 연방대법원이 이 판결을 뒤집으면서, 각 주가 자율적으로 낙태 금지 여부를 결정하게 했습니다. 한편 프랑스는 2024년 3월 세계 최초로 낙태권을 헌법으로 보장하는 나라가 되었습니다.

세계 3대 법전

함무라비 법전

함무라비 법전 · 로마법대전 · 나폴레옹 법전

- **함무라비 법전** : 1901년 발견된 함무라비 법전은 함무라비 왕(재위 BC 1792~BC 1750)이 제정한 고대 바빌로니아의 성문법입니다. 거의 원형대로 발견되었으며 현재는 프랑스 루브르 박물관이 소장하고 있습니다.
- **로마법대전** : 동로마제국의 유스티니아누스 1세(유스티니아누스 대제)가 편찬한 법전으로, 시민법대전 또는 유스티니아누스 법전(Justinian's Code)이라고 불립니다. 로마법대전은 533년부터 황제가 사망할 때까지의 칙령을 집성한 것의 총칭이며, 전(全) 로마법의 총결산이자 로마법 계수(繼受)의 출발점이라 할 수 있습니다. 로마법대전은 유럽 각국의 법전 특히 민법전 편찬에 커다란 영향을 주었습니다.
- **나폴레옹 법전** : 나폴레옹이 편찬한 프랑스의 민법전으로 1804년 3월 21일 2,281조의 법조문을 담아 공포되었습니다. 나폴레옹 법전은 민법전의 별명(別名)으로 주요 내용은 법 앞의 평등, 신앙의 자유, 개인의 소유권 등입니다. 또한, 간결한 문체와 잘 정리된 시민법 원리로 그 후에 제정된 각국 민법전의 모범이 되었습니다.

전관예우(前官禮遇)

전직 판사 또는 검사에서 변호사로 개업한 사람에게 법원과 검찰이 유리한 판결이나 처분을 내려주는 특혜

판 · 검사로 재직하던 변호사가 개업 후 1년간은 퇴임 전에 소속되었던 법원이나 검찰청의 형사사건을 수임할 수 없도록 변호사법에 규정을 두고 전관예우를 예방하고 있습니다.

성문법(成文法)

일정한 입법 절차에 따라 조문의 형식으로 제정된 법

입법기관에서 일정한 법률제정절차와 형식을 거쳐 공포된 문서형식으로 표현된 법을 말합니다. 성문법에는 헌법, 법률, 명령, 국제조약 및 국제법규 및 자치법규(조례와 규칙) 등이 있습니다.

• 장점 : 합리적인 법의 구체화에 적합하고 빠른 제도개혁에 편리하며, 법의 존재와 그 내용이 확실하여 법생활의 안정성을 확보할 수 있습니다.
• 단점 : 유동하는 사회실정에 바로 대응할 수 없으며, 입법이 복잡하고 기술화하여 국민의 체계적 이해가 어렵습니다.

MORE

판례법(判例法)

법원의 판결은 구체적인 사건의 해결방법으로서의 의미만을 가질 뿐이나, 실제로는 뒤의 재판을 강력하게 기속하는 구속력이 있으므로, 같은 사건에는 같은 판결이 내려집니다. 이와 같이 거듭되는 법원의 판결을 법으로 보는 경우를 판례법이라 합니다. 영미법계의 국가에서는 판례의 구속력이 인정되나, 대륙법계의 국가에서는 대체로 제2차적 법원에 지나지 않습니다.

미필적 고의(未必的故意)

자기의 행위로 인해 어떤 범죄 결과가 일어날 수 있음을 알면서도 그 결과의 발생을 인정하여 받아들이는 심리 상태

행위자가 자신의 행위가 죄의 성립요소에 해당 가능성이 있다고 판단하고 결과를 예측한 상태에서 그 행위를 하는 경우를 말하는 것으로 예를 들면 "그렇게 될 수도 있지만 상관없다"라는 인식을 가지고 한 행위를 말합니다. 이는 처벌대상에 해당됩니다.

대한민국헌법(大韓民國憲法)

국가의 통치체제 및 원리를 정하고 국민의 기본권을 보장하는 근본 규범

1948년 7월 17일에 공포되어 현재까지 총 9차에 걸쳐 개정되었습니다. 현행헌법은 전문과 총강, 국민의 권리와 의무, 국회, 정부, 법원, 헌법재판소, 선거관리, 지방자치, 경제, 헌법개정 등 본문 130개조, 부칙 6개조로 구성되어 있는 민정(民定)·경성(硬性)·성문(成文)의 단일법전입니다.

MORE

민정헌법

국민의 의사에 의하여 제정된 헌법입니다.

경성헌법

개정 절차가 까다롭게 되어 있는 헌법(↔ 연성헌법)입니다.

성문헌법

조문의 형식으로 구성된 헌법전의 형태를 가지고 있는 헌법입니다.

헌법의 기본원리

- 국민주권주의 : 국가의 의사를 최종적으로 결정할 수 있는 최고 권력은 국민에게 있다는 것
- 자유민주주의 : 자유주의와 민주주의를 결합한 정치 원리
- 권력분립주의 : 입법·행정·사법 3권으로 분류되어 상호 견제와 균형을 추구
- 복지국가주의 : 국민의 기본적 수요 충족 및 문화적 생활을 국민의 권리로 인정하고, 이것을 국가가 보장한다는 것
- 문화국가주의 : 국가는 전통문화를 계승·발전시키기 위해 노력한다는 것
- 평화통일추구 : 무력이 아닌 평화적인 방법으로 조국 통일을 이룩하겠다는 것
- 국제평화주의 : 국제 사회에서 세계 평화에 이바지한다는 것

헌법소원(憲法訴願)

기본권을 침해받은 국민이 직접 헌법재판소에 구제를 제기하는 기본권 구제수단

공권력에 의한 기본권 침해가 발생한 경우 헌법재판소에 제기하는 기본권 구제절차를 말합니다. 다만 다른 법률에 구제절차가 있는 경우에는 그 절차를 모두 거친 후에 청구할 수 있습니다.

MORE

권리구제형 헌법소원
공권력의 행사 또는 불행사로 인하여 헌법상 보장된 기본권을 침해받은 자가 제기하는 헌법소원

위헌심사형 헌법소원
법원에서 위헌법률심판 제청신청이 기각된 때 제청신청을 한 당사자가 헌법재판소에 제기하는 헌법소원

초상권(肖像權)

헌법상 인정되는 인격권의 하나로, 자기 자신의 초상에 대한 독점권

• 프라이버시권 : 개인이 자신의 의사와 상관없이 함부로 공표되지 않을 권리로 개인의 초상이 본인의 허락 없이 공표됨으로써 받게 되는 정신적 고통을 방지하는 데 기본적 목적이 있습니다.

• 퍼블리시티권 : 초상권의 재산권적 성격을 구체화한 것으로 자신의 초상 사용을 독점적으로 이용할 권리이며 영화배우, 운동선수, 유명인에게 주로 해당됩니다.

헌법재판소(憲法裁判所)

헌법에 관한 분쟁이나 법률의 위헌 여부, 탄핵, 정당의 해산 등을 사법적 절차에 따라 해결하는 특별재판소

1987년 이전에는 대법원과 헌법위원회가 헌법재판소의 기능을 담당하였으나 제6공화국 때 개정된 헌법에 의해 1988년 헌법재판소가 출범하였습니다. 헌법재판소장은 대통령이 국회의 동의를 얻어 임명하며, 재판관은 총 9명으로 대통령과 국회·대법원장이 각각 3명씩 선출하고 대통령이 임명합니다. 헌법재판소 재판관의 임기는 6년이며 연임이 가능하고 정년은 만 70세입니다.

헌법재판소의 권한

탄핵심판권	국회로부터 탄핵 소추를 받은 자가 있을 경우, 헌법재판소 재판관 6인 이상의 찬성으로 탄핵이 결정됩니다. 탄핵 결정의 효력은 공직으로부터 파면에 그치지만 이에 의해서 민사상이나 형사상의 책임이 면제되지는 않습니다.
위헌법률 심사권	위헌법률심사 제청이 있을 때, 국회에서 제정된 법률이 헌법에 위배되는지 여부를 심판합니다. 헌법재판소 재판관 6인 이상이 찬성하면 위헌으로 결정되며, 그 법률은 효력을 상실합니다.
정당해산 심판권	정당의 목적이나 활동이 민주적 기본질서에 위배되어, 정부가 그 정당의 해산을 제소한 경우 헌법재판소는 재판관 6인 이상의 찬성으로 그 정당의 해산을 결정할 수 있습니다.
기관권한쟁의 심판권	국가기관 상호 간에 또는 국가기관과 지방자치단체 간 및 지방자치단체 상호 간에 그 헌법적 권한과 의무의 범위와 내용에 관하여 다툼이 생긴 경우 이를 심판합니다.
헌법소원 심판권	위법한 공권력 발동으로 헌법에 보장된 자유와 권리를 침해당한 국민이 권리를 구제받기 위하여 헌법재판소에 헌법소원을 제기하는 경우 이에 대한 심판을 합니다.

기본권(基本權)

인간다운 생활을 영위하기 위해 헌법이 보장하는 국민의 기본적인 권리

기본권의 본질은 천부인권사상이며, 천부인권으로서의 기본
권에 대해 선언한 최초의 문서로 미국의 버지니아주 권리장전
이 있습니다. 우리나라는 헌법 제10조에서부터 국민의 기본권
을 보장하고 있는데, 인간의 존엄과 가치, 행복추구권, 평등
권, 자유권, 사회권, 청구권, 참정권이 그것입니다.

MORE

천부인권사상
인간은 태어나면서부터 남에게 침해받지 않을 자유롭고 평등한 기본적
권리를 가진다는 사상입니다.

기본권의 종류
- **자유권적 기본권** : 국가권력으로부터의 자유, 가장 핵심적 기본권이자
  소극적 권리(신체의 자유, 거주·이전의 자유, 직업선택의 자유)
- **참정권** : 국민이 정치에 참여할 수 있는 권리(공무원 선거권, 공무담임
  권, 국민투표권)
- **사회적 기본권** : 인간다운 생활을 위하여 국가에 대해 어떤 보호나 생
  활수단을 요구할 수 있는 권리, 국가에 의한 자유(교육의 권리, 근로의
  권리, 근로자의 단결권, 단체행동권, 환경권)

개헌

현행 6공화국 헌법의 개헌 절차

국가의 근간인 헌법을 개정하기 위해서는 크게 발의, 국회의
결, 국민투표의 3단계를 거칩니다. 발의는 이원화되어 대통령
발의와 국회 발의가 있습니다. 대통령은 국무회의 심의를 거
쳐 발의하며 국회는 재적 과반수의 찬성으로 발의합니다. 발
의 공고 이후 20일에서 60일 사이에 국회 의결을 하여 2/3의
찬성을 받아야 국민투표에 들어갑니다. 국민투표는 국회 의결
후 30일 이내에 합니다. 국회의원 선거권자 과반수 투표와 투
표자 과반수 찬성이면 즉시 발효됩니다.

민법(民法)

사적 법률주체 사이의 법률관계를 규율하는 일반사법

민법은 개인 상호 간의 사적 관계를 규율하는 법으로 재산관계(물권법, 채권법)와 신분관계(가족법, 상속법)로 구성됩니다. 민법 제1조는 "민사에 관하여 법률에 규정이 없으면 관습법에 의하고 관습법이 없으면 조리에 의한다"라고 규정하여 성문법주의를 취함과 동시에 관습법과 조리도 법원으로 인정하고 있습니다.

MORE

물권법
각종 재화에 대한 사람의 지배 관계를 규율하는 법으로, 물건을 직접적으로 이용할 수 있는 권리를 정합니다.

채권법
채권자가 채무자에 대하여 특정한 행위를 청구할 수 있는 권리입니다.

반의사불벌죄

피해자가 가해자의 처벌을 원하지 않는다는 것을 표시하면 처벌할 수 없는 범죄

피해자의 의사에 관계없이 공소를 제기할 수 있으나, 피해자가 명시한 의사에 반하여 처벌할 수 없는 범죄입니다. 처벌을 원하는 피해자의 의사표시 없이도 공소할 수 있다는 점에서 고소·고발이 있어야만 공소를 제기할 수 있는 친고죄와 구별됩니다. 2023년에는 스토킹 범죄가 반의사불벌죄에서 벗어나면서 피해자가 처벌을 원치 않아도 처벌할 수 있게 됐습니다.

MORE

친고죄
공소제기를 위해 피해자 기타 고소권자의 고소가 있을 것을 요하는 범죄입니다.

권리남용금지의 원칙

사회통념상 허용범위를 넘은 권리행사의 금지에 대한 원칙

민법 제2조 제2항은 "권리는 남용하지 못한다"고 규정하고 있습니다. 권리는 사회공동생활의 번영과 발전을 위하여 인정되는 것이므로 그 행사는 신의에 좇아서 성실히 행하여져야 하고 그렇지 않을 경우에는 불법한 것으로서 금지되어야 한다는 원칙입니다. 권리남용이라 함은 외형적으로는 권리의 행사인 것처럼 보이나, 실질적으로는 신의성실의 원칙과 권리의 사회성에 반하는 권리행사로 인정되는 경우를 말합니다.

MORE

신의성실의 원칙

모든 사람이 권리의 행사와 의무의 이행에 있어서 신의에 좇아 성실히 하여야 한다는 것으로, 신의칙이라고도 합니다.

김영란법

공직자들을 대상으로 한 청탁을 금지하는 내용을 담은 법률

김영란
전 권익위원장

'청탁금지법'이라고도 하며 2012년 김영란 당시 국민권익위원회 위원장이 공직사회 기강을 확립하기 위해 발의했다는 의미로 '김영란법'으로 불립니다. 금품수수 금지, 부정청탁 금지, 외부강의 수수료 제한 등의 세 가지 큰 축으로 구성돼 있고 금품을 받은 공직자뿐만 아니라 청탁을 한 사람도 과태료가 부과됩니다. 2023년 8월 국민권익위원회는 공직자 등이 주고받을 수 있는 명절 농수산물·농수산가공품 선물가격 상한을 기존 20만원에서 30만원까지로 상향하도록 개정에 나섰습니다.

민법상 제한능력자

- 미성년자 : 만 19세 미만인 자입니다.
- 피성년후견인 : 질병, 장애, 노령 그 밖의 사유로 인한 정신적 제약으로 사무를 처리할 능력이 지속적으로 결여되어 청구권자의 청구에 의하여 성년후견 개시의 심판을 받은 자입니다.
- 피한정후견인 : 질병, 장애, 노령 그 밖의 사유로 인한 정신적 제약으로 사무를 처리할 능력이 부족하여 청구권자의 청구에 의하여 가정법원으로부터 한정후견 개시의 심판을 받은 자입니다.
- 피특정후견인 : 질병, 장애, 노령 그 밖의 사유로 인한 정신적 제약으로 일시적 후원 또는 특정한 사무에 관한 후원이 필요하여 청구권자의 청구에 의하여 가정법원으로부터 특정후견의 심판을 받은 자입니다.

범죄 성립의 3요소(범죄 성립의 구성요건)

- 구성요건 해당성 : 어떠한 행위가 형법에서 범죄로 규정하고 있는 구성요건에 해당이 되어야 합니다.
- 위법성 : 전체 법질서로부터 부정적인 행위라는 판단이 가능해야 합니다.
- 책임성 : 법이 요구하는 공동생활상의 규범에 합치할 수 있도록 의사결정을 할 수 있는 능력으로 일정한 행위가 구성요건에 해당하고 위법성을 갖추었더라도 책임성이 결여되면 범죄로 성립되지 않습니다.

가석방

수형자의 개전이 인정될 때에 형기만료 전에 수형자를 조건부로 석방하는 제도

가석방은 진보적인 제도로 수형자가 충분히 반성했다고 인정할 만할 때 조건부로 석방하는 제도입니다. 수형자의 사회적 복귀를 자발적으로 이끌고, 형의 집행에 있어서 형식적 정의를 제한하고 구체적 타당성을 살리겠다는 요구에 대응하는 형의 구체화 과정입니다.

MORE

가석방의 요건(형법 제72조)
- 개전의 정상이 현저해야 한다.
- 무기형은 20년, 유기형은 형기의 3분의 1을 경과하여야 한다.
- 벌금 또는 과료의 병과가 있으면 금액을 모두 납부해야 한다.

탄핵

신분이 보장된 고위직 공무원의 잘못과 비리에 대해 국회의 소추에 의해 해임하거나 처벌하는 제도

우리나라의 탄핵은 국회에서 소추 및 의결을 하며 의결 통과가 되면 대상자의 권한이 정지되고 이후 헌법재판소에서 탄핵의 최종 여부를 결정합니다. 국회에서의 필요정족수는 피소추인의 신분에 따라 다르며, 헌법재판소에서 6인 이상의 인용(認容) 의견이 있어야 합니다.

MORE

탄핵에 필요한 국회 정족수
- **대통령** : 국회재적의원 과반수 발의, 국회 재적의원 3분의 2 이상의 찬성
- **국무총리 · 국무위원 · 행정각부의 장(長) · 헌법재판소 재판관 · 법관 · 중앙선거관리위원회위원 · 감사원장 · 감사위원 · 기타 법률이 정한 공무원** : 국회 재적의원 3분의 1 이상의 발의, 국회 재적의원 과반수의 찬성

기소독점주의(起訴獨占主義)

공소권(공소를 제기하고 수행할 권한)을 검사에게 독점시키는 주의

검사의 기소독점주의란 재판을 받게 할지 여부를 결정할 수 있는 권한을 오직 검사만 갖는다는 뜻입니다. 우리나라는 '공소는 검사가 제기하여 수행한다(형사소송법 제246조)'라고 규정하여 기소독점주의와 기소편의주의를 채택하고 있습니다. 기소독점주의는 공소제기(公訴提起)의 권한을 검사에게만 부여하는 것이며, 기소편의주의는 형사소송법상 공소의 제기에 관하여 검사의 재량을 허락하고 불기소(기소유예와 무혐의 처분)를 인정하는 제도입니다.

MORE

기소편의주의(起訴便宜主義)
공소를 제기함에 충분한 혐의가 인정되고 소송조건을 갖춘 때라고 하더라도 검사의 재량에 의하여 불기소를 할 수 있는 것을 말합니다. 우선 유죄로 인정되는 사건이라 하더라도 검사가 재판을 받지 않게 할 수 있습니다.

기소유예
범죄 사실은 인정되지만 피의자의 연령이나 범행 후의 정황 등을 참작하여 공소를 제기하지 않는 검사의 처분을 말합니다.

집행유예(執行猶豫)

죄의 선고를 즉시 집행하지 않고 일정 기간 그 형의 집행을 유예하는 제도

형의 선고에 있어서 그 정상이 가볍고 형의 현실적 집행이 필요가 없다고 인정되는 경우에 범인에 대해서 일정한 형의 집행을 유예하고 유예기간을 무사히 경과하면 선고된 형의 실효(失效)를 인정하는 제도를 말합니다.

죄형법정주의(罪刑法定主義)

법률이 없으면 범죄도 없고 형벌도 존재하지 않는다는 원칙

어떤 행위가 범죄가 되고, 어떤 처벌을 할 것인가는 미리 법률에 규정되어 있어야 한다는 원칙으로 미리 법률에 규정되지 않으면 범죄가 성립되지 않으며 따라서 처벌할 수도 없다는 의미입니다.

MORE

죄형법정주의의 원칙

- **관습형법 배제의 원칙** : 관습법은 형법의 법원이 될 수 없으며 형법의 법원은 성문법에 한정된다는 것입니다.
- **명확성의 원칙** : 어떤 행위가 형법에 의하여 금지되는 행위인지, 또한 행위의 효과로서 부과되는 형벌의 종류와 형기가 명확함으로써 누구나 알 수 있어야 합니다.
- **유추해석금지의 원칙** : 형법은 문서에 좇아 엄격히 해석되어야 하며(문리해석), 법문의 의미를 넘는 유추해석은 허용되지 않는다는 것입니다. 다만 피고인에게 유리한 유추해석은 예외적으로 허용됩니다.
- **소급효 금지의 원칙** : 형법은 실시 이후의 행위만 규율할 뿐, 그 이전의 행위에는 효력이 미치지 않는다는 것입니다. 단, 인권침해의 염려가 없을 경우에는 예외로 인정됩니다.
- **적정성의 원칙** : 법률 자체가 불합리하거나 부정한 것을 배제하여 적정해야 하고, 범죄와 형벌 간에 적정한 균형이 이루어져야 한다는 것입니다.

형벌(刑罰)

- **사형** : 수형자의 생명을 박탈하는 것을 내용으로 하는 생명형이며 가장 중한 형벌입니다.
- **징역** : 수형자를 형무소 내에 구치하여 정역(강제노동)에 복무하게 하는 형벌입니다.
- **금고** : 수형자를 형무소에 구치하고 자유를 박탈하는 점에서 징역과 같으나, 정역에 복무하지 않는 형벌입니다.
- **구류** : 1일 이상 30일 미만의 기간 동안 수형자를 교도소에 구치하는 형벌
- **벌금** : 일정액의 금전을 박탈하는 형벌입니다.
- **과료** : 벌금과 같으나 그 금액이 2천원 이상 5만원 미만인 형벌입니다.
- **몰수** : 원칙적으로 타형에 부가하여 과하는 형벌로서 범죄행위와 관계 있는 일정한 물건을 박탈하여 국고에 귀속시키는 처분입니다.
- **자격상실** : 수형자에게 일정한 형의 선고가 있으면 그 형의 효력으로 일정한 자격이 상실되는 형벌입니다.
- **자격정지** : 수형자의 일정한 자격을 일정한 기간 정지시키는 경우입니다.

구속적부심사(拘束適否審査)

수사기관의 피의자에 대한 구속의 적부를 법원이 심사하여, 그 구속이 위법·부당하다고 판단되는 경우 구속된 피의자를 석방하는 제도

피구속자 또는 관계인의 청구가 있으면, 법관이 즉시 본인과 변호인이 출석한 공개법정에서 구속의 이유(주거부정, 증거인 멸의 염려, 도피 등)를 밝히도록 하고, 구속의 이유가 부당하거나 적법한 것이 아닐 때에는, 법관이 직권으로 피구속자를 석방하게 하는 제도입니다. 피의자의 석방제도라는 점에서 피고인의 석방제도인 보석제도와 다릅니다.

불고불리의 원칙(不告不理의 原則)

공소제기가 없는 한, 법원은 사건을 심판할 수 없고 공소가 제기된 사건에 대해서만 심판할 수 있다는 원칙

'공소 없는 곳에 재판 없다.' 즉, 검사의 공소제기가 있을 때에만 법원이 심판할 수 있다는 형사소송의 원칙입니다. 법원은 검사가 공소를 제기하여야만 비로소 그 기소한 범죄사실에 대하여 심리를 개시할 수 있고, 공소장에 기재된 사실과 동일성이 있는 사건만을 심판할 수 있습니다.

MORE

고소
범죄의 피해자, 법정대리인 또는 그와 일정한 관계가 있는 고소권자가 수사기관에 범죄사실을 신고하여 범인의 소추를 요구하는 의사표시입니다.

소추
형사소송에서 재판을 요구하거나 탄핵을 발의하는 등 공소를 제기하고 소송을 수행하는 일입니다.

기소유예(起訴猶豫)

검사가 형사 사건에 대하여 범죄의 혐의를 인정하지만 피의자의 연령이나 범행 후의 정황 등을 참작하여 공소를 제기하지 않는 처분

소송조건을 준비하여 범죄의 객관적 혐의가 있는 경우라도 범인의 연령, 지능, 환경, 피해자에 대한 관계, 범행동기와 수단, 결과, 범죄 후의 정황 등의 사항을 참작하여 공소를 제기할 필요가 없을 때 검사는 공소를 제기하지 않을 수 있습니다. 이 제도는 범행이나 범죄인의 성격 및 행위 등 제반 사항을 참작하여 재판에 회부하지 않고 범죄인에게 다시 기회를 주자는 형사정책상의 배려에서 비롯된 것입니다.

소년법

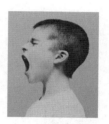

반사회성을 드러낸 소년에 대한 보호처분 등을 규정하고 있는 법률

반사회성(反社會性)이 있는 소년의 환경 조정과 품행 교정(矯正)을 위해 필요한 조치를 하고, 형사처분에 관한 특별조치를 함으로써 소년이 건전하게 성장하도록 돕는 것을 목적으로 제정된 법률입니다. 소년법상의 '소년'이란 만 19세 미만의 자를 말하며, 범행 당시 만 18세 미만인 이들이 죄를 저질러도 판결단계에서 각종 처벌의 수위가 완화되도록 규정되어 있습니다. 그러나 성범죄·살인사건 등 청소년층의 범죄가 흉악해지면서 소년법의 폐지를 두고 찬반논란이 끊이지 않고 있습니다.

공소시효(公訴時效)

검사가 일정 기간 동안 어떤 범죄에 대해 공소를 제기하지 않고 방치하는 경우에 국가의 소추권 및 형벌권을 소멸시키는 제도

시효는 공소의 제기로 진행이 정지되고 공소기각 또는 관할위반의 재판이 확정된 때로부터 진행합니다. 공범의 1인에 대한 전항의 시효정지는 다른 공범자에 대하여 효력이 미치고 당해 사건의 재판이 확정된 때로부터 진행하게 됩니다. 범인이 형사처분을 면할 목적으로 국외에 있는 경우 그 기간 동안 공소시효는 정지됩니다.

MORE

공소기각

형사소송에서 공소가 제기된 경우, 소송조건이 결여되었을 때 공소를 부적법하다고 인정하여 심리를 하지 않고 소송을 종결시키는 형식재판입니다.

국민참여재판

우리나라에서 2008년 1월부터 시행된 배심원 재판 제도

만 20세 이상의 국민 중 무작위로 선정된 배심원(예비배심원)이 참여하는 형사재판으로, 배심원으로 선정된 국민은 피고인의 유무죄에 관하여 평결을 내리고, 유죄 평결이 내려진 피고인에게 선고할 적정한 형벌을 토의하는 등 재판에 참여하는 기회를 갖게 됩니다. 다만 평결에 대한 법적 구속력은 없습니다.

인 두비오 프로 레오(In Dubio Pro Leo)

의심스럽기만 하고 유죄를 입증할 증거가 없다면 무죄 판결을 내리는 원칙

'의심스러울 때는 피고인에게 유리하게 판결하라(무죄 추정의 원칙)'는 것으로, 피고는 요증사실의 존재 유무에 대하여 증명이 불충분할 경우에 불이익을 받을 수 없으며, 검사가 피고의 죄를 입증하지 못하는 한 모든 피고는 무죄이고, 피고 측에서 자신의 유죄 아님을 증명할 의무는 없다는 것입니다.

구속영장(拘束令狀)

피의자나 피고인을 일정한 장소에 가두는 것을 허가하는 영장

피의자를 구속하기 위해서는 검사의 청구에 의하여 법관이 적법한 절차에 따라 발부한 영장을 제시해야 합니다. 피의자가 죄를 지었다고 생각할 만한 상당한 의심이 있고, 주거가 일정하지 않거나 증거를 없앨 이유가 있는 경우 또는 도망이나 도주의 우려가 있는 경우에 검사는 관할 지방법원 판사에게 청구하여 구속영장을 발부받아 피의자를 구속할 수 있습니다. 구속영장을 집행할 때에는 피의자에게 범죄사실의 요지, 구속의 이유와 변호인을 선임할 수 있다는 것을 설명해주고 변명할 기회를 주어야 합니다.

MORE

구속영장실질심사
구속영장이 청구된 피의자에 대하여 법관이 수사기록에만 의지하지 않고 구속여부를 판단하기 위해 필요한 사항에 대하여 직접 피의자를 심문하고 필요한 때에는 심문 장소에 출석한 피해자, 고소인 등 제3자를 심문하거나 그 의견을 듣고 이를 종합하여 구속여부를 결정하는 제도입니다.

02 사 회

인구 데드크로스

출생자 수보다 사망자 수가 많아지며 인구가 감소하는 현상

저출산·고령화 현상으로 출생자 수보다 사망자 수가 많아지며 인구가 자연감소하는 현상입니다. 우리나라는 2020년 출생자 수가 27만명, 사망자 수는 30만명으로 인구 데드크로스 현상이 처음 나타났습니다. 인구 데드크로스는 의료서비스와 연금에 대한 수요를 늘리며 개인의 공공지출 부담을 높입니다. 또한 국가는 노동력 감소, 소비위축, 생산 감소 등의 현상이 나타나 경제적 타격을 입습니다.

고령사회

전체 인구 중에서 65세 이상의 인구가 14% 이상을 차지하는 사회

우리나라는 세계에서 가장 빠르게 고령화가 진행되고 있습니다. 2000년에 65세 이상 고령인구가 전체 인구의 7%인 '고령화사회'에 진입했고, 그 후 2017년 8월 조사에서 65세 이상의 인구가 전체 인구의 14.02%를 차지하며 본격적인 '고령사회'에 진입했습니다. 2025년 우리나라는 65세 이상 노인 인구가 1,000만명을 넘어 전체 인구의 20%를 넘어서는 초고령사회에 진입할 것으로 전망됐습니다.

공동화 현상(空洞化現象)

도심에는 상업기관·공공기관 등만 남아 주거인구가 텅 비어 있고, 외곽에 밀집되는 현상

높은 토지가격, 공해, 교통 등 각종 문제들로 인하여 도심에는 주택들이 줄어들고 상업기관, 공공기관 등만이 남게 되는 현상입니다. 주거 인구의 분포를 보면 도심에는 텅 비어 있고, 외곽 쪽에 밀집돼 있어 도넛 모양과 유사합니다. 공동화 현상으로 인해 도심에 있는 직장과 교외에 있는 집의 거리가 멀어지는 직주분리가 나타나는데, 심해지면 출퇴근이 혼잡해져 교통난이 가중되고 능률이 떨어져 다시 도심으로 돌아오는 회귀현상이 일어날 수도 있습니다.

링겔만 효과(Ringelmann Effect)

집단 속에 참여하는 구성원이 많을수록 개인의 공헌도가 오히려 떨어지는 현상

1913년 프랑스의 링겔만은 줄다리기 실험을 통해 집단 구성원들의 공헌도 변화 추이를 측정했는데, 줄다리기에 참여하는 참가자가 많을수록 개개인이 사용하는 힘의 크기가 줄어드는 것을 발견했습니다. 이처럼 집단의 규모가 커질수록 개인의 역량이 줄어드는 것을 말합니다.

MORE

시너지 효과(Synergy Effect)
링겔만 효과의 반대개념으로, 하나의 기능이 다중으로 이용될 때 생성되는 상승효과를 말합니다. 1+1이 2 이상의 효과를 내는 경우를 가리킵니다.

노모포비아(Nomophobia)

휴대전화가 없을 때 불안증세를 느끼는 공포증

하루 3시간 이상 휴대폰을 사용하는 사람들은 노모포비아에
걸릴 위험성이 높은데, 대표적인 증상은 권태 · 외로움 · 불안
함입니다. 오늘날 스마트폰 사용의 급증으로 노모포비아 증상
을 호소하는 사람들이 늘고 있습니다.

빌 게이츠

노블레스 오블리주(Noblesse Oblige)

사회적으로 높은 위치에 있거나 명예를 가진 사람에게 요구되는 높은
수준의 도덕적 의무

사회지도층의 책임 있는 행동을 강조하는 프랑스어로, 초기
로마시대에 투철한 도덕의식과 솔선수범하는 공공정신을 보
인 왕과 귀족들의 행동에서 비롯되었습니다. 귀족사회를 지키
기 위한 수단으로 볼 수도 있지만, 도덕적 책임과 의무를 다
함으로써 사회 전체를 결집시키는 긍정적인 효과를 기대할 수
있습니다. 국내외 대기업 오너들의 실천이 잇따르고 있는데
국내 대기업 총수들이 노블레스 오블리주의 행보에 나선 것은
획기적인 변화라고 할 수 있지만, 마이크로소프트 창업주인
빌 게이츠나 버크셔해서웨이 회장인 워런 버핏 등 외국의 많
은 사례들에 비하면 아직은 미흡한 수준입니다.

MORE

리세스 오블리주(Richesse Oblige)

부자가 쌓은 부(富)에도 사회적인 책임이 따른다는 의미입니다. 노블레스
오블리주가 지도자 층의 도덕적 심성과 책임감을 요구하는 것이라면 리
세스 오블리주는 부자들의 부의 독식을 부정적으로 보며 사회적 책임을
강조합니다.

깨진 유리창 이론(Broken Window Theory)

사소한 것들을 방치하면 더 큰 범죄나 사회문제로 이어진다는 사회범죄 심리학 이론

미국의 범죄학자가 1982년 '깨진 유리창'이라는 글에 처음으로 소개했습니다. 만일 길거리에 있는 상점에 어떤 이가 돌을 던져 유리창이 깨졌을 때 귀찮거나 어떠한 이유에서 이를 방치해두면 그 다음부터는 '해도 된다'라는 생각에 훨씬 더 큰 피해를 조장하는 결과를 가져온다는 것입니다.

베이비부머(Baby Boomer) 세대

6·25 전쟁 직후인 1955년부터 가족계획정책이 시행된 1963년까지 태어난 세대

1970년대 말~1980년대 초에 취직한 베이비부머들은 한국경제 성장에 지대한 영향을 주었습니다. 하지만 최근에는 베이비부머 자녀세대인 에코세대의 취업난이 심각하고 결혼연령도 늦춰지면서 베이비부머 세대는 자녀에 대한 지출과 노부모 부양에 대한 부담을 동시에 떠안고 있는 '더블케어' 세대로서의 고충을 겪고 있습니다.

MORE

에코부머 세대(Echo Boomer Generation)

베이비부머들이 낳은 2세들로 1980~1995년에 태어나 현재 사회에 진출한 세대입니다. 산에서 소리를 치면 메아리가 되돌아오는 것처럼 고출산 현상이 수십 년이 지난 후 2세들의 출생붐이라는 메아리를 만들었습니다.

파랑새 증후군

자신이 처해 있는 환경에 만족하지 못하고 높은 이상만 꿈꾸며 살아가는 병적인 증세

벨기에 극작가 마테를링크의 동화극 〈파랑새〉의 주인공은 어머니의 과잉보호를 받으면서 성장해 막연한 행복만을 꿈꿀 뿐 현실적인 문제에는 관심이 없었습니다. 이처럼 정신적인 성장이 더딘 사람에게 나타나는 증세를 파랑새 증후군이라 하며, 이는 빠르게 변해가는 현대 사회에 적응하지 못하는 현대인들에게도 나타나고 있습니다.

MORE

- **피터팬 증후군** : 몸은 어른이 되었지만 여전히 어린이처럼 생각하며 보호받기를 원하는 심리를 말합니다. 마마보이와 흡사합니다.
- **모라토리엄 인간(Moratorium Man)** : 사회적 책임을 져야 할 성인이 되는 것에 거부감을 느끼며 이를 유예하는 사람을 가리킵니다.

님비현상(NIMBY)

혐오시설이나 수익성 없는 시설이 자기 지역에 들어오는 것을 반대하는 현상

'Not In My Back Yard(나의 뒷마당에서는 안 된다)'의 약어로, 폐기물 처리장, 장애인 시설, 교도소 등 혐오시설이나 수익성이 없는 시설이 자기 지역으로 들어오는 것을 반대하는 현상입니다. 지역이기주의의 또 다른 형태입니다.

MORE

- **핌피현상(PIMFY)**
  수익성 있는 사업을 자기 지방에 유치하려는 현상입니다.
- **님투현상(NIMTOO)**
  공직자가 자기 임기 중에 혐오시설을 설치하지 않고 임기를 마치려고 하는 현상입니다.
- **핌투현상(PIMTOO)**
  공직자가 선호시설을 자기 임기 중에 유치하려는 현상입니다.

그루밍 성범죄(Grooming Crime)

친분을 이용해 피해자를 정신적으로 속박하여 벌어지는 성폭력

피해자와 친분을 쌓아 심리적으로 지배한 뒤 피해자에게 성적 가해를 하는 것입니다. 'Grooming', 즉 길들인다는 의미대로 가해자는 피해자에게 희망을 줘 성적가해를 하여도 거부할 수 없게 만듭니다. 경제적 · 심리적으로 취약한 아동 · 청소년에 대한 성범죄에서 쉽게 나타납니다. 표면적으로는 피해자가 동의한 것처럼 보여 처벌이 어려워지기도 합니다.

프로파일러(Profiler)

범죄 현장에 남아 있는 단서들을 찾아 심리 · 행동 등을 과학적인 근거로 분석하는 범죄심리분석수사관

범죄현장에서 증거가 불충분해 일반적인 수사기법으로는 사건해결에 한계를 겪는 경우가 있습니다. 이럴 때 프로파일링을 통해 고도의 심리 전략을 발휘함으로써 자백을 받아내거나 용의자의 성격, 취향 등을 추론해 범행동기 및 숨겨진 의도 등을 밝혀내는 수사관을 말합니다.

MORE

프로파일링(Profiling)

1978년 미국연방수사국(FBI)의 존 더글러스가 처음으로 범죄수사에 도입했고, 2000년에 국내에도 도입됐습니다. 최근 불특정 다수를 대상으로 뚜렷한 범행동기를 알 수 없는 범죄가 증가하고 있어 프로파일링 수사가 많이 활용되는 추세입니다.

백래시(Backlash)

사회적 · 정치적 변화에 따라 대중에게서 나타나는 강한 반발

흑인인권운동, 페미니즘, 동성혼 법제화 등 사회 · 정치적 움직임에 대해 반대하는 사람들이 단순 의견개진부터 시위 등을 통해 자신의 반발심을 표현하는 것을 뜻합니다. 주로 진보적인 사회변화로 인해 기득권의 영향력 및 권력에 위협을 느끼는 사람들에 의해 일어납니다.

최저임금제도

국가가 근로자의 최저임금 수준을 결정하여 사용자가 지급하도록 하는 제도

국가가 근로자 임금액의 최저한도를 결정하고 사용자가 그에 따라 임금을 지급하도록 법적으로 강제하는 제도입니다. 고용노동부장관은 다음 연도 최저임금을 최저임금위원회의 심의를 거쳐 매년 8월 5일까지 결정 · 고시해야 합니다. 우리나라의 2024년도 시급 기준 최저임금은 전년도 대비 2.5% 인상된 9,860원입니다.

MORE

최저임금위원회

최저임금을 결정하기 위해 국가에서 소집하는 회의기구로 공익위원 9명, 근로자위원 9명, 사용자위원 9명으로 구성되어 있습니다. 최저임금은 최저임금위원회 재적위원 '과반수 참석에 출석위원 과반수의 찬성'으로 결정되며, 매년 6월 29일까지 다음해의 최저임금을 결정하면 노사의 이의신청을 받은 뒤 고용노동부장관이 8월에 이를 고시합니다.

최저임금 업종별 차등지급 논쟁

최근 최저임금위원회의 경영계 측에서는 현재의 최저임금이 소상공인의 지불능력을 넘어섰다며 업종별로 차등지급을 해야 한다고 주장했습니다. 반면 노동계는 최저임금 업종별 차등지급이 저임금 노동자의 최소생계를 보장하는 제도 취지에 어긋난다며 반대하는 입장을 보였습니다.

풍선효과(Balloon Effect)

하나의 문제가 해결되는 즉시 다른 문제가 발생하는 현상

정책을 실시해 어떤 문제가 해결되고 나면 다른 곳에서 그로 말미암은 또 다른 문제가 발생하는 현상을 말합니다. 이 현상이 마치 풍선의 한 쪽을 누르면 다른 쪽이 튀어나오는 모습과 같다고 하여 이름 붙였습니다. 남미 국가에서 불법 마약 관련 범죄가 심해지자, 미국 정부가 이를 강력하게 단속했는데 그 후 단속이 약한 지역에서 마약 거래가 급증했다는 데서 유래했습니다.

4대 보험

국민에게 발생할 수 있는 질병, 장애, 노령, 실업 등 사회적 위험을 보험 형태로 대비해 국민의 건강과 소득을 보장하는 제도

4대 보험	건강 보험	질병·부상에 대한 진단, 치료, 재활 등 병원에서 건강증진 서비스를 받을 때, 국민들이 매월 낸 보험료를 진료비의 일부분으로 납부해주는 것
	국민 연금	나이가 들거나 갑작스런 질병, 사고 등으로 인해 근로능력을 잃었을 때, 그동안 소득활동을 하면서 납부했던 보험료를 기반으로 산정한 연금을 본인이나 유족에게 지급함으로써 기본생활을 유지할 수 있도록 하는 연금제도
	고용 보험	취업 중인 근로자의 고용안정을 보장하고, 부득이하게 직장을 잃었을 경우 재취업을 촉진함으로써 기본적인 생활을 보장하고자 하는 제도
	산재 보험	사업주로부터 징수한 보험료로 근로 중에 근로자에게 재해가 발생했을 때, 보상을 해주는 제도

스프롤 현상(Sprawl Phenomena)

도시의 급격한 팽창으로 대도시의 교외가 무질서 · 무계획적으로 발전하는 현상

급격한 경제성장과 발전으로 무계획적인 주택과 공장, 도로가 건설되고 이로 인해 환경오염, 교통난 심화 등 여러 문제들이 발생되고 있습니다. 국제적으로도 스프롤 현상이 심각하게 진행 중이며 특히 뉴욕, 로스앤젤레스, 홍콩 등은 유독 심각한 수준입니다.

아노미 현상(Anomie Phenomenon)

사회적인 규범이나 가치관이 붕괴됨에 따라 느끼는 혼돈과 무규제 상태

프랑스 사회학자 에밀 뒤르켐(E. Durkheim)의 저서인 〈사회분업론〉(1893)과 〈자살론〉(1897)에서 사용된 개념으로, 구성원들의 행위를 통제하는 공통의 가치나 규범이 사라져 구성원들이 겪게 되는 혼돈을 말합니다.

스노비즘(Snobbism)

고상한 체하고, 허세를 부리는 사람들

영국의 작가 윌리엄 새커리가 1848년 집필한 〈영국속물열전〉에서 신분이 낮은 사람을 의미한 '스놉(속물)'이라는 단어가 19세기부터 '신사인 체하고 허세를 부리는 사람들'이라는 뜻으로 알려졌습니다. 오늘날에는 고상한 체하는 속물근성, 출신이나 학력을 공개적으로 자랑하는 성향을 가리키는 말로 굳어져 사용되고 있습니다.

매슬로우의 동기이론(Maslow's Motivation Theory)

인간의 욕구는 타고난 것이라 하며 욕구를 강도와 중요성에 따라 5단계로 분류한 아브라함 매슬로우(Abraham H. Maslow)의 이론

계층적(하위 단계에서 상위 단계)으로 배열되어 하위 단계의 욕구가 충족되면 그 다음 단계의 욕구가 발생한다는 것입니다. 매슬로우에 따르면 욕구는 행동을 일으키는 동기요인이며 인간의 욕구는 그 충족도에 따라 낮은 단계에서부터 높은 단계로 성장해갑니다.

매슬로우의 욕구 5단계

- 1단계 : 생리적 욕구 → 먹고 자는 것, 종족 보존 등 최하위 단계의 욕구
- 2단계 : 안전에 대한 욕구 → 추위 · 질병 · 위험 등으로부터 자신을 보호하는 욕구
- 3단계 : 애정과 소속에 대한 욕구 → 가정을 이루거나 친구를 사귀는 등 어떤 조직이나 단체에 소속되어 애정을 주고받는 욕구
- 4단계 : 자기존중의 욕구 → 소속단체의 구성원으로 명예나 권력을 누리려는 욕구
- 5단계 : 자아실현의 욕구 → 자신의 재능과 잠재력을 충분히 발휘하여 자기가 이룰 수 있는 모든 것을 성취하려는 최고 수준의 욕구

MORE

ERG이론(Existence Relatedness Growth Theory)

매슬로우의 5단계 욕구이론을 수정해서 개인의 욕구 단계를 3단계로 단순화시킨 미국의 심리학자 클레이턴 알더퍼(Clayton Paul Alderfer)의 동기이론을 말합니다. 그는 인간의 핵심 욕구를 존재 · 관계 · 성장이라는 세 가지로 보며 매슬로우와 달리 욕구의 단계가 미리 정해진 것이 아니라고 했습니다. 즉, 욕구는 다른 욕구가 얼마나 충족되느냐에 따라 달라질 수 있고, 높은 단계의 욕구가 채워지지 않으면 그보다 낮은 단계의 욕구가 더 커질 뿐이며 한 시점에서 두 개 이상의 욕구가 동시에 발생하는 것도 가능하다고 주장했습니다.

사이버 렉카(Cyber Wrecker)

이슈를 자극적으로 다루어 온라인에서 공론화하는 매체

온라인상에서 화제가 되는 이슈를 자극적으로 포장해 공론화하는 매체를 말합니다. 빠르게 소식을 옮기는 모습이 마치 사고현장에 신속히 도착해 자동차를 옮기는 견인차의 모습과 닮았다고 해서 이 같은 이름이 붙었습니다. 이들은 유튜브와 인터넷 커뮤니티에서 활동하는데 자극적인 제목과 섬네일로 조회 수를 유도합니다. 정확한 사실 확인을 거치지 않고 무분별하게 정보를 퍼트린다는 점에서 문제가 됩니다.

방관자 효과(Bystander Effect)

주변에 사람이 많을수록 위험에 처한 사람을 덜 돕게 되는 현상

주위에 사람들이 많을수록 책임이 분산되고 자신이 아닌 다른 누군가가 도와줄 것이라는 심리 때문에 오히려 어려움·위험에 처한 사람을 돕지 않게 되는 현상을 뜻합니다.

다문화주의와 상호문화주의

- 다문화주의 : 다양한 문화를 가진 사람들이 한 사회 내에서 각자의 정체성을 유지하면서 조화를 이루며 살아가는 것입니다. 다문화주의는 개인이 아닌 그 개인이 속한 집단의 정체성을 우위에 두는 경향이 있습니다. 고유문화를 가진 개인의 집단과 집단 간의 관계를 동등하게 인정하고 평등한 기회를 부여합니다.
- 상호문화주의 : 다문화주의를 대체하는 이론으로 개인이 모인 집단과 집단을 나누지 않고, 한 사회 안에서 서로 문화적 차이를 인정하는 것을 넘어 적극적으로 소통하면서 나아가 서로가 공유하는 새로운 정체성을 만들자는 것입니다.

제노포비아(Xenophobia)

별다른 이유 없이 외국인을 혐오하는 현상

제노(Xeno, 이방인)와 포비아(Phobia, 혐오증)의 합성어로, 이방인을 단지 자신과 다르다는 이유로 경계하고 배척하는 경향을 보이는 사람들을 가리키는 말입니다.

헤일로 효과(Halo Effect)

특정 인물을 평가할 때 능력 자체보다 그 사람에 대한 인상이나 고정관념 등이 평가에 중요한 영향을 미치는 현상

외적인 특징으로부터 연상되어 나타나는 고정관념을 바탕으로 특정 대상을 완전히 이해했다고 착각하는 현상을 말합니다. 특정 사람을 평가할 때 인물이 호감 가는 외모를 갖고 있으면 그 사람의 지능이나 성격 또한 좋다고 평가하는 것입니다.

노동3권

헌법상 노동자가 기본적으로 갖는 단결권 · 단체교섭권 · 단체행동권

• 단결권 : 자주적으로 노동조합을 설립할 수 있는 권리입니다.
• 단체교섭권 : 근로자가 근로조건을 유지하거나 개선하기 위해 단체로 모여 사용자와 교섭할 수 있는 권리로 노동조합이 단체교섭권을 들어 합리적인 교섭을 요청할 때 사용자는 정당한 이유 없이 이를 거부하거나 피할 수 없습니다.
• 단체행동권 : 근로자가 자신의 근로 조건을 유리하게 하기 위해 단체로 집단적인 행위를 할 수 있도록 한 쟁의권으로 정당한 단체행동권의 행사는 민 · 형사상 책임이 면제됩니다.

코쿤족(Cocoon 族)

자신만의 공간에서 홀로 사는 것을 즐기는 사람들

외부 세상과 현실에서 벗어나 자신만의 안전한 공간에서 안락함을 추구하려는 '나홀로족'을 의미합니다. 이들은 자신만의 공간에 음향기를 구비하여 음악감상을 하거나 컴퓨터를 통해 세상과 접촉합니다. 혼자인 것을 즐기며 나름의 방법으로 스트레스를 해소하는 점은 긍정적 평가를 받지만 조직사회와 단절을 가져올 수 있다는 점에 대해서는 우려를 표하기도 합니다.

MORE

코쿠닝 현상(Cocooning Syndrome)

독일의 미래학자 페이스 팝콘(F. Popcorn)이 '누에고치짓기 현상' 즉, '코쿠닝'이란 용어를 처음 사용하며 현대인들은 마치 누에고치처럼 자신을 보호하기 위해 보호막을 친다고 표현했습니다. 사회로부터의 도피라는 부정적인 측면과 가정의 회복·결속이라는 긍정적인 측면이 동시에 존재합니다.

공적부조

생활유지 능력이 없거나 생활이 어려운 국민의 최저생활을 보장하고 자립을 지원하는 제도

국가는 국민을 보호할 의무가 있기 때문에 생활능력이 없는 사람에게 최저한도의 생활수준을 보장하기 위해 공적부조를 실시합니다. 공적부조 자금을 세금을 통해 마련하며, 사전에 보험료를 내는 것이 아니라 손실을 당하는 등 생활에 어려움이 닥쳤을 때 신청자의 형편에 따라 급여수준을 달리하여 제공합니다. 공적부조에는 의료보호, 생활보호, 재해구호, 보훈사업 등이 있습니다.

네카시즘(Netcarthyism)

인터넷과 메카시즘의 합성어로 인터넷에 부는 마녀사냥 열풍

다수의 누리꾼들이 인터넷, SNS 공간에서 특정 개인을 공격해서 사회의 공공의 적으로 삼고 매장해버리는 현상입니다. 누리꾼들의 집단행동이 사법제도의 구멍을 보완할 수 있다는 공감대에서 출발했지만 누리꾼들의 응징 대상이 대부분 힘없는 시민이라는 점에서 문제가 되고 있습니다.

화이트워싱(Whitewashing)

원작의 역할과 상관없이 무조건 백인 배우를 캐스팅하는 행태

오늘날 할리우드에서 행해지는 캐스팅 행태를 표현합니다. 할리우드 영화계는 오랫동안 영화나 드라마 속의 캐릭터가 황색인종이나 흑색인종임에도 백색인종 배우를 캐스팅해 왔습니다. 1961년 개봉된 〈티파니에서 아침을〉에서 일본인 역에 백인 남자배우를 캐스팅한 것부터 〈공각기동대〉, 〈닥터 스트레인지〉, 〈덩케르크〉 등 많은 영화에서 화이트워싱이 발생했습니다.

유리천장

직장 내에서 여성들의 승진 등 고위직 진출을 막는 보이지 않는 장벽

충분한 능력이 있는 여성에게 승진의 최상한선을 두거나 승진 자체를 막는 상황을 비유적으로 표현한 용어입니다. 겉으로 보기에는 성별 간 차별이 많이 완화된 것 같지만 실제로는 유리처럼 보이지 않는 장벽이 존재하고 있다는 의미입니다.

인포데믹(Infodemic)

잘못된 정보나 괴담 등이 빠르게 확산하는 현상

'정보'를 뜻하는 '인포메이션(Information)'과 '감염병 확산'을 뜻하는 '에피데믹(Epidemic)'을 합친 신조어로, 근거 없는 사실이나 악성루머 등이 미디어나 인터넷에서 급속도로 퍼지는 현상입니다. '정보 감염증'이라고도 불립니다. 사실여부가 검증되지 않은 정보들이 동시다발적으로 유통되기 때문에 사회적으로 많은 혼란을 초래한다는 문제점이 있습니다.

젠트리피케이션(Gentrification)

낙후지역의 활성화로 중상층이 유입되면서 원주민들이 집값이나 임대료를 감당하지 못하고 그 지역을 떠나는 현상

지주계급 또는 신사계급을 뜻하는 '젠트리(Gentry)'에서 파생된 용어로, 1960년대 영국 런던 변두리에 있는 하층민 주거지역에 중상층이 유입되면서 고급 주거지가 형성되고 기존 주민들은 비용을 감당하지 못해 쫓겨났는데, 이로 인해 지역 전체의 구성과 성격이 변하게 된 데서 유래했습니다. 우리나라에서는 서촌, 해방촌, 경리단길, 성수동 서울숲길 등이 대표적입니다.

MORE

투어리스티피케이션(Touristification)

'관광지화(Touristify)'와 '젠트리피케이션(Gentrification)'의 합성어로, 지역 내 관광이 활성화되면서 원주민이 쫓겨나거나 이주하는 현상입니다. 상업적인 이유 외에도 소음과 쓰레기, 사생활 침해 등으로 발생하기도 합니다.

배리어프리(Barrier Free)

장애인들의 사회적응을 막는 물리적 · 제도적 · 심리적 장벽을 제거해나가자는 운동

장애가 있는 사람들이 일상생활에서 겪는 물리적인 장애를 제거한다는 건축학 용어에서 시작해 최근에는 자격, 시험 등의 제도적 · 법률적 장벽과 차별 · 편견 등 마음의 벽까지 허물자는 운동으로 확대되었습니다. 최근에는 장애인뿐만 아니라 고령자에까지 적용대상이 확대되는 추세입니다.

블랙 프라이데이(Black Friday)

미국 추수감사절 다음날로, 미국에서 연중 최대의 쇼핑이 이뤄지는 날

미국에서는 추수감사절(11월 마지막 목요일)부터 연말까지가 1년 중 최대의 쇼핑시즌입니다. 일반적으로 유통업체 1년 매출의 70% 정도가 이때 이뤄지는데, 유통업체의 장부가 '붉은색(적자)'에서 '검은색(흑자)'으로 바뀐다고 하여 붙여진 이름입니다. 이때부터 크리스마스 세일에 들어가기도 해서, 업계에서는 이 날의 매출액으로 연말 매출을 예상합니다.

MORE

광군제(독신절)

우리나라에서 매년 11월 11일은 '빼빼로데이'로 통하는데, 중국에서는 '광군제(독신절)'로 통합니다. 이 용어 자체는 1990년에 중국 난징지역 대학생들이 만들어냈습니다. 빛을 같이 쬔다는 의미인데, 11월 11일이 '외롭다'는 느낌을 주는 '1'이 많다고 하여 이를 '솔로데이'처럼 만든 것입니다. 나와서 쇼핑, 파티 등을 하고 선물도 주고받는 취지에서 시작됐는데 중국 최대의 전자상거래 기업 알리바바의 마윈 회장이 2009년 11월 11일에 솔로들을 위한 파격적인 행사를 시작하면서부터 활성화되었습니다. 여기에 다른 유통업체들까지 가세해서 지금은 중국 최대 소비시즌, '중국판 블랙 프라이데이'라고 불립니다.

임금피크제(Salary Peak System)

일정 나이가 지나면 정년을 보장하는 대신 임금을 삭감하는 제도

임금피크제는 크게 정년보장형과 정년연장형으로 나뉘는데 우리나라는 대다수의 기업들이 정년보장형을 채택하고 있습니다. 기업의 입장에서는 인건비 절감, 숙련된 인력의 안정적 확보가 가능하고, 근로자 입장으로는 생활안정, 근로기회 확보 등의 효과를 기대할 수 있습니다. 한편 2022년에는 '합리적인 이유 없이 연령만으로 임금을 깎는 임금피크제가 현행 고령자고용법 위반으로 무효'라는 판결이 대법원에서 나와 화제가 되기도 했습니다.

노동쟁의

근로조건과 관련해서 근로자와 고용주, 노동관계 당사자들 간에 벌이는 분쟁

임금, 근로시간, 복지, 해고 등의 근로조건에 대해 근로자와 고용주 간에 의견 불일치를 보여 발생하는 분쟁을 말합니다. 노동쟁의가 벌어질 때에는 한쪽이 상대방에게 서면으로 통보해야 하고, 만약 어느 한쪽이 노동위원회에 노동쟁의 조정을 신청한 경우 위원회는 지체 없이 조정을 진행해야 합니다.

MORE

노동쟁의의 종류
- **파업** : 근로 거부 행위
- **태업** : 근로를 게을리해 고용주에게 피해를 주는 행위
- **보이콧** : 회사의 상품 또는 거래관계에 있는 제3자의 상품에 대한 불매 운동
- **피케팅** : 플래카드, 피켓, 확성기 등을 사용해 근로자들이 파업에 동참할 것을 호소하는 행위
- **직장폐쇄** : 고용주가 노사협상에서 자신들의 뜻을 이루기 위해 일정 기간 직장의 문을 닫는 행위

니트(NEET)족

현재 일을 하고 있지 않고, 일할 의지도 없는 청년층

'Not in Education, Employment or Training'의 머리글자를 딴 단어로, 취업연령의 인구 중에 취업의욕이 전혀 없거나, 의욕은 있지만 일자리를 구하지 못하는 청년층을 말합니다. 경제상황이 악화되고 고용환경은 더욱 나빠져 어쩔 수 없이 취업을 포기하는 청년 실업자들이 늘어나고 있는 상황이므로 경제·사회적으로 심각한 문제가 될 수 있습니다.

워킹푸어(Working Poor)

근로빈곤층을 뜻하는 말로 열심히 일해도 가난에서 벗어나지 못하는 계층

1990년대 중반 미국에서 처음 등장했으며 2000년대 중반 이후 세계적으로 널리 쓰이는 말입니다. 월급이 나오는 일자리가 있어 얼핏 보기에는 중산층 같지만, 고용도 불안하고 저축도 없어 언제라도 극빈층으로 추락할 수 있는 위험에 노출돼 있습니다.

MORE

렌트푸어(Rent Poor)

치솟는 집세를 감당하기가 빠듯해 가난에서 벗어나지 못하는 계층으로, 소득의 상당액을 주택 임대비용으로 감당해야 해서 저축을 할 여력이 없는 사람들입니다. 렌트푸어가 늘어나게 된 원인은 2010년대 들어 저금리 현상이 계속되며 집주인들이 전세보다는 월세를 선호하기 시작했기 때문입니다.

윤리적 소비(Ethical Consumption)

소비행위가 사회와 환경에 어떤 영향을 미칠지 고려하는 것

윤리적 소비는 소비 행위가 인류, 사회, 환경에 어떤 결과를 가져올지 영향을 고려하여 소비하는 것을 뜻합니다. 윤리적 소비의 주요 시장은 '공정무역', '친환경 농식품', '로컬푸드', '유기농 생활용품' 등이며 대안적 소비활동으로 '지속가능한 가치실천'을 목표로 합니다. 동물복지인증 식품, 안심 먹거리의 구매운동 뿐만 아니라 해로운 제품 불매, 로컬소비 등이 윤리적 소비의 대표적인 사례에 속합니다. 최근 MZ세대들은 윤리적 소비를 통한 지속 가능성에 가치를 두는 세대로 이러한 MZ세대를 타깃으로 한 '리사이클링 시장'이 주목받고 있습니다.

퍼플잡(Purple Job)

여건에 따라 근무시간이나 형태를 조절하는 신축적 근무제도

일정한 시간과 형식을 갖춘 정형적인 근무형태에서 벗어나 가사 · 보육 등의 여건에 맞춰 근무시간을 조절함으로써 원만한 직장생활을 할 수 있도록 지원하는 제도입니다. 단기간 근로, 요일제 근무, 재택근무, 탄력근무제 등 다양한 형태가 있으며 근로자의 필요에 따라 주당 15~35시간 범위 내에서 일하고, 근무시간에 따라 보수를 받는 것입니다.

MORE

탄력근무제

생산라인의 운영과 생산인원 조정 등을 효율적으로 하기 위해 근로시간을 탄력적으로 운용하는 제도입니다.

파리기후변화협약(파리협정)

기후변화를 막기 위해 온실가스 자율 규제를 전 세계가 합의한 협약

파리기후변화협약(파리협정)이란 전 세계가 기후변화에 따른 재앙을 막기 위해 온실가스 자율 규제에 대해 합의한 협약입니다. 이는 2020년에 만료된 교토의정서를 대체하는 기후협약으로, 2015년 12월 12일 파리에서 열린 21차 유엔 기후변화협약 당사국총회 본회의에서 195개 당사국이 채택했습니다. 파리협정의 기본적인 합의 내용은 2100년까지 지구의 평균온도가 산업화 이전 대비 섭씨 2도 이상 상승하지 않도록 온실가스 배출량을 줄이는 것입니다. 미국은 도널드 트럼프 전 대통령이 2017년 파리협정을 탈퇴한다고 선언했으나, 2021년 1월 취임한 조 바이든 대통령이 재가입을 위한 행정명령에 서명하면서 복귀하게 되었습니다.

합계출산율

한 여성이 가임기간 동안 낳을 것으로 기대되는 평균 출생아 수

합계출산율이란 인구동향조사에서 15~49세의 가임여성 1명이 평생 동안 낳을 것으로 추정되는 출생아 명수를 통계화한 것입니다. 한 나라의 인구증감과 출산수준을 비교하기 위해 대표적으로 활용되는 지표로서 일반적으로 연령별 출산율의 합으로 계산합니다. 2023년 우리나라의 합계출산율은 0.72명으로 역대 최저를 기록했습니다.

라니냐(La Nina)

평년보다 해수면 온도가 0.5℃ 이상 낮은 상태가 5개월 이상 지속되는
이상해류 현상

여자아이를 지칭하는 스페인어에서 유래했으며 엘니뇨의 반
대현상입니다. 엘니뇨가 발생한 곳과 동일한 지역에서 발생하
며 극심한 가뭄과 강추위, 장마 등 각기 다른 현상들이 나타
납니다.

MORE

엘니뇨(El Nino)

전 지구적으로 벌어지는 대양–대기 간의 기후현상으로, 해수면 온도가 평
년보다 0.5℃ 이상 높은 상태가 5개월 이상 지속되는 이상해류 현상입니
다. 이 현상이 크리스마스 즈음에 발생하기 때문에 작은 예수 혹은 남자
아이라는 뜻의 엘니뇨라는 이름으로 불리게 되었습니다. 엘니뇨가 발생
하면 해수가 따뜻해져 증발량이 많아지고, 이로 인해서 태평양 동부 쪽의
강수량이 증가합니다. 엘니뇨가 강할 경우 지역에 따라 대규모의 홍수가
발생하기도 하고, 극심한 건조현상을 겪기도 합니다.

람사르 협약

습지보호에 관한 국제 협약

'물새 서식처로서 국제적으로 중요한 습지의 보전에 관한 국
제 협약'으로 1971년 이란의 람사르에서 채택되었습니다.
동·식물의 서식지 기능과 생물자원의 생산 및 정화기능 등
많은 이로운 역할을 하는 습지를 보전하기 위한 것입니다. 이
협약의 가입국은 국제적으로 중요한 습지를 한 곳 이상 지정
하고, 지정한 습지의 생태학적 특성 유지를 위해 노력해야 하
며, 습지에 대한 이용 계획 등을 세워야 합니다. 우리나라는
1997년 101번째 가입국이 되었고, 순천만과 보성갯벌 등을 람
사르 습지로 등록하였습니다.

스마트 그리드(Smart Grid)

집이나 사무실에서 효율적으로 전기를 쓸 수 있는 지능형 전력망 시스템

기존의 전력망에 정보기술을 접목해 전력 공급자와 소비자가
양방향으로 실시간 정보를 교환함으로써 가장 효율적으로 전
력을 생산·소비할 수 있는 시스템입니다. 전체적인 전력 사
용 상황에 따라 5~10분마다 전기요금 단가가 바뀌는 특징이
있고, 집 안에 있는 지능형 전력계는 시간대별로 전기요금이
내려가면 세탁기 같은 가전기기가 작동하도록 명령을 내려 낭
비를 줄입니다. 우리 정부는 2030년까지 국내 전역에 스마트
그리드 설치를 완료하는 것을 골자로 한 국가 로드맵을 확정
하기도 하였습니다.

슬로시티(Slow City)

자연환경과 전통문화를 보호하고 여유와 느림을 추구하며 살아가자는
국제운동

이탈리아에서 시작된 슬로시티 운동은 전통과 자연을 보전하
면서 유유자적하고 풍요로운 도시를 만들어 지속 가능한 발전
을 추구해나가는 것을 목표로 합니다. 슬로시티에 가입하려면
5만명 이하의 인구, 도시와 환경을 고려한 정책 실시, 전통 음
식과 문화 보존에 대한 노력 등의 조건을 갖춰야 합니다. 완
도군 청산도는 옛 음식과 삶의 방식이 고스란히 남아있다고
평가받아 지난 2007년 12월에 아시아 최초의 슬로시티로 지
정되기도 하였습니다.

탄소발자국(Carbon Footprint)

개인 또는 단체가 직접 · 간접적으로 발생시키는 온실 기체의 총량

우리가 일상생활을 하면서 탄소를 얼마나 배출해내는지 그 양을 한눈에 볼 수 있도록 표시한 것입니다. 우리가 일어나서 씻고, 밥 먹고, 출근하고, 퇴근하고, TV를 보는 일련의 과정들 속에서 이산화탄소가 얼마나 많이 배출되고 있는지 간단하게 알아볼 수 있습니다. 이는 지구온난화의 가장 큰 원인이 되는 탄소 배출에 대한 경각심을 갖고 정화를 위한 노력을 해나가자는 취지에서 만들어졌습니다.

MORE

생태발자국(Ecological Footprint)

인간이 의 · 식 · 주와 같은 기본적인 생활을 하는 데 있어서 필요한 자원의 생산과 폐기에 드는 비용을 토지로 환산한 지수입니다. 생태발자국을 줄이기 위해서는 자원의 낭비를 최대한 줄이고 대체 에너지를 개발해 환경오염의 가속화와 자원의 고갈을 막아야 합니다. 지구가 감당할 수 있는 생태발자국 면적 기준은 1인당 1.8ha이고 면적이 넓으면 넓을수록 환경문제가 심각하다는 것을 의미하는데 선진국으로 갈수록 이 면적이 넓게 나타나며 선진국에 살고 있는 사람들 가운데 20%가 세계자원의 86%를 소비하고 있다고 합니다.

탄소배출권(CERs ; Certified Emission Reductions)

청정개발사업을 통해서 온실가스 방출량을 줄여 일정량의 온실가스만을 배출할 수 있는 권리

선진국이 개발도상국에 가서 온실가스 감축사업을 하면 유엔에서 이를 심사 · 평가해 일정량의 탄소배출권을 부여합니다. 할당받은 배출량보다 적은 양을 배출하게 되면 남는 배출권은 다른 나라에 돈을 받고 판매할 수도 있습니다.

미세플라스틱(Microplastics)

환경 중에 존재하는 미세한 플라스틱 조각

미세플라스틱은 만들어질 때부터 미세플라스틱으로 제조되기
도 하고, 큰 플라스틱이 작게 분해되면서 생성되기도 합니다.
주로 필링용 세안제, 연마재 등으로 활용되는 미세플라스틱은
입자가 극도로 작아 하수처리시설로 걸러지지 않고 그대로 강
이나 바다로 유입되어 생태계뿐 아니라 인류의 건강을 위협하
게 됩니다.

포괄수가제(包括酬價制)

진료의 종류나 양에 관계없이 미리 정한 질병군에 대해서 정해진 일정
액의 진료비만 부담하는 제도

우리나라는 국민 복리의 증진을 위해 보편화된 의료행위에 한
해서, 병원이 환자에게 일정 이상의 치료비를 받지 못하는 의
료수가제를 시행하고 있습니다. 이중에는 의사가 환자에게 행
한 개별 의료행위로 치료비를 산정하는 행위별수가제와 의사
가 치료한 병으로 치료비를 산정하는 포괄수가제가 있습니다.
포괄수가제는 어떤 진료 행위를 하든 특정 병을 치료한 것이
라면 같은 돈을 받는 것이죠. 2012년 7월부터 맹장 · 탈장 ·
치질 · 백내장 · 편도 · 제왕절개 · 자궁수술 등 7개 질병군에
대해서는 '포괄수가제'가 의무적으로 적용됐습니다. 제도의
시행으로 불필요한 진료행위가 줄어들고, 환자들의 진료비 부
담이 경감될 것으로 예상되지만 의료서비스의 질 저하, 건강
보험 재정의 부담 증가 등이 우려되기도 합니다.

유니언숍(Union Shop)

노동조합 가입 여부는 채용에 영향을 미치지 않지만, 고용이 확정되면
일정기간 내에 반드시 노동조합에 가입해야 하는 제도

채용할 때에는 가입 여부를 따지지 않지만 일단 채용되면 반
드시 노동조합에 가입해야 한다는 점에서 오픈숍과 클로즈드
숍을 절충한 것이라 할 수 있습니다. 채용된 근로자가 일정기
간 내에 조합에 가입하지 않거나, 조합에서 제명 혹은 탈퇴하
면 해고됩니다.

MORE

오픈숍(Open Shop)
근로자가 노동조합에 대한 가입과 탈퇴를 자기 의사에 따라 결정할 수 있
는 제도로, 조합원과 비조합원을 차별하지 않고 동등하게 대우해야 합니
다. 우리나라에서는 공무원을 제외한 모든 근로자에게 오픈숍을 적용하고
있습니다.

클로즈드숍(Closed Shop)
사용자가 근로자를 고용할 때 노동조합의 가입을 필수조건으로 하는 제
도입니다. 조합에 가입하겠다는 의사를 밝히지 않은 사람은 고용하지 않
고 조합을 탈퇴하거나 제명된 사람은 해고합니다.

할랄

이슬람교도들이 먹고 쓸 수 있는 제품의 총칭

과일이나 야채와 같은 모든 식물성 음식과 어패류 등 모든 해
산물 중 이슬람 율법에 따라 이슬람교도들이 먹고 쓸 수 있도
록 허용된 제품을 총칭합니다. 육류 중에서는 이슬람식으로
도살된 고기(주로 염소고기 · 닭고기 · 쇠고기 등), 이를 원료
로 한 화장품 등이 있습니다.

빌바오 효과(Bilbao Effect)

구겐하임 빌바오
미술관

건축물 · 예술작품이 주는 도시재생의 효과

철강 · 조선 산업의 메카였던 스페인 북부 소도시 빌바오가 글
로벌 경쟁력을 상실하면서 지역경제가 침체되자, 이에 지방정
부는 도시재생추진협회를 설립하고 1991년 미국의 구겐하임
미술관을 유치했습니다. 1997년 구겐하임 빌바오 미술관이
완공되면서 인구 36만명에 불과했던 빌바오는 연간 100만명
이상의 관광객이 찾아오는 문화예술의 도시로 변신했습니다.
이렇듯 건축 · 예술품 등 문화시설이 긍정적 영향을 미쳐 도시
가 활성화되는 것을 빌바오 효과라 합니다.

CSR(Corporate Social Responsibility)

기업의 사회적 책임

기업이 경제적 책임이나 법적인 책임을 지는 것 외에도 폭넓
고 적극적으로 사회적 책임을 수행해야 하는 것을 말합니다.
기업이 벌어들인 수익의 일부를 사회에 환원함으로써 사회적
인 역할을 분담하고 사회발전에 기여해야 하는 공공의 의무를
강조하는 것입니다.

MORE

CSV(Creating Shared Value)
CSV는 창립 초기부터 사회와 함께 공유할 가치를 창출하는 것을 기업 본
연의 책무로 재정립해야 한다고 보는 것입니다. 소비자들은 단순히 제품
자체만을 구입하는 것이 아니라 제품이 담고 있는 의미도 중요하게 생각
하므로, 기업이 공익적 이슈 등을 사회적 가치로 담는 것이 큰 경쟁력이
됩니다.

호사가들의 겨울 이벤트, 해부학 강의

오늘날 암스테르담에서 차이나타운으로 가는 길에 있는
니우마르크트(Nieuwmarkt)에는 지금은 카페로 사용되
고 있는 계량소 건물이 있습니다. 이곳은 17세기 암스테
르담 외과의사 길드의 사무실이 있던 곳입니다. 과거 이
곳에는 큰 극장이 있었습니다. 그 중앙의 원형에는 사람
한 명이 누울 만한 테이블이 놓여 있고, 이것을 중심으로
빙 둘러서 계단식 관람석이 있었습니다. 바로 해부학 강
의가 있었던 해부학 극장입니다.

오늘날 카페로 사용되고 있는 암스테르담
외과의사 길드 건물

17세기의 해부학 강의는 오락거리이자 관심거리로서의
목적이 크기는 했지만 인체의 신비를 대중에게 강연하고
교화시키기 위해, 의대 학생들을 위한 홍보용으로, 그리
고 의사들의 사회적 지위와 역할을 강조하기 위해 시연되
었습니다. 그리고 공개 해부를 기념한다는 목적으로 해부
시연과정을 담은 그림을 주문 제작했습니다.

여기에서 한 가지 재미있는 것이 있습니다. 해부학 강의
는 길어야 2~3일이었지만 정작 그림은 2~3년이나 걸렸

17세기 네덜란드 레이던 대학의 해부학 극장

다는 것입니다. 1601년에 의뢰받은 아르트 피에테르츠의 〈세바스티안 에그베르츠 박사의 해부
학 강의〉는 완성되기까지의 2년 동안 화면 속 외과의사 29명 중 5명이 사망했을 정도입니다.

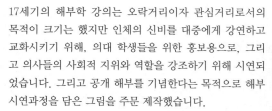

아르트 피에테르츠의 〈세바스티안 에그베르츠 박사의 해부학 강의〉(1603)

그렇다면 왜 겨울에만 이런 해부학 강의가 있었던 것일까요? 이유는 간단합니다. 냉동시설이
완비되어 있지 않았기 때문에 겨울이 아니라면 시신의 부패와 그로 인한 악취를 감당하기 어
려웠기 때문입니다.

PART 5

정보시대의 필수지식, 문화와 과학

틈틈히 보고, 생각은 더 크게!

01 문화 · 예술 · 미디어

메세나(Mecenat)

문화예술, 스포츠 등에 적극 지원하는 기업들의 후원활동

기업들이 문화예술, 스포츠 등의 분야에 적극 지원함으로써 사회공헌과 국가경쟁력에 이바지하는 활동을 총칭합니다. 고대 로마제국의 정치가 가이우스 마에케나스가 당대 예술가들의 예술 · 창작 활동을 적극적으로 후원하며 예술부국을 이끈 데서 유래한 말입니다. 1967년 미국에서 기업예술후원회가 발족하면서 이 용어를 처음 사용한 이후 각국의 기업인들이 메세나협의회를 설립하면서 널리 알려졌습니다.

오마주(Hommage)

특정 작품을 차용하여 해당 작가나 작품에 대한 존경을 표시하는 것

오마주란 사전적인 의미로 '존경, 경의'라는 뜻을 지닌 프랑스어로, 존경하는 예술가와 비슷하게 또는 원작 그대로 일부를 표현하는 것을 의미합니다. 예술 · 문학 작품에서는 존경하는 작가의 원작과 비슷한 작품을 창작하거나 원작을 그대로 재현해내는 것을 말하고, 영화에서는 존경하는 영화인 또는 영화의 장면을 재현함으로써 작가나 작품에 존경을 표하는 것을 나타냅니다.

베른조약

문학 · 예술 저작물의 국제적인 저작권 보호 조약

1886년 스위스의 수도 베른에서 체결된 조약으로, 외국인의 저작물을 무단 출판하는 것을 막고 다른 가맹국의 저작물을 자국민의 저작물과 동등하게 대우하도록 한 것입니다. 무방식주의에 따라 별도의 등록 없이 저작물의 완성과 동시에 저작권이 발생하는 것으로 보며, 보호기간은 저작자의 생존 및 사후 50년을 원칙으로 합니다.

세계문화유산

유네스코에서 인류의 소중한 문화 및 자연 유산을 보호하기 위해 지정한 유산

유네스코는 1972년부터 세계유산협약에 따라 역사적 중요성, 뛰어난 예술성, 희귀성 등을 지니고 인류를 위해 보호해야 할 가치가 있는 유산을 세계유산으로 지정하고 이를 문화유산 · 자연유산 · 복합유산으로 구분하였습니다.

카피레프트(Copyleft)

지적 창작물에 대한 권리를 모든 사람이 공유할 수 있도록 하는 것

1984년 리처드 스톨먼이 주장한 것으로 저작권(Copyright)에 반대되는 개념이며 정보의 공유를 위한 조치입니다. 카피레프트를 주장하는 사람들은 지식과 정보는 소수에게 독점되어서는 안 되며 모든 사람에게 열려 있어야 한다고 주장합니다.

스낵컬처

짧은 시간 동안 간편하게 즐기는 문화

언제 어디서나 간편하게 즐길 수 있는 스낵에서 유래된 말로, 시간과 장소에 구애받지 않고 출퇴근 시간이나 점심시간 등 짧은 시간에 간편하게 문화생활을 즐기는 새로운 문화 트렌드를 의미합니다. 시간적·경제적 부담을 느끼지 않는 범위에서 소소하게 문화와 여가를 즐기려는 현대인의 성향을 반영하고 있으며, 스마트 기기가 대중화되면서 다양한 콘텐츠를 소비하고 있는 추세입니다. 웹툰, 웹소설, 웹드라마가 대표적입니다.

오버투어리즘(Over Tourism)

관광객 과잉과 그로 인한 폐해

관광객이 너무 많아 발생하는 문제들을 가리킵니다. 관광객이 많을 경우 지역상권은 발전하지만 그로 인해 지역의 땅값이 올라 지역주민들이 쫓겨나거나, 교통체증과 물가상승에 시달리는 등 삶의 질이 떨어지는 문제가 발생할 수 있습니다. 최근 이탈리아의 유명 관광지 베네치아에서는 극심한 오버투어리즘 탓에 도시 입장료 부과를 시범 실시했고, 일본 후지산 인근 마을인 후지카와구치코에서도 숙박세 도입을 예고했습니다.

MORE

다크투어리즘(Dark Tourism)
비극적인 사건이 벌어졌던 역사적 장소나 큰 재해가 발생했던 현장을 돌아보며 당시의 사건을 떠올리면서 교훈을 얻는 여행입니다. 우리나라에는 일제강점기 독립운동가들이 수감되었던 대전형무소, 6·25전쟁 전후로 수만명의 양민이 학살당한 제주4·3사건을 되돌아보게 하는 제주4·3평화공원 등이 다크투어리즘 명소로 자리 잡았습니다.

지적재산권

인간의 지적 창작물에 대한 재산권(저작권과 산업재산권)

저작권 (Copyright)	음악 · 연극 · 예술 · 방송 · 문학 등 독창적인 저작물의 저작자에게 부여하는 배타적인 권리로서, 저작자가 자기 저작물을 통제하고 그로부터 이익을 얻을 수 있는 권리
산업재산권	• 특허권 : 발명에 대한 권리 • 실용신안권 : 상품의 구조 또는 조립과 같이 산업적으로 이용 가능한 실용적 발명과 기술적 창작에 대한 재산권 • 의장권 : 독창적인 상품의 디자인에 관한 배타적 전용권 • 상표권 : 다른 상품과 구분되기 위한 상표에 대한 독점적 사용권

노벨상(Nobel Prize)

노벨의 유언에 따라 인류복지에 공헌한 사람 · 단체에게 수여하는 상

스웨덴 화학자 '알프레드 노벨'은 인류복지에 가장 구체적으로 공헌한 사람들에게 나누어주도록 그의 유산을 기부했고, 스웨덴의 왕립과학아카데미가 노벨재단을 설립하여 1901년부터 노벨상을 수여하고 있습니다. 매년 물리학 · 화학 · 생리의학 · 경제학 · 문학 · 평화의 6개 부문에서 인류문명의 발달에 공헌한 사람이나 단체를 선정하여 수여합니다. 시상식은 12월 10일에 스톡홀름에서, 평화상 시상식은 같은 날 노르웨이 오슬로에서 열립니다. 상은 생존자 개인에게 주는 것이 원칙이나, 평화상은 단체 · 조직에도 줄 수 있습니다.

미장센(Mise-en-scene)

영화에서 연출가가 모든 시각적 요소를 배치하여 단일한 쇼트로 영화의 주제를 만들어내는 작업

특정 장면을 찍기 시작해서 멈추기까지 한 화면 속에 담기는 모든 영화적 요소와 이미지가 주제를 드러내도록 합니다. 관객의 능동적 참여를 요구하며 주로 예술영화에서 강조되는 연출기법입니다.

세계 3대 영화제

베니스영화제 · 칸영화제 · 베를린영화제

- 베니스영화제(이탈리아)

  1932년에 시작되어 매년 8~9월 열리는 가장 오래된 영화제입니다. 최고의 작품상에는 '황금사자상'을 수여하고, 감독상에는 '은사자상'을, 남녀 주연상에는 볼피컵상을 수여합니다.

- 칸영화제(프랑스)

  1946년에 시작되어 매년 5월에 열리는 영화제입니다. 대상에는 '황금종려상'을 수여하고, 시상은 경쟁 부문과 비경쟁 부문, 주목할 만한 시선 부문 등으로 나뉩니다.

- 베를린영화제(독일)

  1951년에 시작되어 매년 2월에 열리는 영화제입니다. 최우수 작품상에는 '금곰상'을 수여하고, 심사위원 대상 · 감독상 · 주연상 · 조연상 등에는 '은곰상'을 수여합니다.

골든글로브상(Golden Globe Award)

영화와 TV 프로그램과 관련해 시상하는 상

미국 할리우드에서 한 해 동안 상영된 영화들을 대상으로 최우수 영화의 각 부분을 비롯하여 남녀 주·조연배우들을 선정해 수여하는 상입니다. '헐리우드 외신기자협회(HFPA)'의 회원 90여 명의 투표로 결정됩니다. 현재 세계영화시장에서 막강한 영향력을 행사하고 있습니다.

아카데미상(Academy Award, OSCAR)

미국 영화계에서 가장 권위 있는 영화상

1929년에 시작된 것으로 오스카상으로도 불립니다. 전년도에 발표된 미국 영화 및 LA에서 1주일 이상 상영된 외국 영화를 대상으로 우수한 작품과 그 밖의 업적에 대하여 해마다 봄철에 시상합니다. 2020년에는 봉준호 감독과 영화 〈기생충〉이 작품상·감독상·각본상·국제영화상 네 개 부분을 수상했고, 2021년에는 윤여정 배우가 영화 〈미나리〉로 여우조연상을 수상했습니다.

그래미상(Grammy Awards)

미국 최고 권위의 레코드상

음반계의 아카데미상이라 불리는 미국 음반업계 최고 권위의 상으로 매년 봄에 열립니다. 전 미국 레코드 예술과학 아카데미(NARAS)에서 주최하며 1년간의 우수한 레코드와 앨범을 선정해 상을 수여합니다. 수상자에게는 축음기 모양의 작은 트로피가 수여됩니다.

퓰리처상(Pulitzer Prize)

미국에서 가장 뛰어난 업적을 보인 언론 · 문학 · 음악 작품에 시상

1911년 사망한 미국의 신문왕 조셉 퓰리처의 유산을 기금으로 하여 1917년 창설된 퓰리처상은 미국에서 가장 권위 있는 언론 · 문학 · 음악상입니다. 뉴스 · 보도사진 14개 분야와 문학 · 드라마 · 음악 7개 분야에서 수상자를 선정하며 매년 4월 수상자를 발표합니다.

토니상(Tony Awards)

미국 브로드웨이에서 수여하는 연극상

매년 미국 브로드웨이에서 상연된 연극과 뮤지컬의 우수한 업적에 대해 수여하는 상으로, 연극의 아카데미상이라고도 불립니다. 해마다 5월 하순~6월 상순에 최종 발표 및 시상식이 열리고, 연극 부문인 스트레이트 플레이와 뮤지컬 부문인 뮤지컬 플레이로 나뉘어 작품상, 남녀 주연상, 연출상 등을 수여합니다.

MORE

브로드웨이

미국 뉴욕 맨해튼 타임스스퀘어 주변의 극장가로, 30여 개의 대규모 극장들이 밀집해 있어 뮤지컬, 연극 등 다양한 작품을 공연하는 세계 연극의 중심지라 할 수 있습니다.

국악의 장단

진양조 → 중모리 → 중중모리 → 자진모리 → 휘모리

- 진양조
  가장 느린 장단으로 1장단은 4분의 24박자입니다.

- 중모리
  중간 속도로 몰아가는 장단으로, 4분의 12박자입니다.

- 중중모리
  8분의 12박자 정도이고, 춤추거나 통곡하는 대목 등에 쓰입니다.

- 자진모리
  매우 빠른 12박으로, 극적이고 긴박한 대목에 쓰입니다.

- 휘모리
  매우 빠른 8박으로, 급하고 분주하거나 절정을 표현한 대목에 쓰입니다.

음악의 빠르기

아다지오 → 안단테 → 모데라토 → 알레그로 → 프레스토

라르고(Largo) : 아주 느리고 폭넓게 → 아다지오(Adagio) : 아주 느리고 침착하게 → 안단테(Andante) : 느리게 → 모데라토(Moderato) : 보통 빠르게 → 알레그레토(Allegretto) : 조금 빠르게 → 알레그로(Allegro) : 빠르게 → 비바체(Vivace) : 빠르고 경쾌하게 → 프레스토(Presto) : 빠르고 성급하게

아리아

오페라 · 칸타타 · 오라토리오 등에서 나오는 독창 가곡

오라토리오

오라토리오	• 성경에 나오는 이야기를 극화한 대규모의 종교적 악극 • 독창 · 합창 · 관현악으로 연주되지만 오페라와 달리 연기, 의상, 분장은 사용하지 않음 • 7~18세기에 성행했으며 헨델의 〈메시아〉, 하이든의 〈천지창조〉 등이 유명
칸타타	• 아리아 · 중창 · 합창 등으로 이루어진 대규모 성악곡 • 가사의 내용에 따라 세속칸타타와 종교칸타타로 구별 • 극적인 요소가 없음 • 7~18세기 중엽까지의 바로크 시대에 가장 성행한 형식
세레나데	• 7~18세기 이탈리아에서 발생한 가벼운 연주곡 • '저녁의 음악'이라는 뜻을 지니며 낭만적인 사랑노래가 많음 • 슈베르트의 〈세레나데〉, 모차르트의 〈하프너 세레나데〉가 대표적

교향곡(Symphony)

오케스트라의 합주를 위해 작곡한 소나타

18~19세기 초 고전파 음악의 대표적 장르로, 4악장으로 구성되어 있으며 관현악으로 연주되는 대규모의 기악곡입니다. 베토벤의 '운명', 슈베르트의 '미완성 교향곡', 차이코프스키의 '비창'이 세계 3대 교향곡으로 불립니다.

오페라

음악을 중심으로 문학 · 연극 · 미술적 요소들이 결합된 대규모 종합무대예술

독창 · 합창 · 관현악을 사용하고 발레도 참가하는 대규모의 음악극입니다. 이탈리아어로 '작품'을 뜻하며 독창자와 합창자의 노래 · 연기 · 춤이 무대 위에서 펼쳐지는 것입니다. 오페라의 음악은 독창자와 합창, 관현악으로 구성됩니다. 등장인물은 배역에 따라 소프라노, 메조 소프라노, 알토, 테너, 바리톤, 베이스 등으로 나뉘는데 그들은 독창하거나 합창합니다. 독창곡이 많은 전통적인 오페라에서 독창자들이 부르는 것은 대개 아리아와 레치타티보로 나뉩니다.

오페라의 종류

오페라 세리아 (정가극)	서정적 비극을 다루며, 아리아에 중점을 두고 드라마틱한 레치타티보로 접속해가는 방법을 취하는 것으로, 이탈리아 오페라 역사의 주류를 이루고 있는 것입니다.
오페라 부파 (희가극)	자유로운 제재로 풍자를 포함하고 있으며, 음악적으로는 중창이 많이 쓰여 대규모의 앙상블에 충실한 음악을 들을 수 있습니다.
악 극	가창 중심의 오페라에 대한 비판과 반성으로 발생한 음악극의 형식으로 문학적 · 연극적 요소와 음악적 요소를 긴밀하게 결합시킨 것입니다.
오페레타	코믹한 이야기와 알기 쉬운 음악으로 작곡한 가벼운 오페라입니다.

MORE

레치타티보(Recitative)
오페라에서 대사를 말하듯이 노래하는 형식을 말합니다.

아리아
레치타티보와 반대되는 의미로서, 오페라 · 칸타타 등에서 선율이 있는 독창부분을 말합니다.

관현악(Orchestra)

관악기 · 현악기 · 타악기가 함께 연주하는 합주체

기악합주 중 가장 규모가 큰 것으로, 오페라나 발레, 가곡 등의 반주에 사용됩니다. 80~100명 정도의 인원이 연주에 참여하고, 지휘자의 통제 아래 연주가 이루어지며, 악기는 현악기 – 목관악기 – 금관악기 – 타악기의 순서로 배치됩니다.

현악기	제1바이올린, 제2바이올린, 비올라, 첼로, 콘트라베이스
목관악기	플루트, 피콜로, 오보에, 코랑글레, 클라리넷, 베이스 클라리넷, 파곳, 색소폰
금관악기	호른, 트럼펫, 트롬본, 튜바
타악기	팀파니, 실로폰, 마림바, 큰북, 작은북, 심벌즈, 공(탐탐), 트라이앵글, 탬버린, 캐스터네츠

중주

두 사람 이상이 각기 다른 종류의 악기를 연주하는 것

3중주 (Trio)	클라리넷 3중주	바이올린, 클라리넷, 피아노
	피아노 3중주	바이올린, 첼로, 피아노
	현악 3중주	바이올린, 비올라, 첼로
4중주 (Quartet)	피아노 4중주	바이올린, 비올라, 첼로, 피아노
	현악 4중주	제1 · 2바이올린, 비올라, 첼로
	목관 4중주	플루트, 오보에, 클라리넷, 바순
5중주 (Quintet)	현악 5중주	제1 · 2바이올린, 비올라, 첼로, 더블베이스
	피아노 5중주	제1 · 2바이올린, 비올라, 첼로, 피아노
	목관 5중주	플루트, 오보에, 클라리넷, 바순, 호른

현악 4중주

판소리

한 명의 소리꾼이 창(소리)·말(아니리)·몸짓(발림)을 섞어가면서 긴 이야기를 노래하는 것

- 판소리의 유파

동편제	전라도 동북 지역의 소리, 단조로운 리듬, 짧고 분명한 장단, 씩씩하고 담백한 창법
서편제	전라도 서남 지역의 소리, 부드럽고 애절한 창법, 수식과 기교가 많아 감상적인 면 강조
중고제	경기도와 충청도 지역의 소리, 동편제와 서편제의 절충형, 상하성이 분명함

- 판소리 5마당

  춘향가, 심청가, 흥보가, 적벽가, 수궁가

- 판소리의 3대 요소

창	판소리에서 광대가 부르는 노래이자 소리로, 음악적인 요소
아니리	창자가 한 대목에서 다음 대목으로 넘어가기 전에 장단 없이 자유로운 리듬으로 말하듯이 사설을 엮어가는 것, 문학적인 요소
발림	판소리 사설의 내용에 따라 몸짓을 하는 것으로, 춤사위나 형용 동작을 가리키는 연극적 요소, 비슷한 말인 '너름새'는 몸짓으로 하는 모든 동작을 의미

동양화

붓 · 먹과 같이 동양의 전통적 재료와 기법으로 만들어진 동양 그림

기 법

준 법	산수화를 그릴 때 입체감을 주기 위해 붓의 터치를 통해 산이나 암석에 주름을 그려 표현하는 방법
발묵법	얇은 먹으로 대략적인 그림을 그린 후 그 위에 짙은 먹으로 번지게 하여 대담한 필치로 그리는 방법
농담법	색의 농도를 조절하여 그리는 방법
백묘법	묵선을 위주로 그리는 방법으로, 여백이 많이 남아 백묘법이라 함

르네상스 회화

다빈치의
〈모나리자〉

15~16세기 이탈리아를 중심으로 유럽 전역에서 일어난 미술양식

1480~1520년까지를 르네상스 회화의 전성기로 보는데 20세기 입체파가 등장할 때까지 서구 회화를 지배한 미술양식입니다. 문화적 · 미술적 부흥과 인간 중심의 미술을 도모했으며, 원근법을 확립했습니다.

MORE

르네상스 3대 화가와 대표작품
- 레오나르드 다 빈치 : 〈모나리자〉, 〈최후의 만찬〉
- 미켈란젤로 : 〈피에타〉, 〈천지창조〉, 〈최후의 심판〉
- 라파엘로 : 〈아테네 학당〉, 〈성모〉

플로렌타인 호프만의
〈러버덕〉

설치미술(Installation Art)

작품을 통해 전달하고자 하는 메시지를 담아 색다른 진열방식으로 보여주는 미술

설치미술은 개성적인 진열방식으로 작품의 메시지를 효과적으로 전달하는 미술입니다. 소재가 다양하고 주제도 파격적이며 다양한 감각을 동원합니다. 여러 작품을 다양한 방법으로 결합함으로써 효과적으로 메시지를 전달하려는 경향이 강하고 문명 · 사회 · 정치에 대한 비판을 표현하기도 합니다. 우리나라에서는 플로렌타인 호프만의 설치미술인 '러버덕'이 잠실 석촌호수에 전시된 이후 큰 관심을 보이기 시작했습니다.

들라크루아의
〈민중을 이끄는
자유의 여신〉

미술의 사조

시대별 미술의 경향

근대 미술 사조	신고전주의	• 18~19세기에 걸쳐 서구 전역에 나타난 예술양식 • 합리주의적 미학에 바탕을 둔 정확한 묘사 • 대표화가 : J. L. 다비드, 앵그르
	낭만주의	• 18~19세기 중반, 자유로운 내면세계를 표출한 양식 • 개성을 중시, 주관적 · 감정적 태도가 두드러짐 • 대표화가 : 들라크루아
	사실주의	• 19세기 중엽, 프랑스 예술의 주류를 이룸 • 객관적 대상을 정확하게 묘사하려는 태도 • 대표화가 : 밀레, 쿠르베 등

현대 미술 사조	야수파	• 20세기 초반 모더니즘 예술에서 나타난 미술사조 • 강렬한 표현과 대담한 원색 사용, 형태의 단순화 • 대표화가 : 마티스, 드랭, 블라맹크, 루오 등
	입체파	• 20세기 초 야수파의 뒤를 이어 프랑스에서 일어남 • 물체의 모양을 분석하고 구조를 연결하여 기하학적으로 재구성 • 대표화가 : 피카소, 브라크 등
	표현주의	• 20세기 초 반(反)인상주의로 독일에서 일어난 운동 • 극단적 형태 변화와 단순화로 내면세계 표현 • 대표화가 : 뭉크, 샤갈, 클레, 코코슈카 등
	미래파	• 20세기 초 이탈리아에서 일어난 전위예술 운동 • 전통을 부정하고 현대생활의 약동감과 속도감 표현 • 대표화가 : 보초니, 세베리니, 라의, 루솔로 등
	초현실주의	• 1919년부터 제2차 세계대전 발발 직후까지 프랑스에서 일어난 예술운동 • 무의식 영역에 큰 관심을 가졌고, 초월적인 현실에 도달하고자 함, 콜라주 · 프로타주 등의 표현기법 사용 • 대표화가 : 달리, 미로, 마그리트

샤갈의
〈마을과 나〉

MORE

샤갈

러시아 출신의 프랑스 화가로 독창적이고 환상적인 작품을 많이 남겼습니다. 피카소와 함께 20세기 최고의 화가로 불리기도 합니다.

비디오 아트

텔레비전을 표현 매체로 하는 영상예술 작품

1970년대부터 성행한 현대 예술의 한 경향으로, '움직이는 전자회화'라 불립니다. 드라마나 음악 등의 재생용 테이프 작품 이외에 기계의 회로에 세공을 가해 얻어지는 소리나 빛의 변형, 복수의 모니터 수상기 배치 등으로 표현하는 작품도 있습니다. '다다익선'이라는 비디오 아트 작품으로 유명한 백남준은 '텔레비전이나 영화와 달리 보는 사람이 능동적으로 영향을 미칠 수 있는 예술'이라 말하기도 했습니다.

MORE

다다익선
개천절을 상징하는 1,003개의 TV수상기가 설치된 비디오 타워로, 매스미디어커뮤니케이션의 구성 원리를 표현한 백남준의 작품입니다.

비엔날레(Biennale)

2년마다 열리는 국제적 미술전람회

'2년마다'라는 뜻의 이탈리아어로, 주기적으로 열리는 국제 미술전시회를 말합니다. 우리나라에서는 1995년 광주에서 처음 시작되었습니다.

MORE

- 트리엔날레(Triennale) : 3년마다 열리는 국제미술전
- 콰드리엔날레(Quadriennale) : 4년마다 열리는 국제미술전

팝아트(Pop Art)

대중문화적 시각이미지를 미술의 영역 속에 수용한 구상미술의 경향

1950년대 영국에서 시작된 팝아트는 추상표현주의의 주관적 엄숙성에 반대하며 TV, 광고, 매스미디어 등 주위의 소재들을 예술의 영역 안으로 받아들인 사조를 말합니다. 대중문화 속에 등장하는 이미지를 미술로 수용함으로써 순수예술과 대중예술의 경계를 깨뜨렸다는 평도 있지만 이를 소비문화에 굴복한 것으로 보는 시선도 있습니다. 대표적인 작가에는 앤디 워홀, 로이 리히텐슈타인이 있습니다.

MORE

앤디 워홀

만화의 한 컷, 신문보도사진의 한 장면 등 매스미디어의 매체를 실크스크린으로 캔버스에 전사 확대하는 수법으로 현대의 대량소비 문화를 찬미하는 동시에 비판한 인물입니다.

샐러리캡(Salary Cap)

스포츠 팀의 전체 소속선수의 연봉총액에 상한선을 두는 제도

팀에 소속된 전체선수의 연봉총액에 상한선을 두는 제도로 미국프로농구협회(NBA)에서 먼저 도입됐습니다. 스포츠 스타들의 몸값이 과도하게 상승하는 것을 막아 구단이 적자로 운영되는 것을 방지하고, 부유한 구단들이 유명선수를 독점해 구단 간의 격차가 지나치게 벌어지는 것을 막기 위함입니다.

드래프트시스템(Draft System)

일정한 기준 아래 입단할 선수들을 모은 뒤 각 팀의 대표가 선발회를 구성, 각 팀이 후보자를 1회씩 순차적으로 뽑는 선발 방법입니다. 이를 통해 스카우트 경쟁을 방지하고 우수선수를 균형 있게 선발해 각 팀의 실력평준화와 팀운영의 합리화를 추구하는 것입니다. 원래는 야구 용어였으나 현재는 배구, 축구, 농구 등 스포츠분야에서 광범위하게 사용되고 있습니다.

MORE

플레이오프(Playoff)

운동 경기에서 지역 우승팀끼리 싸워서 각 리그의 우승을 결정하기 위해 치르는 우승 결정전을 말합니다. 처음에는 정식 시즌이 끝난 뒤 리그 승자를 가리지 못했을 때만 치르는 경기였으나, 정규 시즌보다 주목도가 높아 관중들에게 인기를 끌면서 점점 보편화되었습니다. 그 때문에 상업적인 여러 스포츠에서 플레이오프 제도를 도입하고 있습니다.

러너스 하이(Runner's High)

미국 심리학자 멘델이 1979년 발표한 논문에서 처음 사용한 용어로 엑서사이즈 하이라고도 합니다. 신체 및 정신적인 측면과 관련이 있으며, 주변의 환경자극이 있는 상태에서 운동을 했을 때 나타나는 신체적인 스트레스로 인해 발생하는 행복감을 말합니다.

MORE

베타엔돌핀

뇌에서 분비하는 호르몬의 일종으로 긍정적인 생각을 할 때 많이 배출되는 신경 물질입니다. 베타엔돌핀의 진통효과는 일반 약물 진통제의 200배에 달한다고 합니다.

MLB(Major League Baseball)

미국 프로야구 연맹의 양 리그인 내셔널리그와 아메리칸리그를 일컫는 말

아메리칸리그(AL) 14개팀과 내셔널리그(NL) 16개팀 등 총 30개팀이 각 리그별로 동·중·서부 3개 지구(디비전)로 나뉜 채 소속되어 팀당 총 162경기를 펼칩니다. 리그별로 각 지구 1위팀과 2위팀 가운데 최고승률 1팀을 포함한 4팀, 총 10개 팀이 플레이오프를 펼치며 토너먼트를 통해 각 리그 우승팀끼리 7전 4선승제의 월드시리즈가 진행됩니다.

퍼펙트게임(Perfect Game)

야구에서 투수가 상대팀에게 한 개의 진루도 허용하지 않고 승리로 이끈 게임

한 명의 투수가 선발로 출전하여 단 한 명의 주자도 출루하는 것을 허용하지 않은 게임을 말합니다. 국내 프로야구에서는 아직 달성한 선수가 없으며, 120년 역사의 메이저리그에서도 단 21명만이 기록할 정도로 실력과 운이 모두 따라주어야 하는 기록입니다.

NBA(National Basketball Association)

전미농구협회의 약칭으로 미국 프로농구 리그를 의미

1946년 11개 팀으로 구성된 BAA가 그 시초이며 이후 1949~1950 시즌에 BAA와 NBL이라는 또 다른 농구리그가 통합되며 현재의 NBA라는 이름이 생겨났습니다.

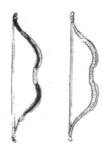

국궁과 양궁

국궁은 우리나라의 전통 활을 쏘는 무술, 양궁은 서양에서 유래된 활을 쏘는 무술

활은 인류가 생존을 위해 만든 수렵의 도구로서 역사가 흐르면서 전쟁의 도구, 수련의 도구, 스포츠로 사용되고 있습니다.

국 궁(國弓)	구 분	양 궁(洋弓)
전통 활은 물소뿔, 소힘줄, 뽕나무, 민어부레풀 등을 이용하여 제작되며 보급형인 개량궁은 인조뿔과 나무 등을 합성하여 만듭니다.	활의 재료	라스파이버와 대나무 등을 합성한 소재를 이용하여 만들며 첨단 소재 등으로 계속 발전·변형됩니다.
화살은 활의 오른쪽	화살 위치	화살은 활의 왼쪽(활을 기준으로 화살 당기는 손의 반대방향)
화살은 어깨까지 당깁니다.	시 위	화살은 턱의 위치까지 당깁니다.
원시 궁 그대로를 유지해야 하므로 아무것도 부착되지 않아야 합니다.	보조장치	안정장치, 회전비행보정기, 조준기, 무게조절기 등의 인위적인 장치가 부착되어 명중률을 가중시킵니다.
145m	과녁 거리	30~90m
과녁 어느 부분을 맞더라도 점수는 같습니다.	점 수	표적판의 색깔에 따라 점수가 다릅니다(노란색 9~10점, 빨간색 7~8점, 파란색 5~6점, 검정색 3~4점, 하얀색 1~2점).
6자 6치(2m), 8자 8치(2.67m) 중 하나를 사용하며, 모양은 직사각형입니다.	과녁 규격	50m까지는 지름 80cm, 그 이상에서는 지름 122cm의 원형 타깃을 사용합니다.

기술도핑

성능이 뛰어난 장비를 통해 스포츠에서 경기력을 강화하는 것

스포츠에서 스테로이드 같이 신체능력을 강화하는 약물을 부정 사용하는 것을 '도핑(Doping)'이라고 합니다. 이와 유사하게 성능이 뛰어난 스포츠 장비를 통해 경기력을 향상시키는 것을 '기술도핑'이라고 부릅니다. 수영에서 물의 저항을 최소화하는 전신 수영복을 착용한다든지, 육상경기에서 특수소재로 된 운동화를 신어 세계신기록을 경신하는 사례를 들 수 있습니다. 이러한 기술도핑이 인간의 육체적·정신적 한계를 극복한다는 스포츠 정신에 있어 과연 공정한 것인지에 대한 논란이 있습니다. 한편으론 기술발전에 따른 자연스러운 현상이라는 주장도 있습니다.

근대5종경기

한 경기자가 5종목을 겨루어 종합점수로 순위를 매기는 경기

원래 고대 그리스에서 병사들의 종합능력을 테스트할 목적으로 만들어졌습니다. 1일 동안 펜싱, 수영, 승마, 복합(사격+육상)경기 등 5개 종목을 순서대로 진행하며, 각 종목별 기록을 근대5종 점수로 바꾸었을 때 총득점이 가장 높은 선수가 우승합니다.

철인3종경기(Triathlon)

수영·사이클·달리기의 세 종목을 완주하는 시간을 겨루는 종목

인간 체력의 한계에 도전하는 경기로 바다수영(3.9km), 사이클(182km), 마라톤(42.195km) 등 3개 종목을 쉬지 않고 이어서 합니다. 1978년 하와이에서 처음으로 국제대회가 열렸으며, 2000년 시드니올림픽의 정식 종목으로 채택되었습니다. 제한 시간(17시간) 내에 완주하면 철인(Iron Man) 칭호가 주어집니다.

테니스(Tennis)

네트를 사이에 두고 라켓으로 공을 쳐 넘겨 득점을 겨루는 경기

1896년 제1회 아테네 올림픽에서 정식 경기종목으로 채택됐습니다. 1928년 제9회 암스테르담 올림픽 때 프로 선수 참가 문제로 정식 경기종목에서 제외됐지만 1988년 제24회 서울 올림픽에서 다시 정식 경기종목으로 부활해 현재에 이르고 있습니다.

펜싱(Fencing)

검으로 찌르기 · 베기 등의 기술을 사용하여 겨루는 스포츠

유럽에서 시작되었으며, 국제 표준 용어는 모두 프랑스어가 사용됩니다. 사용하는 검에 따라 플뢰레, 에페, 사브르의 3종류로 남녀 개인전과 단체전이 있습니다.

플뢰레 (Fleuret)	프랑스어의 꽃을 뜻하는 'Fleur'에서 나온 말로 칼날의 끝이 꽃처럼 생긴 데서 유래하였습니다. 플뢰레는 심판의 시작 선언 후 먼저 공격적인 자세를 취한 선수에게 공격권이 주어지고, 공격을 당한 선수는 반드시 방어해야만 공격권을 얻을 수 있으며 유효 타깃은 얼굴, 팔, 다리를 제외한 몸통입니다.
에페 (Epee)	그리스어의 창, 검 등을 의미하는 'Speer'에서 유래됐습니다. 에페는 먼저 찌르는 선수가 득점을 하게 됩니다. 마스크와 장갑을 포함한 상체 모두가 유효 타깃이며 하체를 허리 부분부터 완벽하게 가릴 수 있는 에이프런 모양의 전기적 감지기 옷이 준비되어 있습니다. 에페는 빠르게 찌르는 선수가 점수를 얻지만 1/25초 이내에 서로 동시에 찔렀을 경우는 둘 다 점수를 얻습니다.
사브르 (Sabre)	검이란 뜻으로 베기와 찌르기를 겸용할 수 있는 검을 사용합니다. 베기와 찌르기가 동시에 가능하고, 유효 타깃은 허리뼈보다 위이며 머리와 양팔도 포함됩니다.

F1(Formula One World Championship)

세계자동차연맹(FIA)에서 규정한 차체, 엔진, 타이어 등을 갖추고 경주하는 것

경주용 자동차를 이용한 트랙에서의 경기로, 포뮬러 경주는 8기통 이하 3,000cc는 F1, 8기통 이하 3,000cc 이하의 F2, 4기통 2,000cc 이하의 F3 등으로 나뉩니다. 따라서 F1의 경기는 최고의 속도를 보이며 포뮬러 대회의 자동차들은 자동차라고 하지 않고 머신(Machine)이라고 부릅니다. F1은 1년간 세계 20개국을 순회하며 총 20라운드에 걸친 라운드별 득점을 합산하여 챔피언을 결정합니다.

4대 골프 메이저대회

미국 프로골프협회인 PGA, LPGA의 4대 메이저 골프 대회

- PGA(Professional Golf Association) : 남자프로골프협회
- LPGA(Ladies Professional Golf Association) : 여자프로골프협회

구 분	대 회
PGA	• PGA챔피언십(PGA Championship) • US오픈(US Open) • 영국오픈(British Open) • 마스터즈(Masters)
LPGA	• 리코(RICOH) 위민스 브리티시 오픈 • US여자오픈 • KPMG 위민스 PGA 챔피언십(구 LPGA챔피언십) • ANA 인스퍼레이션(구 크래프트 나비스코 챔피언십)

세계 4대 마라톤 대회

미국의 보스턴과 뉴욕, 영국의 런던, 네덜란드의 로테르담 마라톤 대회

대 회	내 용
보스턴 마라톤 대회	1897년 시작되었으며 매년 미국 애국자의 날에 보스턴에서 열립니다. 이 코스에는 결승점을 10km 앞두고 Heartbreak Hill이라는 유명한 오르막길의 난코스가 있습니다. 올림픽을 제외하고 유일하게 참가자의 자격을 제한(18~45세, 공인마라톤성적 3시간 이내 성적으로 완주)하는 대회이기도 합니다.
뉴욕 마라톤 대회	1970년 시작되었으며, 매년 11월 첫 번째 일요일에 스테이튼섬 베란자노 다리를 출발, 센트럴파크 67번가에 이르는 26.2마일 공인코스에서 열립니다. 18세 이상이면 누구나 참가할 수 있는 오픈대회와 40세 이상만 참가할 수 있는 마스터스 대회로 나뉘며 참가희망자가 너무 많아 국가별로 숫자를 할당하고 있습니다.
런던 마라톤 대회	1981년 시작되었으며, 매년 4월 셋째 토요일에 그리니치 공원을 출발, 템스강을 따라 버킹엄궁 앞까지의 편도코스입니다. 이 대회에서 마스터스 참가자들은 참가비 이외에 자선기금을 내고 마라톤에 참여해야 합니다.
로테르담 마라톤 대회	1981년 시작되었으며 역대 최고기록 10개 중 4개가 로테르담 대회에서 작성되었을 정도로 기록경신이 수월한 코스로 유명합니다. 매년 4월 개최되며 국적과 직업별로 순위를 매긴다는 것이 특징입니다.

월드컵(FIFA World Cup)

FIFA에 가맹한 축구 협회의 남자 축구 국가대표팀이 참가하는 국제 축구 대회

올림픽과 달리 단일 종목 대회이며, 올림픽은 한 도시를 중심으로 개최되는 반면 월드컵은 한 나라를 중심으로 열립니다. 대회 기간 역시 올림픽은 보통 보름 정도이지만 월드컵은 약 한 달 동안 진행됩니다.

MORE

FIFA(국제축구연맹)
축구 분야의 국제 기구로, 국제올림픽위원회 · 국제육상연맹과 함께 세계 3대 체육기구로 불립니다. 각종 국제 축구대회를 주관하며 국제 경기의 원활한 운영을 목적으로 합니다.

아시안게임(Asian Games)

4년마다 열리는 아시아의 국가들을 위한 종합 스포츠 대회

아시아올림픽평의회가 국제올림픽위원회의 감독 아래 주관하고 선수들은 각자 본국의 올림픽위원회에 의해 선발됩니다. 우리나라 국적의 선수는 대한올림픽위원회를 거쳐 출전하게 되는 것입니다. 인도, 인도네시아, 일본, 필리핀, 스리랑카, 싱가포르, 태국 등 7개국은 대회 역사상 한 번도 빠짐없이 참가하고 있습니다.

올림픽(Olympic)

각 대륙에서 모인 선수들이 여름과 겨울 스포츠 경기를 하는 국제 스포츠 대회

2년마다 하계 올림픽과 동계 올림픽이 번갈아 열리고, 국제 올림픽 위원회(IOC)가 감독합니다. 1894년에 IOC가 창설되어, 1896년 그리스 아테네에서 제1회 올림픽이 열린 이래 현존하는 거의 모든 국가가 참여할 정도로 그 규모면에서 세계 최고의 대회라 할 수 있습니다.

MORE

국제 올림픽 위원회(IOC)

IOC는 올림픽 운동의 감독기구로, 조직과 활동은 올림픽 헌장을 따릅니다. 또한 IOC는 올림픽 개최 도시를 선정하며, 각 올림픽 대회마다 열리는 올림픽 종목도 IOC에서 결정합니다.

패럴림픽(Paralympic)

장애가 있는 운동선수가 참가하는 국제스포츠대회

1988년 서울 올림픽대회 이후부터 매 4년마다 올림픽이 끝나고 난 후 올림픽을 개최한 도시에서 국제패럴림픽위원회(IPC)의 주관으로 열립니다. 원래 척추 상해자들끼리의 경기에서 비롯되었기 때문에 Paraplegic(하반신 마비)과 Olympic(올림픽)의 합성어였지만, 다른 장애인들도 경기에 포함되면서 현재는 그리스어의 전치사 Para(나란히)를 사용하여 올림픽과 나란히 개최됨을 의미합니다.

세계 4대 축구리그

프리미어리그 · 분데스리가 · 라리가 · 세리에A

영국 프로축구 프리미어리그, 독일 프로축구 분데스리가, 스페인 프로축구 라리가, 이탈리아 프로축구 세리에A입니다.

리그	내용
프리미어리그 (England Premier League)	• 20개 팀으로 이루어져 있으며 홈 앤 어웨이 방식으로 풀리그를 벌여 우승팀 선정(총 38게임) • 정규시즌 결과 1부 리그 하위 3팀은 2부 리그로 강등되고, 2부 리그 상위 1·2위 팀과 3~6위 팀의 플레이오프 우승팀 1개 팀이 1부 리그로 승격 • 2부 리그인 'Championship', 3부 리그인 'League One', 4부 리그인 'League Two'의 하위리그 보유
분데스리가 (Bundes Liga)	• 독일 프로축구 리그로 독일어의 'Bundes(연방)'와 'Liga(리그)'의 합성어 • 분데스리가 1부와 분데스리가 2부, 리가 3부, 지역아마추어리그로 4부 구성, 18개 팀 1부 리그 중 17~18위 팀은 2부 리그로 강등 • 다른 리그와 달리 시민이 구단의 51% 이상의 지분을 차지해야 하는 규정이 있어, 과도한 상업화를 방지
라리가 (La Liga)	• 20개 팀으로 이루어져 있으며 홈 앤 어웨이 방식으로 풀리그를 벌여 우승팀 선정(총 38게임) • 정규시즌 결과 1부 리그 하위 3팀과 2부 리그 상위 3팀이 자리를 바꾸어 승격·강등됨 • 2부 리그인 'Segunda Division A', 3부 리그인 'Segunda Division B', 4부 리그인 'Tercera Division'의 하위리그 보유
세리에A (Serie A)	• 1898년 시작된 이탈리아 프로축구 1부 리그 • 20개 팀으로 이루어져 있으며, 홈앤어웨이 방식으로 각 38경기씩 치러 우승팀 선정(시즌은 8월부터 6월까지 진행) • 정규시즌 결과 1~4위 팀은 UEFA 챔피언스리그 진출, 5위 팀은 UEFA 유로파리그 출전

4대 통신사

AP(미국 연합통신사), UPI(미국 통신사), AFP(프랑스 통신사), 로이터(영국 통신사)

AP (Associated Press)	1848년 설립된 세계 최대의 통신사로, 비영리법인입니다. 뉴스취재망과 서비스망을 가지고 문자·사진·그래픽·오디오·비디오 뉴스 등을 제공하고 있습니다.
UPI (United Press International)	1907년 뉴욕에서 창설된 통신사로, 1·2차 세계대전을 겪으며 국제통신사로 성장하였습니다. 하지만 여러 차례 소유주가 바뀌면서 쇠퇴하기 시작했고, 2000년 통일교 교주 문선명이 세운 뉴스월드커뮤니케이션스에 인수되었습니다.
AFP (Agence France-Presse)	1835년 설립되어 근대적 통신사의 기원이라 불리는 아바스 통신사가 그 전신으로, 프랑스는 물론 라틴아메리카·서아시아 등 세계적으로 활동하고 있습니다.
로이터 (Reuters)	1851년 설립되어 영국의 뉴스 및 정보를 제공하는 국제통신사입니다. 정확하고 신속한 보도가 강점이며 금융정보 제공의 비중이 큽니다.

디지털 디바이드(Digital Divide)

경제·사회적 여건 차이에 따라 나타나는 정보격차

정보사회로 바뀌면서 정보기기를 잘 이용할 수 있는 계층과 그렇지 못한 계층 사이에 지식은 물론 소득, 삶의 질 등 격차가 확대되는 현상을 말합니다. 빈부격차와 첨단 IT 기기의 보유 여부에 따라 발생하는 정보의 양극화를 표현하였습니다.

뉴미디어(New Media)

쌍방향 소통이 되는 플랫폼 형식의 미디어

IT 발전에 힘입어 네트워크 이용자가 콘텐츠의 수용자이자 콘텐츠의 제공자도 될 수 있는 미디어 플랫폼입니다. 유튜브 등과 같이 콘텐츠의 수용과 제작, 의사소통이 손쉽게 이뤄지는 플랫폼입니다. 이와 반대로 뉴미디어에 밀려나는 매체들은 레거시 미디어(Legacy Media)라 합니다. 이용자 수가 점차 줄어들어 영향력도 감소해 위기를 맞고 있는 TV · 신문 등이 있습니다. 레거시 미디어는 활로를 모색하기 위해 많은 콘텐츠를 OTT로 전환하는 '온라인 시프트', 플랫폼 체제에 같이 뛰어드는 'MCN 사업' 등 다양한 시도를 펼치고 있습니다.

발롱데세

여론의 방향을 탐색하기 위해 정보나 의견을 흘려보내는 것

기상상태를 관측하기 위하여 사용하는 시험 기구에서 비롯된 말로, 상대방의 의견이나 여론의 방향을 알아보기 위해 시험적으로 특정 의견 또는 정보를 언론에 흘림으로써 여론의 동향을 탐색하는 수단입니다.

스핀오프(Spin Off)

기존 작품의 파생작

우리말로는 파생말 혹은 번외작과 비슷한 말로 초기에는 파작을 뜻하였지만 현재는 부수적으로 나오는 부산물 정도로 그 뜻이 넓게 쓰이고 있습니다. 드라마나 예능의 경우 기존의 작품에서 파생된 작품을 뜻하는 것으로 이해하면 됩니다.

세계의 주요 신문

신 문	특 징
뉴스위크 (Newsweek)	• 뉴욕에서 발행하는 주간 뉴스 매거진으로 '워싱턴포스트'의 자매지 • 사건에 대한 객관적이고 신속한 보도를 특징으로 하며 '타임'에 비해 사진을 많이 게재합니다.
뉴욕타임스 (The New-York Times)	• 1851년 창간된 미국의 대표적인 일간 신문 • 1912년 타이타닉호의 침몰 장면과 2차 세계대전을 탁월한 취재감각으로 보도하며 명성을 높였습니다.
르몽드 (Le Monde)	• 프랑스 파리에서 발간되는 진보적 성향의 권위 있는 일간 신문으로 타블로이드 판 • 만화와 그림은 싣지 않고, 모든 권력으로부터의 독립을 표방합니다.
워싱턴포스트 (The Washington-Post)	• 1877년 창간된 신문으로 미국의 대표적인 일간지 • 워터게이트 사건의 진실을 밝혀내며 닉슨 대통령의 사임에 큰 영향을 끼쳤습니다.
월스트리트저널 (Wall Street-Journal)	• 미국을 비롯한 전 세계의 금융·경제 정보를 다루는 일간 신문 • 신속·정확한 보도와 심층적인 취재가 특징입니다.
인민일보 (人民日報)	• 1948년 창간되어 중국공산당 중앙위원회에서 발행하는 중화인민공화국의 신문 • 중국 공산당과 정부의 정책이나 사상을 선전하는 성격이 강합니다.
타임 (Time)	• 1923년 창간된 미국의 대표 시사 주간지 • 시사문제를 간결하게 요약해 전달하며 경제·교육·스포츠 등 모든 분야를 망라하는 미국에서 가장 영향력 있는 시사해설지입니다.
타임스 (The Times)	• 1785년 창간된 영국 신문으로, 세계에서 가장 오래된 일간 신문 • 언론 재벌 루퍼트 머독이 소유한 뉴스 코퍼레이션의 산하에 있으며 머독의 보수주의적 정치 사고가 반영되기도 합니다.

人民日報
PEOPLE'S DAILY

스쿠프(Scoop)

경쟁 언론사보다 빠르게 입수하여 독점 보도하는 특종기사

일반적으로 특종기사를 다른 신문사나 방송국에 앞서 독점 보도하는 것을 말하며 비트(Beat)라고도 합니다. 대기업이나 정치권력 등 뉴스 제공자가 숨기고 있는 사실을 정확하게 폭로하는 것과 발표하려는 사항을 빠르게 입수해 보도하는 것, 이미 공지된 사실이지만 새로운 문제점을 찾아내 새로운 의미를 밝혀주는 것 등이 있습니다.

엠바고(Embargo)

일정 시간까지 뉴스의 보도를 미루는 것

본래 특정 국가에 대한 무역·투자 등의 교류 금지를 뜻하지만 언론에서는 뉴스기사의 보도를 한시적으로 유보하는 것을 말합니다. 즉, 정부기관 등의 정보제공자가 뉴스의 자료를 제보하면서 일정 시간까지 공개하지 말 것을 요구할 경우 그때까지 보도를 미루는 것입니다.

게이트키핑(Gate Keeping)

뉴스 결정권자가 뉴스를 취사선택하는 과정

뉴스가 대중에게 전해지기 전에 기자나 편집자와 같은 뉴스 결정권자(게이트키퍼)가 대중에게 전달하고자 하는 뉴스를 취사선택하여 전달하는 것입니다. 객관적 보도의 가능성과 관련한 논의에서 자주 등장합니다.

광고의 종류

종 류	특 징
PPL 광고 (Product-Placement-Advertisement)	• 영화 · 드라마 등에 특정 제품을 노출시키는 간접광고를 의미합니다. • 엔터테인먼트 콘텐츠 속에 기업의 제품을 소품이나 배경으로 등장시켜 소비자들에게 의식 · 무의식적으로 제품을 광고하는 것을 말합니다.
티저 광고 (Teaser-Advertising)	• 처음에는 상품명을 감추거나 일부만 보여주고 궁금증을 유발하며 서서히 그 베일을 벗기는 방법으로 게릴라 마케팅의 일환으로 사용됩니다. • 티저는 '기만하는 사람'이라는 뜻을 지니며 소비자의 구매의욕을 유발하기 위해 처음에는 상품 광고의 주요 부분을 감췄다가 점차적으로 공개하는 것입니다.
인포머셜 광고 (Infomercial-Advertising)	• 상품의 정보를 상세하게 제공하여 구매욕구를 유발하는 것입니다. • 'Information(정보)'과 'Commercial(광고)'의 합성어로, 상품에 관한 정보를 가능한 한 많이 제공함으로써 소비자의 이해를 돕고 관심을 불러일으키는 방법입니다.
애드버토리얼 광고 (Advertorial-Advertising)	• 신문 · 잡지에 기사 형태로 실리는 논설식 광고를 의미합니다. • 기사 속에 관련 기업의 주장이나 식견 등을 소개하면서 회사명과 상품명을 표현하는 기사광고입니다.
POP 광고 (Point Of Purchase-Advertisement)	• 소비자가 상품을 구매하는 시점에 전개되는 광고를 말합니다. • 포스터나 옥외간판 등 소비자가 상품을 구입하는 장소 주변에서의 광고를 말하는데, 이는 직접적으로 구매를 촉진합니다.

멀티스폿 광고 (Multi Spot- Advertisement)	• 동일한 상품에 대해 다양한 소재의 광고를 한꺼번에 내보내는 방식입니다. • 비슷한 줄거리에 모델만 다르게 써서 여러 편을 한꺼번에 내보내게 됩니다. 한 제품 에 대해 여러 편의 광고를 차례로 내보내는 시리즈 광고와 구분됩니다.
키치 광고 (Kitsch- Advertisement)	• 언뜻 보아서는 무슨 내용인지 알 수 없는 광고를 말합니다. • 감각적이고 가벼운 것을 좋아하는 신세대 의 취향을 만족시킵니다.
버추얼 광고 (Virtual- Advertising)	• 가상의 이미지를 방송 프로그램에 끼워넣 는 '가상광고'를 의미합니다. • 컴퓨터 그래픽을 이용해 방송 중인 프로그 램의 광고 이미지를 삽입시키는 것으로, 우리나라는 2010년 1월부터 지상파 TV에 서 가상광고가 가능해졌습니다.
트레일러 광고 (Trailer- Advertising)	• 메인 광고 뒷부분에 다른 제품을 알리는 맛 보기 광고를 말합니다. • 한 광고로 여러 제품을 다룰 수 있어 광고 비가 절감되지만 주목도가 분산되므로 고 가품에는 활용되지 않습니다.
더블업 광고 (Double Effect of- Advertisement)	• 특정 제품을 소품으로 활용하여 홍보하는 광고기법입니다. • '광고 속의 광고'라고도 하며 소비자들에게 무의식 중에 잔상을 남겨 광고효과를 유발 합니다.
레트로 광고 (Retrospective- Advertising)	과거에 대한 향수를 느끼게 하는 추억 광고입 니다.

나비 효과

미세한 변화나 작은 사건이 예상하기 어려운 큰 변화를 일으키는 것

아마존 정글에서 파닥이는 나비의 날갯짓이 몇 주 또는 몇 달 후 미국 텍사스 주에서 폭풍우를 일으킬 수 있다는 이론입니다. 미국의 기상학자 로렌츠는 작은 바람이 지구의 기상을 극적으로 변화시키는 파급을 가져올 수 있다고 말하며 아주 적은 양의 차이가 큰 차이를 만들 수 있다고 주장하였습니다.

도플러 효과(Doppler's Effect)

파원과 관측자의 상대적 운동에 따라 진동수가 달라지는 현상

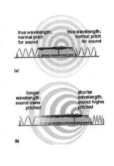

1842년 C. J. 도플러가 발견하였으며 파동을 일으키는 파원과 파동을 관측하는 관측자의 상대적인 운동에 따라 파원과 관측자의 거리가 가까워질 때는 파동의 주파수가 더 높게, 멀어질 때는 더 낮게 관측되는 현상입니다. 예를 들어 서로 다른 방향으로 달리는 기차가 마주칠 때 상대의 기적소리가 더 크게 들리고, 멀어질 때는 소리가 낮게 들리는 것도 도플러 효과 때문입니다.

MORE
- **파동** : 물질의 일부에서 일어난 주기적 진동이 퍼져나가는 현상
- **파원(波源)** : 파동이 처음 생긴 곳

에너지 보존의 법칙

에너지가 다른 물체로 이동하거나 형태가 바뀌어도 에너지의 총합은 변하지 않는다는 법칙

증기기관차에서는 수증기의 분자가 갖는 열에너지가 운동에너지로 전환됩니다. 이때 열에너지의 총합과 운동에너지의 총합은 같아야 하는데 실제로는 운동에너지의 합이 항상 작습니다. 에너지가 전환되면서 소모되는 기타 에너지가 있기 때문인데 이 에너지까지 합하면 전환 전의 에너지의 총합과 전환 후의 에너지의 총합은 같은 것입니다.

MORE

- **증기기관차** : 수증기 분자의 열에너지 → 운동에너지
- **수력발전소** : 물의 위치에너지 → 터빈의 운동에너지 → 발전기의 전기에너지

엔탈피 · 엔트로피

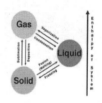

물질계의 안정성과 변화방향, 화학 평형의 위치와 이동을 결정하는 핵심적인 요소

- 엔탈피(H) : 어떤 물질이 포함된 계의 상태를 나타내는 물리량으로 열함량이라고 합니다. 여러 가지 화학반응에서 열이 얼마나 발생할지를 예측하기 위해 물질의 열함량을 알아야 합니다.
- 엔트로피 : 물질계의 열적 상태를 나타내는 물리량 중 하나를 말합니다. 에너지 보존 법칙에 따라 에너지가 다른 에너지로 변화해도 그 양은 일정하지만 에너지 중에서 유용하게 쓸 수 있는 부분이 감소되는데, 그것을 엔트로피의 증가라고 표현합니다.

옴의 법칙

전류의 세기는 전기의 저항에 반비례, 두 점 사이의 전위차에 비례한다는 법칙

독일 물리학자 옴이 발견하여 그의 이름을 붙인 법칙입니다. 전류의 세기를 I, 전압의 크기를 V, 전기저항을 R이라 할 때, V=I·R의 관계가 된다는 것으로 전류는 전압의 크기에 비례하고 저항에 반비례합니다. 예를 들어 전압이 2배가 되면 전류의 양도 2배 늘어나고, 저항이 3배가 되면 전류의 양은 1/3로 줄어든다는 것을 말합니다.

뉴턴의 운동법칙

관성의 법칙, 가속도의 법칙, 작용·반작용의 법칙

• 관성의 법칙(뉴턴의 제1법칙)
  외부의 힘이 가해지지 않는 한 정지되어 있는 물체는 계속 정지하고 움직이는 물체는 계속 등속도 운동을 한다는 것입니다.
  예 멈춰 있던 차가 출발할 때 몸이 뒤로 가는 것은 정지관성, 달리던 차가 급정차할 때 몸이 앞으로 가는 것은 운동관성

• 가속도의 법칙(뉴턴의 제2법칙)
  물체에 힘이 가해졌을 때 가속도의 크기는 힘의 크기에 비례하고, 질량에 반비례하며, 가속도의 방향은 힘의 방향과 일치한다는 것입니다.
  예 같은 무게의 볼링공을 어른과 아이가 굴렸을 때 어른이 굴린 볼링공이 더 빠르게 굴러가는 것

• 작용·반작용의 법칙(뉴턴의 제3법칙)
  두 물체 간에 작용하는 힘은 늘 한 쌍으로 작용하며, 그 방향은 서로 반대이나 크기는 같다는 것입니다.
  예 풍선에서 바람이 빠지며 날아가는 것, 노를 저으면 배가 앞으로 나아가는 것

플레밍의 법칙

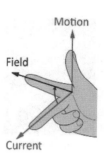

Motion

Field

Current

플레밍이 발견한 자기장, 전류, 도선의 운동에 대한 법칙

자기장에 놓인 전류가 흐르는 도선에 작용하는 힘과 자기장의
방향과의 관계를 나타내는 법칙으로 왼손의 법칙과 오른손의
법칙이 있습니다. 왼손의 법칙은 자기장 속에서 전류가 흐르
는 도선이 자기장에 의해 힘을 받을 때, 그 힘의 방향을 알아
내는 법칙이고, 오른손의 법칙은 자기장 속에서 도선에 힘을
가했을 때, 가해진 힘과 자기장에 의해 흐르는 전류의 방향을
알아내는 법칙입니다.

빛의 현상

빛이 매개물질을 통과할 때 보이는 현상

• 직진 : 빛의 파장이 짧아 직진하는 현상입니다.

  예 그림자, 일식 · 월식현상

• 굴절 : 빛이 어떤 매개물질에서 다른 매개물질로 진입하면서
  나아가는 방향을 바꾸어 꺾이는 현상입니다.

  예 신기루, 아지랑이, 무지개

• 반사 : 빛이 어떤 매개물질 표면에 부딪혀 반대로 돌아오는
  현상입니다.

  예 거울, 만화경

• 간섭 : 서로 다른 파동의 빛이 더해지면서 나타나는 현상입
  니다.

  예 물 위에 뜬 기름, 비눗방울의 얇은 막이 색깔을 띠는 것

• 분산 : 빛이 굴절체를 통과하며 굴절률에 따라 여러 단색광
  으로 나누어지는 현상입니다.

  예 프리즘에 의한 빛의 분산

아인슈타인

상대성이론(Theory of Relativity)

물리의 법칙은 모든 좌표계에서 같은 형식으로 표현되어야 한다는 이론

독일 물리학자 아인슈타인(A. Einstein)에 의하여 전개된 물리학의 이론체계로, 특수상대성이론과 일반상대성이론이 있습니다.

• 특수상대성이론

빛의 속도는 변하지 않으며 시간과 공간은 각각 관찰자에 따라 정의된다는 것입니다.

• 일반상대성이론

빛의 진로는 강한 중력의 장 속에서 굽어진다는 이론으로, 특수상대성을 중력까지 확장한 개념입니다.

대체육

동물에게서 얻는 고기를 대체하는 식재료

동물에게서 얻을 수 있는 고기를 대체하는 식재료로 크게 배양육과 식물성 고기로 나뉩니다. 세계인구의 증가 추이를 고려할 때 향후 단백질 공급이 세계적으로 부족할 것으로 예상돼 대체육 개발·생산이 각광받고 있습니다. 대체육은 또한 열악한 환경에서 사육되는 가축을 대체한다는 점에서 생명윤리 실천의 의미를 갖고, 사육과정에서 발생하는 탄소배출을 저감할 수 있어 친환경적이라는 평가를 받습니다. 그러나 한편으론 배양육의 안전성이 완벽히 입증되지 않았고, 식물성 고기 또한 고기와 최대한 유사한 맛과 식감을 내기 위해 화학조미료가 다량 첨가된다는 주장이 제기됐습니다. 더불어 배양육 실험과 식물성 고기 가공과정에서도 탄소배출이 상당히 발생한다는 지적이 나오면서 시장에서 대체육 매출이 감소하기도 했습니다.

플라스마(Plasma)

기체 상태의 중성물질이 고온 중에서 이온핵과 자유전자의 집합체로 바뀌는 상태

고체에 열을 가하면 액체가 되고, 액체에 열을 가하면 기체가 됩니다. 기체에 계속해서 열을 가하면 플라스마가 되는데 이를 제4의 물질상태라고 합니다. 플라스마 상태는 전기적으로 중성을 띠며 현재 네온사인, 형광등, PDP TV 등에서 사용되고 있습니다. 핵융합, 화석연료를 대체하여 사용할 수 있기 때문에 선진국에서는 플라스마를 이용한 대체에너지 개발에 힘을 쏟고 있습니다.

MORE

PDP(Plasma Display Panel)
플라스마 현상을 이용한 디스플레이로, TV의 대형화 · 슬림화에 큰 기여를 하였습니다.

pH(Hydrogen Exponent)

산성이나 염기성을 나타내는 수소이온지수

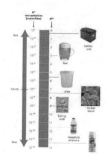

pH란 수소이온농도의 역수의 상용log값을 말합니다. pH7(중성)보다 pH값이 작은 수용액은 산성이고, pH값이 7보다 크면 염기성입니다. pH가 작을수록 H+(수소이온)이 커져 더욱 산성을 띠고, pH가 클수록 H+이 작아지고 OH-가 커져 염기성이 강해집니다.

PTSD(Post-Traumatic Stress Disorder)

외상후스트레스장애

전쟁, 재난, 사고, 범죄피해 등 극심한 스트레스를 유발한 외상 사건을 겪은 후 나타날 수 있는 정신적 이상증세를 말합니다. 목숨을 잃을 뻔한 경험을 하거나 그러한 사건을 목격한 경우, 또는 타인의 목숨을 앗아간 사건을 목격했을 때 나타날 수 있습니다. 사건과 관련된 과민반응, 감정회피, 불안 등의 증세가 나타나며 심하게는 착각이나 환각을 겪기도 합니다. 최근 우리나라의 경우를 보면, 2022년 이태원참사 당시 방송보도와 인터넷매체에 압사사고 장면이 여과 없이 노출되면서 이를 시청한 사람들이 정신적 고통을 호소하는 사례가 있었습니다.

줄기세포

여러 종류의 신체조직으로 분화 가능한 미분화 세포

어떤 기관으로든 전환할 수 있는 만능세포로 '배아줄기세포'와 '성체줄기세포'로 나뉩니다. 현재 줄기세포를 이용해 심장조직을 치료하는 심장근육 세포, 뇌의 질병을 치료할 신경세포 등을 만드는 연구가 진행 중입니다.

MORE

배아줄기세포

정자와 난자가 수정된 후 조직과 기관이 분화하는 8주까지의 초기 생명체인 배아에서 얻습니다. 신체 모든 기관으로 분화가 가능하지만 아직 현실화되지는 않았습니다.

성체줄기세포

사람의 피부, 골수 등에서 얻으며 모든 기관으로 분화할 수는 없으나, 정해진 장기나 조직으로 분화할 수 있습니다.

뉴런(Neuron)

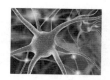

신경세포와 돌기를 포함하는 신경계의 구조 및 기능의 단위

신경세포는 핵과 그 주변의 세포질로 이루어져 있으며, 수상돌기와 축색돌기가 있습니다. 뉴런은 시냅스(Synapse)에 의해 다른 뉴런과 기능적으로 의사전달을 합니다.

MORE

시냅스

뉴런과 뉴런 사이의 작은 공간으로 신경전달물질이 이동하는 경로입니다. 신경전달물질이란 신경계의 의사소통을 원활하게 하는 물질을 말합니다.

게놈(Genome)

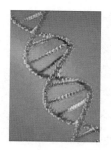

생물의 모든 유전 정보

유전자(Gene)와 염색체(Chromosome)의 합성어로서 염색체와 유전자를 합친 하나의 시스템을 총칭하는 말입니다. 생물의 구성단위인 세포 안에는 염색체라고 불리는 유전자를 포함하는 집합체가 존재합니다. 개개의 염색체에는 이중 나선구조의 DNA 사슬이 말려 있는 형상(크로마틴 구조)을 띠고 이러한 DNA의 이중 나선 안에는 생명체가 영위하는 모든 활동과 기능을 제어하기 위한 지시가 담긴 부분이 있는데 이를 유전자라고 부릅니다. 최근의 연구 결과 인간은 3만~4만의 유전자를 가진 것으로 밝혀졌습니다.

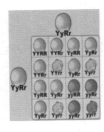

멘델의 법칙

우열의 법칙 · 분리의 법칙 · 독립의 법칙

멘델이 완두콩 교배 실험을 통해 알아낸 유전법칙으로 멘델의 유전법칙에는 우열의 법칙, 분리의 법칙, 독립의 법칙이 있습니다.

우열의 법칙	순종의 대립형질을 교배하면 우성 형질만 나오는 현상
분리의 법칙	한 쌍의 대립유전자가 분리되어 다음 세대에 유전되는 현상
독립의 법칙	서로 다른 형질의 영향을 받지 않고 우열의 법칙, 분리의 법칙에 의해 독립적으로 유전되는 현상

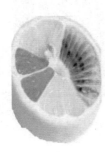

GMO (Genetically Modified Organism)

유전자변형농산물

제초제와 병충해에 대한 내성과 저항력을 갖게 하거나 영양적인 가치와 보존성을 높이기 위해 해당 작물에 다른 동식물이나 미생물과 같은 외래 유전자를 주입하여 키운 농산물을 말합니다. 1994년 무르지 않는 토마토를 시작으로 유전자조작이 시작되었습니다.

불의 고리

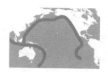

환태평양조산대의 별칭

세계의 주요 지진대와 화산대 활동이 중첩되는 환태평양조산대를 가리키는 말입니다. 남극의 팔머반도에서부터 남아메리카 안데스산맥, 북아메리카 산지와 알래스카, 쿠릴열도, 일본열도, 동인도제도, 동남아시아 국가, 뉴질랜드와 태평양의 여러 섬으로 이어지는 지대로 이 지역에 분포하는 활화산을 연결한 것이 고리모양이어서 이러한 이름이 붙었습니다. 이 지역에서는 지진과 화산활동이 빈번하게 발생해 자주 큰 피해를 입습니다.

온실효과

지표에서 반사된 복사에너지가 대기에 머물러 기온이 상승하는 현상

대기를 빠져나가야 하는 지표에서 반사된 복사에너지가 대기를 빠져나가지 못하고 재흡수되어 행성의 기온이 상승하는 현상으로, 대기 자체가 온실의 유리와 같은 기능을 하기 때문에 붙은 이름입니다. 온실효과 자체는 원래 행성에 존재하는 것으로, 자연발생적인 온실효과는 지구온난화의 원인이 아니지만 산업화의 진행에 따라 온실기체의 양이 과거에 비해 늘어나면서 문제가 되고 있습니다.

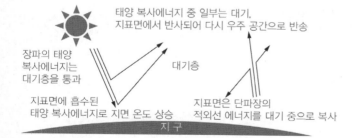

태양 복사에너지 중 일부는 대기, 지표면에서 반사되어 다시 우주 공간으로 반송
장파의 태양 복사에너지는 대기층을 통과
대기층
지표면에 흡수된 태양 복사에너지로 지면 온도 상승
지표면은 단파장의 적외선 에너지를 대기 중으로 복사
지구

중력(重力, Gravity)

지구가 지표의 물체를 지구의 중심방향으로 끌어당기는 힘

중력의 대부분은 지구와 물체 사이에 작용하는 만유인력이라고 하며, 만유인력과 지구가 자전하며 생기는 원심력을 합하여 중력이라 합니다. 중력의 크기는 물체의 질량에 비례하며, 지구 중심에서의 거리의 제곱에는 반비례합니다.

MORE

중력가속도

지구 위에서 물체의 질량이 크고 작음에 상관없이 항상 같은 9.8㎧의 가속도 값을 가집니다.

블랙홀

빛마저도 빨려 들어갈 정도로 중력과 밀도가 무한대에 가깝게 큰 천체

블랙홀은 스티븐 호킹이 아인슈타인의 상대성이론에 근거하여 주장한 것입니다. 행성이 폭발할 때 극단적으로 수축하면서 밀도와 중력이 어마어마하게 커진 천체가 블랙홀이고, 이때 발생한 중력으로부터 빠져나오려면 빛보다 빨라야 한다는 것입니다. 블랙홀이라는 명칭은 직접 관측할 수 없는 암흑의 공간이라는 의미로 붙여졌습니다.

MORE

스티븐 호킹

루게릭병에도 불구하고 블랙홀 연구 등에 뛰어난 업적을 남긴 영국의 물리학자입니다.

빅뱅이론

지금의 우주가 하나의 점에서 대폭발하여 이루어졌다는 이론

지금도 우주가 팽창하고 있다는 사실로부터 자연스럽게 빅뱅이론이 나왔습니다. 벨기에의 물리학자 르메트르가 주장한 빅뱅이론 이전에 많은 사람들은 정상상태의 우주를 믿어왔는데, 정상상태 우주론에서 우주는 영원하고 근본적으로 정적입니다. 그러나 프리드만이 창시한 빅뱅이론에서 우주는 동적이며 팽창하고 있습니다. 실제로 우주가 팽창하고 있다는 여러 근거들이 관측되기 시작하면서 지금은 정상우주론보다 더 많이 받아들여지고 있습니다.

태양계

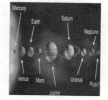

수성 · 금성 · 지구 · 화성 · 목성 · 토성 · 천왕성 · 해왕성

중력의 영향을 받으면서 태양 주위를 돌고 있는 천체와 천체가 돌고 있는 공간을 태양계라고 합니다. 수성, 금성, 지구, 화성, 목성, 토성, 천왕성, 해왕성 8개의 행성이 있으며 한때 명왕성도 태양계에 속했지만 2006년 이후로 왜소행성으로 분류되었습니다.

MORE

왜소행성(Dwarf Planet)
- 태양을 중심으로 하는 궤도를 갖습니다.
- 원형의 형태를 유지할 수 있는 중력을 가질 수 있도록 충분한 질량을 갖습니다.
- 그 궤도 주변에서 다른 천체를 흡수하지 못합니다.
- 다른 행성의 위성이 아니어야 합니다.
- 세레스, 명왕성, 에리스, 마케마케가 있습니다.

광섬유

데이터를 송수신하는 광학적 섬유

광섬유의 중심부는 굴절률이 높은 유리, 겉부분은 굴절률이 낮은 유리를 사용하여 에너지 손실을 최소화한 광학적 섬유입니다. 데이터를 송수신하는 데 사용되고 있으며 광섬유를 여러 가닥 묶어서 케이블로 만든 것을 광케이블이라 합니다. 광섬유는 외부 전자파에 의한 간섭도 없고 도청이 어려우며, 굴곡에도 강하므로 외부의 영향을 거의 받지 않는다는 장점을 가집니다.

미항공우주국(NASA)

미국 대통령 직속의 우주항공연구개발기관

소련이 미국보다 먼저 발사한 스푸트니크 위성의 충격으로 미국항공자문위원회를 해체시키고 1958년 발족한 대통령 직속 우주항공연구개발기관입니다. 미국 워싱턴에 위치한 본부 이외에 유인 우주선(우주왕복선) 센터, 케네디우주 센터, 마샬우주 센터 등의 부속기관이 있고 아폴로계획, 우주왕복선계획, 우주정거장계획, 화성탐사계획, 스카이랩계획 등을 추진한 바 있습니다.

MORE

큐리오시티

NASA의 4번째 화성탐사선으로, 높이 213m, 무게 약 900kg의 대형 탐사선입니다. 2012년 8월 화성표면에 안전하게 착륙했으며 화성 적도지역을 돌아다니면서 생명체의 흔적을 조사했습니다.

차세대 우주망원경(NGST)

제임스 웹
우주망원경

허블우주망원경을 대체할 우주 관측용 망원경

기존의 허블우주망원경을 대체할 망원경입니다. NGST는
'Next Generation Space Telescope'의 약자로 NASA의 제2
대 국장인 제임스 웹의 업적을 기리기 위해 '제임스 웹 우주망
원경'이라고도 합니다. 차세대 우주망원경은 허블우주망원경
보다 반사경의 크기가 더 커지고 무게는 더 가벼워졌습니다.
미국 NASA와 유럽우주국(ESA), 캐나다우주국(CSA)이 공동
제작했고, 허블과 달리 적외선 영역만 관측할 수 있지만, 훨
씬 더 먼 거리까지 관측할 수 있습니다.

4차 산업혁명(4IR ; Fourth Industrial Revolution)

기존의 산업과 ICT가 융합되어 이루어진 산업혁명

세계경제포럼(WEF)에서 처음 언급되어 널리 알려진, 정보
통신기술(ICT)의 융합으로 이뤄지는 차세대 산업혁명을 말
합니다. 4차 산업혁명은 기존의 산업에 빅데이터, 인공지
능 등의 정보통신기술(ICT)을 융합시켜 자동화되고 능동적
인 생산설비를 갖춘다는 점이 특징입니다. '지능적 가상 생산
시스템'이 핵심 키워드라 할 수 있는데, 우리나라에서는 '제
조업 혁신 3.0 전략'이 같은 선상의 개념이고, 미국에서는
'AMI(Advanced Manufacturing Initiative)', 독일과 중국
에서는 '인더스트리(Industry)4.0'이라는 명칭으로 추진되고
있습니다.

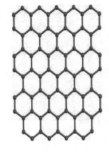

그래핀(Graphene)

탄소원자 1개의 두께로 이루어진 아주 얇은 막으로 활용도가 뛰어난 신소재

탄소나노튜브로 잘 알려져 있습니다. 그래핀은 탄소를 6각형의 벌집모양으로 층층이 쌓아올린 구조로 이뤄져 있는데 흑연에서 스카치테이프를 붙였다 떼면 접착력으로 그래핀을 떼어낼 수 있습니다. 구리보다 100배 이상으로 전기가 잘 통하고 실리콘보다 100배 이상 전자를 빠르게 이동시킵니다. 강도는 강철보다 200배 이상 강하고, 열전도성은 다이아몬드보다 2배 이상 높습니다. 또 탄성이 뛰어나 늘리거나 구부려도 전기적 성질을 잃지 않아 활용도가 매우 높은 물질입니다.

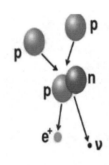

핵융합

1억℃ 이상의 고온에서 가벼운 원자핵들이 서로 융합하여 에너지를 창출하는 것

고온에서 가벼운 원자핵들이 융합하여 더 무거워지려고 할 때 막대한 에너지가 창출됩니다. 핵융합은 해로운 방사능 배출도 적으며 핵연료도 바다에서 쉽게 구할 수 있다는 장점을 가지고 있습니다.

MORE

인공태양
태양의 수소 핵융합반응을 지상에서 실현해 에너지 발전에 이용하는 기술입니다. 현재 주로 연구되는 인공태양 발전은 소련에서 개발됐던 초전도 자석 설비인 토카막(Tokamak)방식으로 이뤄집니다. 핵융합 실험로에 수소와 삼중수소를 연료로 넣고, 초고온의 플라스마 상태로 가열해 에너지를 생산합니다. 인공태양은 발전과정에서 오염물질 배출이 거의 없고, 연료를 쉽게 구할 수 있다는 점에서 차기 에너지원으로 주목받습니다. 우리나라에서도 자체기술로 개발한 'KSTAR'라는 핵융합연구장치를 이용해 인공태양 발전을 연구 중입니다.

힉스입자(Higgs Boson)

물질을 구성하는 기본입자에 질량을 부여하는 존재

우주 탄생의 원리를 설명하기 위한 가설 중 가장 유력한 표준 모형(Standard Model)에서 없어서는 안 될 소립자로, '신의 입자'라 불립니다. 표준 모형에 따르면 힉스입자는 모든 공간에 가득 차 있으며 소립자와 충돌하여 소립자의 움직임에 방해가 되는데, 이 방해되는 정도를 소립자의 질량으로 파악합니다. 1964년 영국의 물리학자 피터 힉스가 입자의 존재를 주장한 이후, 이를 증명하기 위해 유럽입자물리학연구소(CERN)는 대형강입자충돌기(LHC)를 통한 실험을 거듭했고 2012년 7월 실험으로 마침내 힉스입자의 존재를 증명했습니다.

리튬폴리머 전지(Lithium Polymer Battery)

안정성이 높고 에너지 효율성이 좋은 차세대 2차전지

외부전원을 이용해 충전하여 반영구적으로 사용하는 고체 전해질 전지로, 안정성이 높고 에너지 효율이 높은 2차전지입니다. 전해질이 고체 또는 젤 형태이기 때문에 사고로 인해 전지가 파손되어도 발화하거나 폭발할 위험이 없어 안정적입니다. 또한 제조공정이 간단해 대량생산이 가능하며 대용량도 만들 수 있습니다. 노트북, 휴대폰 등에 주로 사용되며 개발 여하에 따라 전기자동차에도 쓰일 수 있습니다.

딥러닝(Deep Learning)

컴퓨터가 사람처럼 생각하고 배울 수 있도록 하는 기술

컴퓨터가 다양한 데이터를 이용해 마치 사람처럼 스스로 학습할 수 있게 하기 위해 만든 인공 신경망(ANN ; Artificial Neural Network)을 기반으로 하는 기계 학습 기술을 말합니다. 이는 컴퓨터가 이미지, 소리, 텍스트 등의 방대한 데이터를 이해하고 스스로 학습할 수 있도록 도와줍니다. 딥러닝의 고안으로 인공지능(AI)이 획기적으로 도약하게 되었습니다.

> **MORE**
>
> **알파고 제로(Alphago Zero)**
> 인간의 지식으로부터 전혀 도움을 받지 않았다는 점에서 'O(Zero)'을 붙인 인공지능 바둑 프로그램 알파고 버전의 명칭입니다. 인간 고수들이 둔 기보 16만건을 제공받은 이전 알파고 버전과 달리 인간의 도움 없이 오직 강화학습의 방법론에만 의존합니다.

희토류

첨단산업의 비타민으로 불리는 비철금속 광물

화학적으로 안정되면서 열을 잘 전달하여 반도체나 2차전지 등 전자제품에 필수로 들어가는 재료입니다. 물리 · 화학적 성질이 비슷한 원소 17종을 통틀어서 희토류라고 부릅니다. 스칸튬 · 이트륨 · 란타넘 · 세륨 · 프라세오디뮴 · 네오디뮴 · 프로메튬 · 사마륨 · 유로퓸 · 가돌리늄 · 터븀 · 디스프로슘 · 홀뮴 · 어븀 · 툴륨 · 이터븀 · 루테튬 등이 있습니다. 희토류는 희소성과 자원으로서의 중요성 때문에 외교 관계에서 자원무기화되는 양상을 보이고 있습니다. 전 세계에서 희토류를 가장 많이 생산하고 있는 국가는 중국입니다.

요소수

디젤 차량의 질소산화물 정화 물질

요소수는 디젤 차량에서 발생하는 질소산화물(NOx)을 정화하기 위한 물질로, 차량에 설치된 정화장치인 SCR에 사용됩니다. 배기가스가 지나는 통로에 요소수를 뿌리면 질소산화물이 물과 질소로 환원됩니다. 2015년에 유럽의 배기가스 규제인 유로6가 국내에 도입되면서, 디젤차량에 반드시 SCR을 탑재하고 요소수 소모 시 보충해야 합니다. SCR이 설치된 디젤차량은 요소수가 없으면 시동이 걸리지 않는 등 운행할 수 없습니다.

빅 데이터(Big Data)

데이터의 생성 양 · 주기 · 형식 등이 기존 데이터를 넘어서기 때문에 수집 · 저장 · 분석이 어려운 데이터

기존 데이터베이스 관리도구의 데이터 수집 · 저장 · 관리 · 분석의 역량을 넘어서는 대량의 정형 또는 비정형 데이터 세트와, 이러한 데이터로부터 가치를 추출하고 결과를 분석하는 기술을 의미합니다. 대규모 데이터의 생성 · 수집 · 분석을 특징으로 하는 빅 데이터는 과거에는 불가능했던 기술을 실현시키기도 하며, 전 영역에 걸쳐서 사회와 인류에 가치 있는 정보를 제공하기도 합니다.

디도스(DDoS)

특정 사이트를 마비시키기 위해 여러 대의 컴퓨터가 일제히 공격을 가하는 해킹수법

특정 컴퓨터의 자료를 삭제하거나 훔치는 것이 목적이 아니라 정당한 신호를 받지 못하게 방해하는 분산서비스거부를 말합니다. 여러 대의 컴퓨터가 일제히 공격해 대량접속이 일어나게 함으로써 해당 컴퓨터의 기능이 마비되게 합니다. 자신도 모르는 사이에 악성코드에 감염돼 특정 사이트를 공격하는 PC로 쓰일 수 있는데 이러한 컴퓨터를 좀비PC라고 합니다.

초거대 AI

인간처럼 종합적인 추론이 가능한 차세대 인공지능

기존 인공지능(AI)에서 한 단계 진화한 차세대 AI로 대용량 데이터를 스스로 학습해 인간처럼 종합적인 추론이 가능합니다. 기존 AI보다 더 인간의 뇌에 가깝게 학습·판단 능력이 향상됐습니다. 단, 이를 위해서는 기존 AI보다 수백 배 이상의 데이터 학습량이 필요합니다. 대표적인 초거대 AI로는 오픈AI가 2020년 선보인 GPT-3가 있습니다. 언어를 기반으로 하는 초거대 AI GPT-3는 사용자가 제시어를 입력하면 자동으로 수억 가지의 대화와 서술형 문장을 완성할 수 있습니다.

클라우드 컴퓨팅(Cloud Computing)

소프트웨어나 데이터를 웹 공간에 보관해 다운받아 쓰는 환경

인터넷서버에 데이터를 저장하고 언제 어디서나 인터넷에 접속해 다운받을 수 있어 시간과 공간의 제약 없이 이용할 수 있는 시스템입니다. 구름(Cloud)처럼 무형의 형태인 인터넷의 서버를 클라우드라고 하며, 사용자가 스마트폰이나 PC 등을 통해 문서, 음악, 동영상 등 다양한 콘텐츠를 편리하게 이용할 수 있습니다.

MORE

에지 컴퓨팅(Edge Computing)
다양한 단말기기에서 발생하는 데이터를 클라우드와 같은 중앙 집중식 데이터센터로 보내지 않고 데이터가 발생한 현장 혹은 근거리에서 실시간 처리하는 방식으로 데이터 흐름 가속화를 지원하는 컴퓨팅 방식입니다.

R&D(Research and Development)

자연과학의 지식과 원리를 탐구하고 이를 통해 기술의 진보를 추구하는 활동

R&D는 흔히 '연구개발'이라고 불립니다. 우리 한국산업기술진흥협회에서는 R&D를 기초연구, 응용연구, 개발연구로 구분합니다. 기초연구는 과학지식의 진보를 목적으로 지식을 특정하게 응용하지 않는 연구, 응용연구는 지식을 실제로 응용하거나 특정한 상업적 목적을 갖고 행하는 연구, 개발연구는 연구된 기존지식을 활용해 신소재와 신제품, 새로운 공정 등을 도입·개량하기 위한 연구입니다. R&D는 정부와 기업, 대학, 연구기관 등에서 다양하게 이뤄집니다.

SSD (Solid State Disk)

메모리와 반도체를 결합한 저장장치

SSD는 낸드플래시메모리와 이를 제어하는 컨트롤러로 구성된 대용량 저장장치입니다. SSD는 하드디스크드라이브 (HDD)에 비해 소비전력이 낮고, 충격에 강하며, 읽기·쓰기 속도가 빠릅니다. 또한 기계적 지연이나 실패율이 적고, 발열·소음도 적으며, 소형화·경량화할 수 있는 장점이 있습니다.

자율주행기술 5단계

미국 자동차공학회가 정의한 단계별 자율주행기술

미국 자동차공학회(SAE)에 따르면 자율주행 기술은 그 단계별로 각각 정의내릴 수 있습니다.

단 계	설 명
0단계 비자동화	사람이 모든 조작에 관여하는 완전 수동운전 단계
1단계 운전자보조	사람이 기본적인 주행 조작을 수행하다가, 자율주행 시스템이 특정 주행상황에서 가·감속, 조향 등 한 가지를 보조하는 단계
2단계 부분자동화	주행의 주체는 여전히 사람이지만, 속도나 조향 등 두 가지 이상의 자율운행 시스템이 동시에 작동하는 단계
3단계 조건부자동화	운행 중 돌발상황이 발생했을 때에만 운전자의 개입이 요청되며, 기본적 조작은 시스템이 담당하는 단계
4단계 고도자동화	돌발상황을 맞았을 때 시스템이 스스로 안전하게 대처하는 단계
5단계 완전자동화	사람의 조작을 필요치 않는 완벽한 자율주행 단계

양자컴퓨터

양자역학의 원리에 따라 작동되는 미래형 첨단 컴퓨터

반도체가 아닌 원자를 기억소자로 활용하는 컴퓨터입니다. 고전적 컴퓨터가 한 번에 한 단계씩 계산을 수행했다면, 양자컴퓨터는 모든 가능한 상태가 중첩된 얽힌 상태를 이용합니다. 양자컴퓨터는 0 혹은 1의 값만 갖는 2진법의 비트(Bit) 대신, 양자 정보의 기본 단위인 큐비트를 사용합니다.

쿠키(Cookies)

PC 사용자의 인터넷 웹 사이트 방문 기록이 저장되는 파일

쿠키에는 PC 사용자의 ID와 비밀번호, 방문한 사이트 정보 등이 담겨 하드디스크에 저장됩니다. 이용자들의 홈페이지 접속을 도우려는 목적에서 만들어졌기 때문에 해당사이트를 한 번 방문하고 난 이후에 다시 방문했을 때에는 별다른 절차를 거치지 않고 빠르게 접속할 수 있다는 장점이 있습니다. 하지만 개인정보 유출, 사생활 침해 등이 우려되기도 합니다.

다크웹(Dark Web)

특정 환경의 인터넷 브라우저에서만 접속되는 웹사이트

구글 같은 일반 인터넷 검색엔진에서 검색되지 않고 독자적인 네트워크나 특정 브라우저로만 접속할 수 있는 비밀 웹사이트를 말합니다. 누가 어떤 활동을 했는지 흔적이 남지 않아 일종의 '숨겨진 인터넷'이라고 볼 수 있습니다. 인터넷 프로토콜(IP)을 여러 차례 바꾸고 통신내용을 암호화하는 특수 프로그램으로 접속하기 때문에 IP 주소 등을 추적하기 어렵습니다. 익명성이 보장됨에 따라 음란물이 유통되고 마약 · 무기 · 해킹툴 · 개인정보 등의 매매가 빈번히 이뤄지는 '인터넷 암시장'으로도 활용됩니다. 불법정보가 넘쳐나는 등 범죄온상으로 여겨집니다.

5G 이동통신기술

IoT와 4차 산업혁명을 열어줄 차세대 이동통신기술

5G는 모바일 국제표준을 말합니다. 국제전기통신연합(ITU)은 5G의 공식 기술 명칭을 'IMT(International Mobile Telecommunication)-2020'으로 정하며 최대 20Gbps의 데이터 전송속도와 어디에서든 최소 100Mbps 이상의 체감 전송속도를 제공하는 것을 5세대 이동통신이라고 정의했습니다. 이 속도는 이전 개량 LTE의 이동통신 속도보다 70배가 빠르고 일반 LTE와 비교했을 때는 280배 빠른 수준입니다. 또한 $1km^2$ 반경 안의 100만개 기기에 사물인터넷(IoT) 서비스를 제공할 수 있고, 시속 500km 고속열차에서도 자유로운 통신이 가능합니다. 응답 속도도 약 10배 더 빠릅니다. 이 덕분에 자율주행차 분야에서 5G가 활발하게 도입되고 있습니다.

블록체인(Block Chain)

온라인 거래 시 해킹을 막는 기술

블록체인이란 하나의 데이터 보안 방식으로, 데이터들을 모든 거래 참가자들이 연결된 분산 데이터 저장 환경에 빠짐없이 저장시켜 데이터 변경이 있을 경우 참가자들이 소유한 데이터 노드 전체의 승인을 받아야만 거래가 이뤄지도록 만든 보안 시스템입니다. 한 번 진행된 거래기록은 변경할 수 없고 영구적으로 저장됩니다. 또한 동시다발적으로 남게 되어 위조된 거래 기록을 만들어내려는 해커들의 수법이 통용되지 못하게 만듭니다. 이를 이용한 암호화폐인 '비트코인'이 만들어져 이에 대한 투자 붐이 일기도 했습니다.

QLED(Quantum dot Light Emitting Diodes)

양자점발광다이오드

'Q(퀀텀닷)'은 양자점으로, 크기가 10~15nm(나노미터)인 초미세 반도체 결정체를 말합니다. 작은 크기의 퀀텀닷은 밝기를 더욱 세밀하게 표현하는 장점을 가지는데, QLED는 퀀텀닷 입자 하나하나가 스스로 빛과 색을 내도록 함으로써 큰 폭의 화질개선 효과를 보여주는 기술입니다.

디지털 컨버전스(Digital Convergence)

방송과 통신, 유선과 무선 등의 구분이 모호해지면서 등장한 새로운 형태의 융합상품과 서비스

디지털 기술의 발전으로 유선과 무선, 방송과 통신, 통신과 컴퓨터 등 기존의 기술·산업·서비스·네트워크의 구분이 모호해지면서 이들 간에 새로운 형태의 융합상품과 서비스들이 등장하는 현상입니다. 디지털 컨버전스 현상은 정보통신 분야뿐만 아니라 사회, 경제 모든 분야에서 주목받고 있으며 유비쿼터스 사회로 진입하는 데 있어서의 핵심적인 전제가 됩니다.

OTT(Over The Top)

인터넷을 통해 영화, TV 방송 등 각종 미디어 콘텐츠를 제공하는 서비스

'Top(셋톱박스)을 통해 제공됨'을 의미하는 것으로, 범용 인터넷을 통해 미디어 콘텐츠를 이용할 수 있는 서비스를 말합니다. 시청자의 다양한 욕구, 온라인 동영상 이용의 증가는 OTT 서비스 등장의 계기가 되었으며 스마트 기기의 보급은 OTT 발전을 가속화시켰습니다. 현재 전 세계적으로 OTT 서비스가 널리 제공되고 있고, 그중에서도 미국은 가장 큰 시장을 갖고 있습니다.

분산원장기술(DLT)

분산네트워크 참여자가 암호화 기술을 사용하여 공동으로 관리하는 기술

분산네트워크 참여자가 암호화 기술을 사용하여 거래정보를 검증하고 합의한 원장(Ledger)을 공동으로 분산·관리하는 기술입니다. 중앙관리자나 중앙데이터 저장소가 없으며, 데이터 관리의 신뢰성을 높이기 위해 분산네트워크 내의 모든 참여자(Peer)가 거래정보를 합의 알고리즘에 따라 서로 복제하여 공유합니다. 거래정보의 분산·관리로 위조 방지가 가능합니다. 분산원장기술을 구현한 대표적 사례는 가지치기를 통해 하나의 블록 연결만 허용하는 블록체인과 그물처럼 거래를 연결하는 방향성 비순환 그래프 분산원장기술 등이 있습니다.

지능정보기술

고차원적 정보처리 활동을 정보통신기술 기반으로 구현하는 기술

정보통신기술(ICT)을 기반으로 인간의 인지, 학습, 추론 등 고차원적 정보처리 활동을 구현하는 기술입니다. 전자적인 방법으로 학습·추론·판단 등을 구현하는 기술, 데이터를 전자적 방법으로 수집·분석·가공 처리하는 기술 등을 가리킵니다.

디지털 트윈(Digital Twin)

현실 세계의 사물을 가상공간에 똑같이 구현한 것

미국의 전자기기 기업 '제너럴 일렉트릭'이 만든 개념으로서, 컴퓨터로 가상공간에 실물과 똑같은 물체(쌍둥이)를 만들어 시뮬레이션과 실험을 통해 검증하는 것을 말합니다. 디지털 트윈은 다양한 산업분야에서 활용되어 제품 및 자산을 최적화하고 돌발 사고를 줄이는 데 도움을 줄 수 있습니다.

DRM(Digital Rights Management)

디지털콘텐츠 제공자의 권리를 보장하기 위해 무단사용을 방지하는 서비스

DRM은 허가된 사용자만 디지털콘텐츠에 접근할 수 있도록 제한해 비용을 지불한 사람만 콘텐츠를 사용할 수 있도록 하는 서비스입니다. 인터넷상에서는 각종 디지털콘텐츠들이 불법복제돼 다수에게 확산될 위험성이 큽니다. 불법복제는 콘텐츠 생산자들의 권리와 이익을 위협하고, 출판, 음악, 영화 등 문화산업 발전에 심각한 해가 될 수 있다는 점에서 DRM, 즉 디지털 저작권 관리가 점점 더 중요해지고 있습니다.

ISDN(Integrated Services Digital Network)

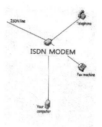

다양한 정보들을 디지털화해서 문자, 영상, 음성 등 모든 종류의 서비스를 제공하는 종합통신망

종합디지털서비스망이라고도 하며 각종 서비스를 일원화하여 통신·방송서비스의 통합, 효율성 극대화, 저렴화를 추구하는 종합통신 네트워크입니다.

GIS(Geographic Information System)

맞춤형 지리정보체계 서비스

GIS는 생활에 필요한 지리정보를 인공위성으로 수집하고, 이를 컴퓨터 데이터로 변환해 효율적으로 활용하기 위한 정보시스템입니다. GIS는 지리적 위치를 가진 대상의 위치자료와 속성자료를 통합 관리하여 지도·도표 및 그림 등의 여러 가지 형태의 정보로 제공합니다. 한국공간정보통신이 만든 인트라맵 '코로나19 종합상황지도'에 활용된 바 있습니다.

스푸핑(Spoofing)

시스템의 호스트를 속여 접속하는 해킹의 일종

해킹을 목표로 하는 시스템이나 네트워크의 호스트를 속여서 접속하는 것을 말합니다. 허가 받은 IP를 도용하여 승인받은 사용자인 것처럼 위장해 네트워크에 접근하기도 하고, 가짜 웹사이트를 구성해 일반 이용자의 방문을 유도하기도 합니다. 이러한 방식으로 시스템 권한을 획득하거나 상대방의 정보를 탈취합니다.

CAD(Computer Aided Design)

컴퓨터를 사용해 설계를 하는 시스템

기계, 건축 분야 등의 설계과정 중에서 도면작성, 수정작업을 할 때 활용하며 컴퓨터 그래픽을 사용해 도면 관련 작업을 하는 기술입니다. 인간과 컴퓨터가 서로의 부족한 점을 보완해 고품질의 작업을 할 수 있으며 기술이 발전하면서 3차원의 CAD 시스템이 개발되는 등 입체형상의 도면까지도 화면에 재현해낼 수 있습니다.

망중립성(Network Neutrality)

네트워크망이 공익을 위한 목적으로 사용돼야 한다는 원칙

인터넷망 서비스를 전기 · 수도와 같은 공공서비스로 분류해, 네트워크 사업자가 관리하는 망이 공익을 위한 목적으로 사용돼야 한다는 원칙입니다. 네트워크 사업자는 인터넷망을 통해 오고가는 인터넷 트래픽에 대해 데이터의 유형, 사업자, 내용 등을 불문하고 이를 생성하거나 소비하는 주체를 차별 없이 동일하게 처리해야 합니다. 이에 따라 통신사업자는 막대한 비용을 들여 망설치를 하여 과부하로 인한 망의 다운을 막으려고 하지만, 콘텐츠 제공업체들은 망중립성을 이유로 이에 대한 고려 없이 서비스제공에만 그쳐 갈등이 불거졌습니다.

RFID(Radio Frequency IDentification)

IC칩을 내장해 무선으로 다양한 정보를 관리할 수 있는 차세대 인식기술

생산에서 판매에 이르는 전 과정의 정보를 극소형 IC칩에 내장시켜 이를 무선 주파수로 추적할 수 있도록 했습니다. 실시간으로 사물의 정보와 유통 경로, 재고 현황까지 무선으로 파악할 수 있으며 바코드보다 저장용량이 커 바코드를 대체할 차세대 인식기술로 꼽힙니다. 대형할인점 계산, 도서관의 도서 출납관리, 대중교통 요금징수 시스템 등 활용범위가 다양하여 여러 분야로 확산돼 사용되고 있습니다.

MORE

NFC(Near Field Communication)
13.56MHz의 주파수로 통신하는 근거리무선통신 ISO 네트워크 표준입니다. 20cm 범위 이내에서 전자통신이 이뤄지며 각종 결제 · 인식 시스템에 사용됩니다.

반도체

데이터 연산 · 저장 역할을 하는 소재 혹은 컴퓨터 부품

반도체란 '전류가 잘 흐르는 정도'를 나타내는 '전도율'이 중간 수준인 물체를 가리키는 용어입니다. 열에너지에 의해 전기 전도성의 변화를 받는 등의 독특한 성질을 지니고 있는데, 이런 성질을 활용해 전자 신호를 조절하는 '반도체 소자'를 만들 수 있습니다. 이중 메모리반도체는 데이터를 저장하는 역할을 하는 전자부품(RAM · 보조기억장치)이고 시스템반도체는 연산 · 제어의 역할을 하는 전자부품(CPU · AP)입니다. 메모리반도체는 삼성전자와 SK하이닉스가 세계 공급량의 대다수를 담당하고 있는 반면 시스템반도체는 인텔과 퀄컴 등의 미국 기업이 전 세계 공급량의 대다수를 담당하고 있습니다.

루이 14세는 왜 낭트칙령을 철회했을까?

프랑수아 뒤부아의 〈성 바르톨로메오 축일의 학살〉(1572)

낭트칙령이 있기 전 프랑스는 종교 문제로 시끄러웠습니다. 가톨릭을 국교로 삼고 있던 국가 권력과 루터와 칼뱅의 종교개혁 이후 15세기에서 16세기에 걸쳐 성장한 위그노(칼뱅파 신교도)가 충돌하고 있었기 때문이었습니다. 그러다 마침내 가톨릭 측이 위그노를 살해하기 시작하면서 전쟁이 시작되었습니다. 이른바 위그노 전쟁입니다. 전쟁은 30년 동안이나 간헐적으로 계속되었습니다. 1570년에는 휴전을 맺고 화평의 증거로 치른 결혼식에서 가톨릭 측이 대학살을 벌이기도 했습니다. 바로 성 바르톨로메오 축일의 학살입니다.

위그노 전쟁은 1589년에 왕위계승전의 양상을 띠면서 국제사건이 되었습니다. 당시 이미 종교개혁으로 가톨릭과 결별한 영국은 위그노 측을 지지했고, 에스파냐는 가톨릭을 지지했습니다. 그러다 나바르의 앙리가 왕위를 잇기 위해 가톨릭으로 개종한 후 앙리 4세로 즉위, 위그노의 종교적 자유를 보장한다는 내용의 낭트칙령을 선포하고 전쟁을 종식시켰습니다. 그러나 크고 작은 충돌과 분쟁은 앙리 4세의 손자 루이 14세가 즉위한 후까지도 이어졌습니다.

그런데 루이 14세는 할아버지와 달리 가톨릭 신자였습니다. 그리고 절대왕정을 꿈꿨습니다. 그런 때에 가톨릭을 국교로 인정하면 절대왕정에 대한 교황청의 지원을 받을 수 있었던 것입니다. 결국 1685년 10월 18일 퐁텐블로칙령으로 방해가 되는 낭트칙령을 폐지했습니다. 이유는 또 있었습니다. 프랑스는 영국과 식민지 확보를 위한 경쟁 중이었습니다. 그런데 영국은 신교국이었습니다. 만약 프랑스가 가톨릭국이 되면 에스파냐 등의 지원을 받을 수 있었던 것입니다. 이런 이유로 낭트칙령이 폐지되고 프랑스는 교황청과 주변 가톨릭 국가의 도움을 받아 절대왕정을 이뤄 식민지를 개척해갔습니다.

낭트칙령서

한편 신변을 보장받지 못하게 된 많은 위그노들은 영국·네덜란드·미국 등으로 빠져나갔습니다. 문제는 이들 대부분이 상공업에 종사하는 부르주아 계급이었다는 데 있었습니다. 이들이 재산을 싸들고 해외로 이주하자 경제가 마비되는 지역이 속출했습니다. 그래서 프랑스는 주변국들이 산업혁명으로 근대화를 이루는 동안 그저 지켜볼 수밖에 없었습니다.

PART 6

제대로 알고
사용하는 우리말

틈틈히 보고, 생각은 더 크게 !

01 국어

틀리기 쉬운 맞춤법

구 분	활 용	구 분	활 용
거치다 걷히다	천안을 거쳐 왔습니다. 성금이 잘 걷힙니다.	겉잡다 걷잡다	겉잡아서 이틀 걸릴 일 걷잡을 수 없는 상태
늘이다 늘리다	고무줄을 늘입니다. 수출량을 더 늘립니다.	다치다 닫히다	다리를 다쳤습니다. 문이 저절로 닫혔습니다.
마치다 맞히다	숙제를 마쳤습니다. 문제를 더 맞혔습니다.	받히다 밭치다	자전거에 받혔습니다. 밀가루를 체에 밭칩니다.
바치다 받치다	목숨을 바쳤습니다. 우산을 받치고 갑니다.	부딪치다 부딪히다	차와 기차가 부딪쳤습니다. 벽이 자동차에 부딪혔습니다.
반드시 반듯이	약속은 반드시 지키세요. 고개는 반듯이 드세요.	저리다 절이다	다리가 저려 옵니다. 배추를 절였습니다.
안치다 앉히다	밥을 안칩니다. 자리에 앉혔습니다.	이따가 있다가	이따가 오너라. 돈은 있다가도 없습니다.

띄어쓰기

- 조사는 그 앞말에 붙여 씁니다.
- 의존명사는 띄어 씁니다.
- 단위를 나타내는 명사는 띄어 씁니다. 단, 순서를 나타내는 경우나 숫자와 어울려 쓰이는 경우에는 붙여 쓸 수 있습니다(두시 삼십분 오초, 16동 502호).
- 수를 적을 때에는 '만(萬)' 단위로 띄어 씁니다(삼천사백오십육만 칠천팔백구십팔 / 3,456만 7,898).
- 두 말을 이어 주거나 열거할 때에 쓰이는 말들은 띄어 씁니다(겸, 내지, 대, 등, 및).
- 단음절로 된 단어가 연이어 나타날 때에는 붙여 쓸 수 있습니다(그때 그곳, 좀 더 큰 것).

- **조사** : 체언 뒤에 붙어서 문법적 관계를 표시하거나 의미를 더해주는 단어입니다.
- **의존명사** : 혼자서 쓰일 수 없고 다른 말에 기대어 쓰는 명사로, 관형어의 꾸밈을 필요로 합니다. '것, 지, 따름, 뿐, 대로' 등이 있습니다.

복수 표준어

• 뜻이나 어감에 차이가 있어 별도의 표준어로 인정한 경우

현재 표준어	추가 표준어	현재 표준어	추가 표준어
−기에	−길래	거치적거리다	걸리적거리다
괴발개발	개발새발	끼적거리다	끄적거리다
날개	나래	두루뭉술하다	두리뭉실하다
냄새	내음	맨송맨송	맨숭맨숭/맹숭맹숭
눈초리	눈꼬리	바동바동	바둥바둥
떨어뜨리다	떨구다	새치름하다	새초롬하다
뜰	뜨락	아옹다옹	아웅다웅
먹을거리	먹거리	야멸치다	야멸차다
메우다	메꾸다	오순도순	오손도손
손자	손주	찌뿌듯하다	찌뿌둥하다
어수룩하다	어리숙하다	치근거리다	추근거리다

• 같은 뜻으로 많이 쓰여 표준어로 인정한 경우

현재 표준어	추가 표준어	현재 표준어	추가 표준어
간질이다	간지럽히다	세간	세간살이
남우세스럽다	남사스럽다	쌉싸래하다	쌉싸름하다
목물	등물	고운대	토란대
만날	맨날	허섭스레기	허접쓰레기
묏자리	묫자리	토담	흙담

• 두 가지 표기를 모두 표준어로 인정한 경우

현재 표준어	추가 표준어	현재 표준어	추가 표준어	현재 표준어	추가 표준어
태껸	택견	자장면	짜장면	품세	품새

사이시옷의 표기

사이시옷은 다음과 같은 경우에 받쳐 적습니다.
• 순 우리말로 된 합성어로서 앞말이 모음으로 끝난 경우
 − 뒷말의 첫소리가 된소리로 나는 것(귓밥, 나룻배, 맷돌, 선짓국, 조갯살, 찻집)
 − 뒷말의 첫소리 'ㄴ, ㅁ' 앞에서 'ㄴ' 소리가 덧나는 것(아랫니, 잇몸, 깻묵, 냇물)
 − 뒷말의 첫소리 모음 앞에서 'ㄴㄴ' 소리가 덧나는 것(뒷일, 베갯잇, 깻잎, 나뭇잎)
• 순 우리말과 한자어로 된 합성어로서 앞말이 모음으로 끝난 경우
 − 뒷말의 첫소리가 된소리로 나는 것
   (귓병, 아랫방, 자릿세, 찻잔, 탯줄, 핏기, 횟배)
 − 뒷말의 첫소리 'ㄴ, ㅁ' 앞에서 'ㄴ' 소리가 덧나는 것
   (곗날, 제삿날, 훗날, 툇마루, 양칫물)
 − 뒷말의 첫소리 모음 앞에서 'ㄴㄴ' 소리가 덧나는 것
   (가욋일, 사삿일, 예삿일, 훗일)
• 두 음절로 된 다음 한자어 : 곳간, 셋방, 숫자, 찻간, 툇간, 횟수

순우리말

■ 가납사니 : 쓸데없는 말을 잘하는 사람, 말다툼을 잘하는 사람
■ 가래다 : 맞서서 옳고 그름을 따지다.
■ 가멸다 : 재산이 많고 살림이 넉넉하다.
■ 각다분하다 : 일을 해 나가기가 몹시 힘들고 고되다.
■ 강짜를 부리다 : 샘이 나서 심술을 부리다.

- 강파르다 : 몸이 야위고 파리하다. 성질이 깔깔하고 괴팍하다.
- 거니채다 : 기미를 알아채다.
- 걸쩍거리다 : 성질이 쾌활하여 무슨 일에나 시원스럽게 덤벼들다.
- 게정 : 불평을 품고 떠드는 말과 행동
- 고갱이 : 사물이나 일의 핵심
- 골막하다 : 그릇에 다 차지 않고 좀 모자라는 듯하다.
- 곰비임비 : 물건이 거듭 쌓이거나 일이 겹치는 모양
- 공성이 나다 : 이력이 나다. 길이 들다.
- 괴발개발 : 글씨를 함부로 이리저리 갈겨 써 놓은 모양
- 구듭 : 귀찮고 괴로운 남의 뒤치다꺼리
- 구쁘다 : 먹고 싶어 입맛이 당기다.
- 국으로 : 제 생긴 그대로, 잠자코
- 굼닐다 : 몸을 구부렸다 일으켰다 하다.
- 궁따다 : 시치미를 떼고 딴소리를 하다.
- 그느르다 : 보호하여 보살펴 주다.
- 길마 : 짐을 싣기 위하여 소의 등에 안장처럼 얹은 도구
- 길미 : 빚돈에 대하여 덧붙여 주는 돈, 이자
- 꺼병이 : 꿩의 어린 새끼, 외양이 거칠게 생긴 사람
- 꺼펑이 : 덧씌워 덮거나 가린 물건
- 꺽지다 : 억세고 용감하고 과단성이 있다.
- 남우세 : 남에게서 비웃음이나 조롱을 받게 됨
- 너나들이 : 서로 너니 나니 하고 부르며 터놓고 지내는 사이
- 내남없이 : 나나 다른 사람이나 다 마찬가지로
- 느껍다 : 어떤 느낌이 생긴다.
- 느루 : 한꺼번에 몰아치지 않고 오래도록
- 능갈치다 : 능청스럽게 잘 둘러대는 재주가 있다.
- 늦 : 미리 보이는 조짐
- 다따가 : 갑자기, 별안간
- 다직해야 : 기껏해야
- 댓바람 : 단번에, 지체하지 않고 곧
- 더께 : 찌든 물건에 앉은 거친 때

- 더펄이 : 성미가 활발한 사람
- 덩저리 : 물건의 부피
- 도두보다 : 실제보다 더 크게 또는 좋게 보다.
- 도섭스럽다 : 능청스럽고 수선스럽게 변덕을 부리다.
- 동곳 빼다 : 잘못을 인정하고 굴복하다.
- 되모시 : 결혼한 일이 있는 여자로서 처녀 행세를 하는 여자
- 두남두다 : 편들다. 가엾게 여겨 도와주다.
- 뒤란 : 집 뒤에 울타리 안
- 드레 : 사람의 됨됨이로서의 점잖음과 무게
- 들마 : (가게나 상점의) 문을 닫을 무렵
- 떠세 : 돈이나 세력을 믿고 젠체하고 억지를 쓰는 것
- 뜨악하다 : 마음에 선뜻 내키지 않다.
- 마수걸이 : 그날 처음으로 물건을 파는 일
- 마뜩하다 : 제법 마음에 들 만하다.
- 말재기 : 쓸데없는 말을 꾸며내는 사람
- 매나니 : 맨손이나 맨밥
- 맵자하다 : 모양이 꼭 제격에 어울려서 맞다.
- 메지 : 일의 한 가지가 끝나는 단락
- 모가비 : 인부나 광대 등의 우두머리, 낮은 패의 우두머리(꼭두쇠)
- 몰강스럽다 : 보기에 억세고 모질며 악착스럽다.
- 몽태치다 : 남의 물건을 슬그머니 훔치다.
- 무람없다 : 예의를 지키지 않다.
- 무릎맞춤 : 대질심문
- 미립 : 경험을 통하여 얻은 묘한 이치나 요령
- 미쁘다 : 믿음직하다.
- 미투리 : 삼, 모시 따위로 삼은 신
- 민패 : 아무 꾸밈새 없는 소박한 물건
- 밀막다 : 밀어서 막다. 못 하게 하거나 말리다. 핑계를 대고 거절하다.
- 바자위다 : 성질이 너무 깐깐하여 너그러운 맛이 없다.
- 반기 : 잔치나 제사 때에 동네 사람들에게 나누어 주려고 작은 목판에 담은 음식
- 반지빠르다 : 얄밉고 교만하다.

- 버력 : 하늘이나 신령이 사람의 죄악을 징계하느라고 내리는 벌
- 버르집다 : 숨은 일을 들춰내다. 작은 일을 크게 떠벌리다.
- 버커리 : 늙고 병들거나 또는 고생살이로 살이 빠지고 쭈그러진 여자
- 변죽 : 그릇 따위의 가장자리로, '변죽을 올리다'는 표현은 '넌지시 빙 둘러서 지적하다'라는 뜻을 지닌다.
- 보깨다 : 먹은 것이 잘 삭지 아니하여 뱃속이 거북하고 괴롭다.
- 보짱 : 꿋꿋하게 가지는 속마음
- 부닐다 : 가까이 따르며 붙임성 있게 굴다.
- 북새 : 많은 사람들이 아주 야단스럽게 부산을 떨며 법석이는 일
- 사품 : 어떤 일이나 동작이 진행되는 '마침 그 때(기회)'를 뜻함
- 살피 : 논두렁의 경계 표시
- 서름하다 : 남과 가깝지 못하다. 사물에 익숙하지 못하다.
- 섯 : 순간적으로 불끈 일어나는 격한 감정
- 설멍하다 : 옷이 몸에 짧아 어울리지 않다.
- 설면하다 : 자주 만나지 못하여 좀 낯설다. 정답지 아니하다.
- 소양배양하다 : 나이가 아직 어려 철이 없이 함부로 날뛰다.
- 손대기 : 잔심부름을 할 만한 아이
- 손방 : 할 줄 모르는 솜씨, 초보자, 문외한
- 수지니 : 집에서 기른 매
- 습습하다 : 사내답게 활발하고 너그럽다.
- 실큼하다 : 마음에 싫은 생각이 생기다.
- 쌩이질 : 한창 바쁠 때 쓸데없는 일로 남을 귀찮게 구는 것
- 시나브로 : 알지 못하는 사이에 조금씩 조금씩
- 아귀차다 : 뜻이 굳고 하는 일이 야무지다.
- 아람치 : 자기의 차지
- 아퀴 짓다 : 어떤 일의 매듭이나 마무리를 짓다.
- 안다미 : 남이 져야 할 책임을 맡음
- 알심 : 은근히 동정하는 마음, 보기보다 야무진 힘
- 알천 : 가장 값나가는 물건이나 가장 맛있는 음식
- 애면글면 : 약한 힘으로 무엇을 이루느라고 온갖 힘을 다하는 모양
- 어리눅다 : 짐짓 어리석은 체하다.

- 언구럭 : 말을 교묘하게 떠벌리며 남을 농락하는 일
- 에끼다 : 서로 주고받을 물건이나 돈을 서로 비겨 없애다. 상쇄하다.
- 여낙낙하다 : 성미가 곱고 상냥하다.
- 열없다 : 조금 부끄럽다. 겁이 많다.
- 영절스럽다 : 그럴듯하다.
- 왜자하다 : 소문이 퍼져 자자하다.
- 왜장치다 : 일이 지난 뒤에 헛되이 큰소리를 치다.
- 우렁잇속 : 내용이 복잡하여 헤아리기 어려운 일을 비유
- 울력 : 여러 사람이 힘을 합침
- 은결들다 : 내부에 상처가 나다. 원통한 일로 남몰래 속을 썩이다.
- 은사죽음 : 마땅히 보람이 나타나야 할 일이 나타나지 않고 마는 일
- 입찬말 : 자기의 지위와 능력을 믿고 장담하는 말
- 자리끼 : 밤에 마시려고 잠자리의 머리맡에 두는 물
- 자발없다 : 행동이 가볍고 참을성이 없다.
- 재우치다 : 재촉하다.
- 적바림 : (뒤에 들추어 보려고) 글을 간단히 적어 두는 일
- 제키다 : 살갗이 조금 다쳐서 벗겨지다.
- 주니 : 몹시 지루하여 느끼는 싫증
- 쥘손 : 물건을 들 때 손으로 쥐는 부분
- 지다위 : 남에게 의지하고 떼를 씀. 제 허물을 남에게 덮어씌움
- 진솔 : 한 번도 빨지 않은 새 옷
- 차깔하다 : 문을 굳게 닫아두다.
- 척지다 : 서로 원한을 품을 만한 일을 만들다.
- 천둥벌거숭이 : 두려운 줄 모르고 함부로 날뛰기만 하는 사람
- 초들다 : 어떤 사물을 입에 올려서 말하다.
- 추레하다 : 겉모양이 허술하여 보잘 것 없다. 생생한 기운이 없다.
- 치사랑 : 손윗사람에 대한 사랑
- 콩노굿 : 콩의 꽃
- 콩켸팥켸 : 사물이 마구 뒤섞여 뒤죽박죽된 것을 가리키는 말
- 타끈하다 : 인색하고 욕심이 많다.
- 토리 : 화살대 끝에 씌운 쇠고리

- 통거리 : 어떤 사물의 전부, 가릴 것을 가리지 않은 모두
- 투깔스럽다 : 일이나 물건의 모양새가 투박하고 거칠다.
- 투미하다 : 어리석고 둔하다.
- 트레바리 : 이유 없이 남의 말에 반대하기를 좋아하는 성격
- 틀거지 : 듬직하고 위엄이 있는 겉모양
- 티석티석 : 환히 트이거나 윤이 나지 못한 모양
- 파니 : 아무 하는 일 없이 노는 모양
- 포달지다 : 시기하여 악을 쓰고 함부로 욕을 하며 대들 듯하다.
- 푸서리 : 거칠게 잡풀이 무성한 땅
- 푼더분하다 : 얼굴이 두툼하여 탐스럽다. 약소하지 않고 두둑하다.
- 풀치다 : 맺혔던 생각을 돌려 너그럽게 용서하다.
- 피새 : 조급하고 날카로워 걸핏하면 화를 내는 성질
- 하리놀다 : 윗사람에게 남을 헐뜯어 일러바치다.
- 하비다 : 손톱이나 날카로운 물건으로 긁어 파다. 남의 결점을 들추어내서 헐뜯다.
- 함초롬하다 : 가지런하고 곱다.
- 함함하다 : 털이 가지런하고 곱다.
- 핫아비 : 유부남(핫어미 = 유부녀)
- 해찰하다 : 일에는 정신을 두지 아니하고 쓸데 없는 다른 짓을 하다.
- 행짜 : 심술을 부려 남을 해치는 행위
- 허룩하다 : 줄어들거나 없어지다.
- 허방 : 움푹 팬 땅, 함정
- 훈감하다 : 맛과 냄새가 진하고 좋다. 푸짐하고 호화스럽다.
- 휘뚜루마뚜루 : 이것저것 가리지 않고 닥치는 대로 마구 해치우는 모양
- 희나리 : 덜 마른 장작
- 희떱다 : 속은 비었어도 겉으로는 호화롭다. 한 푼 없어도 손이 크고 마음이 넓다.
- 흰소리 : 터무니없이 자랑하거나 지껄이는 말

자연현상과 관련한 순우리말

• 바람

■ 건들바람 : 초가을에 선들선들 부는 바람

■ 높새바람 : 북동풍을 이르는 말

■ 된바람 : 매섭게 부는 바람, 북풍, 덴바람, 호풍, 삭풍

■ 마파람 : 남풍, 여름바람이나 가을바람

■ 살바람 : 좁은 틈으로 새어 들어오는 찬바람, 초봄에 부는 찬바람

■ 색바람 : 이른 가을에 부는 선선한 바람

■ 샛바람 : 동풍, 봄바람

■ 소소리바람 : 이른 봄의 맵고 스산한 바람

■ 하늬바람 : 서풍, 여름바람이나 가을바람

• 비

■ 개부심 : 장마로 큰물이 난 뒤, 한동안 쉬었다가 다시 퍼붓는 비

■ 건들장마 : 초가을에 비가 오다가 금방 개고 또 비가 오다가 다시 개고 하는 장마

■ 그믐치 : 그믐 무렵에 오는 비

■ 먼지잼 : 겨우 먼지나 날리지 않을 정도로 비가 조금 옴

■ 악수 : 엄청나게 퍼 붓는 비

■ 여우비 : 볕이 나 있는데 잠깐 오다가 그치는 비

■ 웃비 : 한창 내리다가 잠시 그친 비

■ 작달비 : 장대비, 좍좍 퍼붓는 비

• 눈

■ 길눈 : 한 길이 될 만큼 많이 쌓인 눈

■ 누리 : 우박

■ 도둑눈 : 밤사이에 사람들이 모르게 내린 눈

■ 숫눈 : 눈이 와서 쌓인 상태 그대로의 깨끗한 눈

■ 진눈깨비 : 비가 섞여 내리는 눈

• 안개, 서리

■ 무서리 : 늦가을에 처음 내리는 묽은 서리

■ 상고대 : 나무나 풀에 내려 눈처럼 된 서리

■ 해미 : 바다 위에 낀 아주 짙은 안개

길과 관련한 순우리말

- 고샅길 : 시골 마을의 좁은 골목길 또는 골목 사이
- 길섶 : 길의 가장자리, 흔히 풀이 나 있는 곳
- 낭길 : 낭떠러지를 끼고 난 길
- 모롱이 : 산모퉁이의 휘어 둘린 곳
- 자드락길 : 나지막한 산기슭의 비탈진 땅에 난 좁은 길
- 조롱목 : 조롱 모양처럼 된 길목

우리말 단위어

- 단 : 짚, 땔나무, 채소 따위의 묶음을 세는 단위
- 달포 : 한 달쯤
- 마지기 : 논 200평~300평, 밭 100평(씨앗을 한 말 정도 뿌릴 넓이)
- 뭇 : 채소, 짚, 잎나무, 장작의 작은 묶음. 생선 10마리, 미역 10장, 자반 10개
- 발 : 두 팔을 양옆으로 펴서 벌렸을 때 한쪽 손끝에서 다른 쪽 손끝까지의 길이
- 사리 : 국수, 새끼, 실 따위의 뭉치를 세는 단위
- 섬 : 부피의 단위. 곡식, 가루, 액체 따위의 부피를 잴 때 쓴다(한 섬=약 180리터).
- 손 : 큰 놈 뱃속에 작은 놈 한 마리를 끼워 넣어 파는 자반고등어 2마리
- 쌈 : 바늘 24개
- 연 : 종이 500장
- 접 : 사과, 배 등 과일이나 무, 배추 등의 채소 100개
- 제 : 한약의 분량을 나타내는 단위. 스무 첩
- 죽 : 옷, 신, 그릇 따위의 10개
- 첩 : 약봉지에 싼 약의 뭉치를 세는 단위
- 축 : 오징어 20마리
- 쾌 : 북어 20마리
- 토리 : 실을 감은 뭉치 또는 그 단위
- 톳 : 김 100장
- 필(匹) : 말이나 소를 세는 단위
- 필(疋) : 일정한 길이로 말아 놓은 피륙을 세는 단위

올바른 외래어 표기의 대표적 용례

• 기역(ㄱ)
- 가스(Gas)
- 개런티(Guarantee)
- 곤돌라(Gondola)
- 그리스(Grease) → 윤활유
- 글로브(Globe)
- 깁스(Gips)
- 가톨릭(Catholic)
- 갤런(Gallon)
- 그로테스크(Grotesque) → 기괴함
- 글라스(Glass) → 유리잔, 유리컵
- 글리세린(Glycerine)

• 니은(ㄴ)
- 나일론(Nylon)
- 난센스(Nonsense)
- 냅킨(Napkin)
- 논픽션(Nonfiction)
- 나프타(Naphtha)
- 내레이션(Narration) → 해설
- 노하우(Know-how) → 비결, 기술
- 뉘앙스(Nuance)

• 디귿(ㄷ)
- 다이내믹(Dynamic) → 역동적
- 대시(Dash) → 질주, 달리기
- 데생(Dessin)
- 도킹(Docking)하다 → 만나다
- 드롭스(Drops)
- 디스크자키(Disk Jockey)
- 다큐멘터리(Documentary)
- 데뷔(Debut)
- 도넛(Doughnut)
- 드라이클리닝(Dry Cleaning)
- 디스코텍(Discotheque)
- 디지털(Digital)

• 리을(ㄹ)
- 라이선스(License) → 인가
- 라켓(Racket)
- 레이더(Radar)
- 레크리에이션(Recreation)
- 로열(Royal)
- 로큰롤(Rock'n'roll)
- 류머티즘(Rheumatism)
- 르포르타주(Reportage) → 보고 기사
- 리모컨(Remote Control)
- 라이터(Lighter)
- 러닝 셔츠(Running Shirts)
- 레커(Wrecker)차 → 견인차
- 레퍼토리(Repertory)
- 로터리(Rotary)
- 루주(Rouge)
- 륙색(Rucksack) → 배낭
- 리더십(Leadership) → 지도력
- 링거(Ringer)

• 미음(ㅁ)

- 마니아(Mania) → 애호가
- 마이실린(Mycillin)
- 매머드(Mammoth)
- 메시지(Message)
- 모라토리엄(Moratorium)
- 미스터리(Mystery)
- 마사지(Massage)
- 매니큐어(Manicure)
- 메리야스(Medias) → 속옷
- 메이크업(Makeup)
- 몽타주(Montage)
- 밀리(Milli)

• 비읍(ㅂ)

- 바비큐(Barbecue)
- 박테리아(Bacteria) → 세균
- 배지(Badge)
- 버저(Buzzer)
- 베니어(Veneer)
- 부르주아(Bourgeois)
- 뷔페(Buffet)
- 브로치(Brooch)
- 블록(Block)
- 비즈니스(Business) → 사업
- 바통 · 배턴(Baton)
- 방갈로(Bungalow)
- 배터리(Battery)
- 버킷(Bucket)
- 보이콧(Boycott)
- 불도그(Bulldog)
- 브래지어(Brassiere)
- 블라우스(Blouse)
- 비스킷(Biscuit)

• 시옷(ㅅ)

- 사디즘(Sadism)
- 새시(Sash)
- 샐비어(Salvia)
- 섀도 캐비닛(Shadow Cabinet)
- 센티멘털(Sentimental) → 감상적
- 셔벗(Sherbet) → 샤베트 ×
- 셰이크(Shake)
- 소켓(Socket)
- 수프(Soup)
- 스노(Snow)
- 스탠더드(Standard) → 표준
- 산타클로스(Santa Claus)
- 색소폰(Saxophone)
- 샹들리에(Chandelier)
- 선글라스(Sunglass)
- 셀룰로오스(Cellulose)
- 셰르파(Sherpa)
- 소시지(Sausage)
- 쇼윈도(Show window)
- 슈퍼마켓(Supermarket)
- 스태미나(Stamina) → 원기, 힘
- 스테인리스(Stainless)

- 스텝(Step) → 걸음걸이
- 스티로폴(Styropor)
- 스폿 뉴스(Spot News)
- 슬래브(Slab)
- 심벌(Symbol) → 상징, 기호

- 스트로(Straw) → 빨대
- 스펀지(Sponge)
- 스프링클러(Sprinkler) → 물뿌리개
- 실루엣(Silhouette)
- 심포지엄(Symposium)

· 이응(ㅇ)

- 아키바레(秋晴)(쌀) → 추청(쌀)
- 악센트(Accent)
- 알코올(Alcohol)
- 애프터서비스(After service)
- 에메랄드(Emerald)
- 에어컨(Air Conditioner)
- 오버코트(Overcoat) → 외투
- 옵서버(Observer)
- 요구르트(Yogurt)
- 인스턴트(Instant) → 즉각, 즉석

- 알칼리(Alkali)
- 앙케트(Enquete)
- 앰뷸런스(Ambulance) → 구급차
- 에스코트(Escort) →호위
- 오르간(Organ) → 풍금
- 오프셋(Offset)
- 왁친, 백신(Vakzin, Vaccine)
- 워크숍(Workshop)

· 지읒(ㅈ)

- 자이로스코프(Gyroscope) → 회전의
- 자이언트(Giant)
- 잭나이프(Jackknife) → 주머니칼
- 제스처(Gesture)
- 젤리(Jelly)
- 쥐라기(Jura紀)

- 자이르(Zaire)
- 재킷(Jacket)
- 점퍼(Jumper)
- 젤라틴(Gelatin)
- 주스(Juice)
- 지터버그(Jitterbug)

· 치읓(ㅊ)

- 찬스(Chance) → 기회
- 초콜릿(Chocolate)

- 챔피언(Champion)

· 키읔(ㅋ)

- 카디건(Cardigan)
- 카바이드(Carbide)
- 카스텔라(Castella)
- 카운터블로(Counterblow)
- 캐러멜(Caramel)
- 캐비닛(Cabinet)
- 캐주얼(Casual)
- 컨트롤(Control) → 통제
- 컴퍼스(Compass)
- 컴프레서(Compressor) → 압축기
- 케첩(Ketchup)
- 코르덴(Corded Velveteen)
- 코미디(Comedy)
- 콤팩트(Compact)
- 콩트(Conte)
- 쿠션(Cushion)
- 크리스천(Christian) → 기독교도
- 클라이맥스(Climax) → 절정
- 킬로(Kilo)

- 카바레(Cabaret)
- 카뷰레터(Carburetor)
- 카운슬러(Counselor)
- 카펫(Carpet) → 양탄자
- 캐럴(Carol)
- 캐시미어(Cashmere)
- 커닝(Cunning)
- 컬러(Color) → 색, 색깔
- 컴포넌트(Component)
- 케이크(Cake)
- 코냑(Cognac)
- 코뮈니케(Communique)
- 콘도르(Condor)
- 콩쿠르(Concours) → 경연회
- 쿠데타(Coup d'etat)
- 쿵후(Kungfu)
- 크리스털(Crystal) → 수정
- 클랙슨(Klaxon) → 경적

· 티읕(ㅌ)

- 타깃(Target) → 목표, 표적
- 탤런트(Talent)
- 테크놀로지(Technology) → 기술
- 톱뉴스(Top News) → 머리기사
- 트롬본(Trombone)

- 타월(Towel) → 수건
- 테이프 리코더(Tape Recorder)
- 토마토(Tomato)
- 트럼펫(Trumpet)
- 팀워크(Teamwork)

・ 피읖(ㅍ)

- 파운데이션(Foundation)
- 판탈롱(Pantalon)
- 페넌트(Pennant)
- 펜치(Pincers)
- 퓨즈(Fuse)
- 프라이드치킨(Fried Chicken)
- 프런티어(Frontier)
- 플랑크톤(Plankton)
- 플래카드(Placard)
- 피켓(Picket)

- 파일럿(Pilot) → 조종사
- 팸플릿(Pamphlet)
- 페스티벌(Festival) → 잔치, 축제
- 포클레인(Poclain) → 삽차
- 프라이(Fry)
- 프런트(Front)
- 프러포즈(Propose) → 청혼, 제안
- 플래시(Flash)
- 피날레(Finale)

・ 히읗(ㅎ)

- 해트 트릭(Hat Trick)
- 휘슬(Whistle)

- 호치키스(Hotchkiss)
- 히프(Hip) → 엉덩이

로마자 표기법

① 표기의 기본 원칙

 ㉠ 국어의 로마자 표기는 국어의 표준 발음법에 따라 적는 것을 원칙으로 합니다.

 ㉡ 로마자 이외의 부호는 되도록 사용하지 않도록 합니다.

② 표기 일람

 ㉠ 모음은 다음과 같이 적습니다.

 ⓐ 단모음

ㅏ	ㅓ	ㅗ	ㅜ	ㅡ	ㅣ	ㅐ	ㅔ	ㅚ	ㅟ
a	eo	o	u	eu	i	ae	e	oe	wi

 ⓑ 이중모음

ㅑ	ㅕ	ㅛ	ㅠ	ㅒ	ㅖ	ㅘ	ㅙ	ㅝ	ㅞ	ㅢ
ya	yeo	yo	yu	yae	ye	wa	wae	wo	we	ui

- 'ㅢ'는 'ㅣ'로 소리나더라도 'ui'로 적습니다(광희문 Gwanghuimun).
- 장모음의 표기는 따로 하지 않습니다.

 ㉡ 자음은 다음과 같이 적습니다.

 ⓐ 파열음

ㄱ	ㄲ	ㅋ	ㄷ	ㄸ	ㅌ	ㅂ	ㅃ	ㅍ
g, k	kk	k	d, t	tt	t	b, p	pp	p

 ⓑ 파찰음, 마찰음, 비음, 유음

파찰음			마찰음			비음			유음
ㅈ	ㅉ	ㅊ	ㅅ	ㅆ	ㅎ	ㄴ	ㅁ	ㅇ	ㄹ
j	jj	ch	s	ss	h	n	m	ng	r, l

- 'ㄱ, ㄷ, ㅂ'은 모음 앞에서는 'g, d, b'로 적고, 자음 앞이나 어말에서는 'k, t, p'로 적습니다([ ] 안의 발음에 따라 표기함).

구미	Gumi	영동	Yeongdong	백암	Baegam
옥천	Okcheon	합덕	Hapdeok	호법	Hobeop
월곶[월곧]	Wolgot	벚꽃[벋꼳]	beotkkot	한밭[한받]	Hanbat

• 'ㄹ'은 모음 앞에서는 'r'로, 자음 앞이나 어말에서는 'l'로 적습니다. 다만, 'ㄹㄹ'은 'll'로 적습니다.

구리	Guri	설악	Seorak
칠곡	Chilgok	임실	Imsil
울릉	Ulleung	대관령[대괄령]	Daegwallyeong

MORE

이중모음

이어지는 두 개의 모음 중 시작 모음과 끝 모음이 다른 소리를 내며 한 음절을 이루는 경우, 이 두 모음을 가리킵니다. 시작 소리가 높은 것은 하강 이중모음이라 하고, 끝 소리가 높은 것은 상승 이중모음이라 합니다.

비음

공기가 코로 나가면서 내는 언어음으로 콧소리라고도 하며 대표적인 비음은 'ㅁ, ㄴ, ㅇ'입니다.

유음

설측음과 'ㄹ' 계통의 음성을 총칭하는 것으로, 혀끝을 윗잇몸에 가볍게 대었다가 떼면서 내는 소리입니다.

③ 표기상의 유의점

㉠ 음운 변화가 일어날 때에는 변화의 결과에 따라 다음과 같이 적습니다.

ⓐ 자음 사이에서 동화 작용이 일어나는 경우(자음동화)

백마[뱅마]	Baengma	신문로[신문노]	Sinmunno
종로[종노]	Jongno	왕십리[왕심니]	Wangsimni
별내[별래]	Byeollae	신라[실라]	Silla

ⓑ 'ㄴ, ㄹ'이 덧나는 경우

학여울[항녀울]	Hangnyeoul	알약[알략]	allyak

ⓒ 구개음화가 되는 경우

해돋이 [해도지]	haedoji	같이 [가치]	gachi	맞히다 [마치다]	machida

ⓓ 'ㄱ, ㄷ, ㅂ, ㅈ'이 'ㅎ'과 합하여 거센소리로 소리 나는 경우

좋고[조코]	joko	놓다[노타]	nota
잡혀[자펴]	japyeo	낳지[나치]	nachi

• 다만, 체언에서 'ㄱ, ㄷ, ㅂ' 뒤에 'ㅎ'이 따를 때에는 'ㅎ'을 밝혀 적습니다.

묵호	Mukho	집현전	Jiphyeonjeon

• 된소리되기는 표기에 반영하지 않습니다.

압구정	Apgujeong	낙동강	Nakdonggang
낙성대	Nakseongdae	합정	Hapjeong

ⓛ 발음상 혼동의 우려가 있을 때에는 음절 사이에 붙임표(-)를 쓸 수 있습니다.

중앙	Jung-ang	반구대	Ban-gudae
세운	Se-un	해운대	Hae-undae

ⓒ 고유 명사는 첫 글자를 대문자로 적습니다.

ⓔ 인명은 성과 이름의 순서로 띄어씁니다. 이름은 붙여 쓰는 것을 원칙으로 하되 음절 사이에 붙임표(-)를 쓰는 것을 허용합니다([ ] 안의 표기를 허용함).

민용하	Min Yongha (Min Yong-ha)	송나리	Song Nari (Song Na-ri)

ⓐ 이름에서 일어나는 음운 변화는 표기에 반영하지 않습니다.

한복남	Han Boknam (Han Bok-nam)	홍빛나	Hong Bitna (Hong Bit-na)

ⓑ 성의 표기는 따로 정합니다.

MORE

자음동화

어느 하나의 자음이 다른 자음의 영향을 받아 비슷하거나 같은 소리로 바뀌는 현상입니다. 예를 들어 '신라'에서 'ㄴ'이 뒤에 오는 'ㄹ'의 영향을 받아 바뀌면서 [실라]로 발음되는 것을 말합니다.

02 한자

동자이음어(同字異音語)

見	(견) 보다 ⇨見聞(견문)
	(현) 나타나다, 뵈다 ⇨謁見(알현)

更	(경) 고치다, 시각 ⇨更張(경장)
	(갱) 다시 ⇨更新(갱신)

茶	(다) 차 ⇨茶菓(다과)
	(차) 차 ⇨茶禮(차례)

車	(거) 수레 ⇨車馬費(거마비)
	(차) 수레, 성 ⇨車庫(차고)

宅	(댁) 집 ⇨宅內(댁내)
	(택) 집 ⇨住宅(주택)

度	(도) 법도 ⇨程度(정도)
	(탁) 헤아리다 ⇨忖度(촌탁)

讀	(독) 읽다 ⇨讀書(독서)
	(두) 구절 ⇨吏讀(이두)

殺	(살) 죽이다 ⇨殺害(살해)
	(쇄) 빠르다, 감하다 ⇨殺到(쇄도)

復	(복) 회복하다 ⇨復歸(복귀)
	(부) 다시 ⇨復活(부활)

洞	(동) 동네, 구멍 ⇨洞里(동리)
	(통) 꿰뚫다, 밝다 ⇨洞察(통찰)

省	(성) 살피다 ⇨省墓(성묘)
	(생) 덜다 ⇨省略(생략)

惡	(악) 악하다 ⇨善惡(선악)
	(오) 미워하다 ⇨憎惡(증오)

宿	(숙) 자다 ⇨露宿(노숙)
	(수) 별 ⇨星宿(성수)

說	(설) 말씀 ⇨學說(학설)
	(열) 기쁘다 ⇨說喜(열희)

索	(색) 찾다 ⇨索引(색인)
	(삭) 삭막하다 ⇨索莫(삭막)

동음이의어

家具(가구)	警戒(경계)	改良(개량)
살림에 쓰이는 세간	조심하게 함	고치어 좋게 함
家口(가구)	境界(경계)	改量(개량)
주거와 생계단위	지역이 갈라지는 한계	다시 측정함

警備(경비)	感想(감상)	改正(개정)
경계하고 지킴	마음에 일어나는 생각	바르게 고침
經費(경비)	鑑賞(감상)	改定(개정)
일을 할 때 드는 비용	작품을 이해하고 즐김	고치어 다시 정함

經路(경로)	競技(경기)	公約(공약)
지나는 길	운동 경기	공중에 대한 약속
敬老(경로)	景氣(경기)	空約(공약)
노인을 공경함	경제 활동 상황	헛된 약속

工學(공학)	教壇(교단)	過程(과정)
공업의 연구 분야	강의할 때 올라서는 단	일이 되어가는 경로
共學(공학)	教團(교단)	課程(과정)
남녀가 함께 배움	종교 단체	과업의 정도

救護(구호)	校監(교감)	救助(구조)
어려운 사람을 보호함	교무를 감독하는 직책	사람을 도와서 구원함
口號(구호)	交感(교감)	構造(구조)
주장 따위의 호소	접촉하여 감응함	전체를 이루고 있는 관계

貴中(귀중)	給水(급수)	技士(기사)
상대편을 높이는 말	물을 공급함	기술자격
貴重(귀중)	級數(급수)	技師(기사)
매우 소중함	우열의 등급	전문적인 기술자

紀元(기원)	綠陰(녹음)	端正(단정)
역사상의 햇수	나무의 그늘	얌전하고 깔끔함
起源(기원)	錄音(녹음)	斷定(단정)
사물이 생긴 근원	소리를 기록함	분명히 결정함

動靜(동정)
상황이 전개되는 상태
同情(동정)
남의 불행을 위로함

動止(동지)
움직이고 멈추는 일
同志(동지)
뜻을 같이 함

發展(발전)
세력 따위가 뻗음
發電(발전)
전기를 일으킴

訪問(방문)
남을 찾아 봄
房門(방문)
방으로 드나드는 문

防火(방화)
화재를 막는 일
放火(방화)
불을 지르는 일

步道(보도)
사람이 다니는 길
報道(보도)
새 소식을 널리 알림

寶庫(보고)
귀한 것을 보관하는 곳
報告(보고)
결과나 내용을 알림

否定(부정)
그렇지 않다고 함
不正(부정)
바르지 않음

負傷(부상)
상처를 입음
副賞(부상)
덧붙여서 주는 상

否認(부인)
옳다고 인정하지 않음
婦人(부인)
아내

飛報(비보)
급한 통지
悲報(비보)
슬픈 소식

碑銘(비명)
비면에 새긴 글
悲鳴(비명)
다급할 때 지르는 소리

非行(비행)
도리에 어긋나는 행위
飛行(비행)
하늘을 날아다님

思考(사고)
생각함
事故(사고)
뜻밖에 일어난 사건

射手(사수)
잘 쏘는 사람
死守(사수)
목숨을 걸고 지킴

師恩(사은)
스승의 은혜
謝恩(사은)
은혜에 대하여 감사함

査正(사정)
조사하여 바로잡음
事情(사정)
일의 형편

社會(사회)
인간생활의 공동체
司會(사회)
행사의 진행을 맡음

商街(상가)
상점이 늘어선 거리
喪家(상가)
초상집

商品(상품)
사고파는 물품
上品(상품)
높은 품격

盛大(성대)
아주 성하고 큼
聲帶(성대)
소리를 내는 기관

首席(수석)	數值(수치)	受信(수신)
맨 윗자리	계산하여 얻은 값	통신을 받음
壽石(수석)	**羞恥(수치)**	**修身(수신)**
아름다운 자연석	부끄럽게 여김	마음과 행실을 닦음

詩想(시상)	實情(실정)	是認(시인)
시인의 착상이나 구상	실제의 사정	그러하다고 인정함
施賞(시상)	**失政(실정)**	**詩人(시인)**
상금을 줌	정치를 잘못함	시를 짓는 사람

實數(실수)	延長(연장)	力說(역설)
유리수와 무리수	기준보다 늘임	힘주어 말함
失手(실수)	**年長(연장)**	**逆說(역설)**
잘못을 저지름	나이가 많음	모순이지만 진리인 말

優秀(우수)	雨水(우수)	元首(원수)
특별히 빼어남	이십사절기의 하나	최고 통치권자
憂愁(우수)	**優秀(우수)**	**怨讐(원수)**
근심과 걱정	특별히 빼어남	원한이 맺힌 사람

儒學(유학)	理解(이해)	理性(이성)
공맹학	사리를 분별하여 앎	논리적인 마음의 작용
留學(유학)	**利害(이해)**	**異性(이성)**
외국에 가서 공부함	이익과 손해	남성과 여성

引導(인도)	印象(인상)	仁政(인정)
가르쳐 일깨움	잊혀지지 않는 자취	어진 정치
人道(인도)	**引上(인상)**	**認定(인정)**
사람이 다니는 길	값을 올림	옳다고 믿고 정함

壯觀(장관)	再考(재고)	展示(전시)
볼 만한 경관	다시 한 번 생각함	물품을 늘어놓음
長官(장관)	**在庫(재고)**	**戰時(전시)**
행정 각부의 책임자	창고에 있음	전쟁을 하고 있는 때

知性(지성)	直選(직선)	政黨(정당)
생각 · 판단하는 능력	직접선거의 준말	정치적인 단체
至誠(지성)	直線(직선)	正當(정당)
정성이 지극함	곧은 줄	바르고 마땅함

定員(정원)	停電(정전)	調和(조화)
정해진 인원	전력이 끊김	서로 잘 어울림
庭園(정원)	停戰(정전)	造花(조화)
뜰	전투 행위를 그침	만든 꽃

條理(조리)	造船(조선)	遲刻(지각)
앞뒤가 들어맞음	배를 건조함	정시보다 늦음
調理(조리)	朝鮮(조선)	知覺(지각)
음식을 만듦	우리나라 옛 이름	사리분별의 능력

志願(지원)	招待(초대)	最古(최고)
뜻하여 바람	남을 불러 대접함	가장 오래됨
支援(지원)	初代(초대)	最高(최고)
편들어서 도움	첫 번째 사람	가장 높음

通貨(통화)	標識(표지)	風俗(풍속)
화 폐	표시나 특징	시대 · 사회의 습관
通話(통화)	表紙(표지)	風速(풍속)
말을 주고받음	책의 겉장	바람의 빠르기

火傷(화상)	會議(회의)	繪畵(회화)
데인 상처	모여서 의논함	그림
畵像(화상)	懷疑(회의)	會話(회화)
모니터 등에 비친 상	의심을 품음	만나서 이야기함

■ 가담항설(街談巷說) : 길거리에 떠도는 소문 등 세상의 풍문(風聞)

■ 가렴주구(苛斂誅求) : 세금을 가혹하게 거둬들여 국민을 괴롭힘

■ 가인박명(佳人薄命) : 아름다운 여자는 기박(奇薄)한 운명(運命)을 타고남

■ 가정맹어호(苛政猛於虎) : 가혹한 정치는 호랑이보다 더 무섭다는 뜻으로, 가혹하게 세금을 뜯어가는 정치는 호랑이에게 잡아먹히는 고통보다 더 무섭다는 말

■ 각골난망(刻骨難忘) : 뼛속에 새겨두고 잊지 않는다는 뜻으로, 남에게 입은 은혜가 마음속 깊이 새겨져 잊히지 아니함을 말함

■ 각주구검(刻舟求劍) : 초(楚)나라 사람이 배를 타고 가다가 강물에 칼을 빠뜨리자 배에 칼이 떨어진 곳을 새기고 나루에 이르러 칼을 찾았다는 것으로, 어리석고 융통성이 없음을 비유함

■ 간담상조(肝膽相照) : 마음과 마음을 서로 비춰볼 정도로 서로 마음을 터놓고 사귀는 것을 말함[간담(肝膽)은 간과 쓸개로 마음을 의미]

■ 감불생심(敢不生心) : 감히 생각도 못함 = 감불생의(敢不生意)

■ 감탄고토(甘吞苦吐) : 달면 삼키고 쓰면 뱉는다는 뜻으로, 사리(事理)의 옳고 그름을 따지지 않고 자기 비위에 맞으면 좋아하고, 맞지 않으면 싫어한다는 말

■ 강구연월(康衢煙月) : 번화한 거리의 안개 낀 흐릿한 달이란 뜻으로, 태평한 시대의 평화로운 풍경을 말함 = 태평연월(太平烟月), 함포고복(含哺鼓腹), 고복격양(鼓腹擊壤)

■ 개세지재(蓋世之才) : 세상을 뒤덮을 만한 재주, 또는 그러한 재주를 가진 사람

■ 객반위주(客反爲主) : 손이 도리어 주인이 됨 = 주객전도(主客顚倒)

■ 거두절미(去頭截尾) : 머리와 꼬리를 자른다는 뜻으로, 어떤 일의 요점만 말함

■ 건곤일척(乾坤一擲) : 운명과 흥망을 걸고 단판으로 승부나 성패를 겨룸. 또는 오직 이 한 번에 흥망성쇠가 걸려있는 일

■ 격물치지(格物致知) : 사물의 이치(理致)를 연구하여 자기의 지식을 확고하게 함

- 격세지감(隔世之感) : 세대(世代)를 거른 듯한 느낌, 딴 세대와도 같이 몹시 달라진 느낌
- 격화소양(隔靴搔痒) : 신을 신고 발바닥을 긁는다는 뜻으로, 일이 성에 차지 않는 것, 또는 일이 철저하지 못한 안타까움을 가리킴
- 견강부회(牽强附會) : 이치에 맞지 않는 것을 억지로 끌어다 붙임
- 견마지로(犬馬之勞) : '견마'는 '자기'의 겸칭(謙稱)이며, 자기의 수고를 겸손하게 이르는 말
- 견문발검(見蚊拔劍) : 모기를 보고 칼을 뺀다는 뜻으로, 조그만 일에 허둥지둥 덤빔을 말함
- 결자해지(結者解之) : 맺은 사람이 풀어야 한다는 뜻으로, 저지른 일은 스스로 해결해야 함
- 결초보은(結草報恩) : 죽어서라도 은혜를 갚는다는 뜻으로, 춘추전국시대에 진(晉)나라 위무자(魏武子)가 아들 위과(魏顆)에게 자기의 첩을 순장(殉葬)하라고 유언하였는데 위과는 이를 어기고 서모(庶母)를 개가시켰더니, 그 뒤에 위과가 진(秦)나라의 두회(杜回)와 싸울 때 서모 아버지의 혼령이 나타나 풀을 매어 놓아 두회가 걸려 넘어져 위과의 포로가 되었다는 고사에서 유래함
- 겸양지덕(謙讓之德) : 겸손(謙遜)하고 사양(辭讓)하는 미덕
- 경거망동(輕擧妄動) : 경솔하고 망령된 행동
- 경국지색(傾國之色) : 위정자의 마음을 사로잡아 한 나라의 형세를 기울게 할 만큼 뛰어나게 아름다운 미인
- 경천동지(驚天動地) : 하늘을 놀라게 하고 땅을 뒤흔든다는 뜻으로, 세상을 몹시 놀라게 함을 말함
- 고군분투(孤軍奮鬪) : 외로운 군력(軍力)으로 분발하여 싸운다는 뜻으로, 홀로 여럿을 상대로 하여 싸우는 것을 말함
- 고립무원(孤立無援) : 고립되어 구원받을 데가 없음 = 孤立無依(고립무의)
- 고식지계(姑息之計) : 고식(姑息)은 부녀자와 아이를 뜻하며, 당장의 편안함만을 꾀하는 일시적인 방편을 말함

- 고육지책(苦肉之策) : 적을 속이는 수단의 일종으로, 제 몸을 괴롭히는 것을 돌보지 않고 쓰는 계책

- 곡학아세(曲學阿世) : 학문을 왜곡하여 세속(世俗)에 아부(阿附)함

- 골육상쟁(骨肉相爭) : 뼈와 살이 서로 싸운다는 뜻으로, 동족이나 친족끼리 싸우는 것을 비유함 = 골육상잔(骨肉相殘), 골육상전(骨肉相戰)

- 관포지교(管鮑之交) : 춘추시대 제(齊)나라의 관중(管仲)과 포숙(鮑叔)이 매우 사이좋게 교제하였다는 고사에서 유래한 말로서, 매우 다정하고 돈독한 친구 관계를 이르는 말

- 괄목상대(刮目相對) : 눈을 비비고 서로 대한다는 뜻으로, 남의 학식이나 재주가 놀랄 만큼 성장한 것을 보고 그에 대한 인식을 새롭게 함을 비유함

- 교각살우(矯角殺牛) : 소의 뿔을 바로잡으려다 소를 죽인다는 뜻으로, 사소한 일로 인해 큰일을 그르침을 말함

- 교언영색(巧言令色) : 남의 환심을 사려고 아첨하는 교묘한 말과 보기 좋게 꾸미는 얼굴빛

- 구밀복검(口蜜腹劍) : 입으로는 달콤한 말을 하지만 마음속으로는 칼을 품는다는 뜻으로, 겉으로는 친절한 듯하나 속으로는 해칠 생각을 품는 것을 말함

- 구상유취(口尙乳臭) : 입에서 아직 젖내가 난다는 뜻으로, 언행이 매우 유치함

- 구우일모(九牛一毛) : 아홉 마리 소의 털 가운데서 한 가닥의 털, 즉 아주 큰 사물의 극히 작은 부분을 뜻함

- 구절양장(九折羊腸) : 아홉 번 꺾인 양의 창자란 뜻으로, 꼬불꼬불하고 험한 산길을 말함

- 군계일학(群鷄一鶴) : 많은 닭 가운데의 한 마리의 학이라는 뜻으로, 평범한 사람들 가운데 뛰어난 한 인물을 말함

- 군맹무상(群盲撫象) : 여러 소경이 코끼리를 어루만진다는 뜻으로 모든 사물을 자기 주관대로 그릇 판단하거나 그 일부밖에 파악하지 못하여 일을 망친다는 말

■ 군신유의(君臣有義) : 오륜(五倫)의 하나로, 임금과 신하에게는 의(義)가 있어
야 한다는 말

■ 군위신강(君爲臣綱) : 삼강(三綱)의 하나로, 임금은 신하의 모범이 되어야 한다
는 말

■ 궁여지책(窮餘之策) : 매우 궁한 나머지 짜낸 계책

■ 권모술수(權謀術數) : 목적 달성을 위해서 인정(人情)이나 도덕을 가리지 않고
권세와 모략, 중상 등 갖은 방법과 수단을 쓰는 술책

■ 권불십년(權不十年) : 아무리 높은 권세도 십 년을 가지 못한다는 말

■ 권토중래(捲土重來) : 흙먼지를 날리며 다시 온다는 뜻으로, 한 번 패한 세력을
회복해 전력을 다하여 다시 쳐들어옴을 말함

■ 근묵자흑(近墨者黑) : 먹을 가까이하는 사람은 검게 된다는 뜻으로, 나쁜 사람
을 가까이하면 그 버릇에 물들기 쉽다는 말 = 근주자적
(近朱者赤)

■ 금과옥조(金科玉條) : 금옥(金玉)과 같이 몹시 귀중한 법칙이나 규정, 교훈

■ 금란지계(金蘭之契) : 다정한 친구 사이의 우정을 뜻하며, 금란(金蘭)은 주역
(周易)의 '二人同心 其利斷金 同心之言 其臭如蘭(두 사람
이 마음이 같으면 그 예리함이 쇠를 끊고, 진정한 말은
그 향기가 난초와 같다)'에서 유래한 말

■ 금상첨화(錦上添花) : 비단 위에다 꽃을 얹는다는 뜻으로, 좋은 일이 겹침 ⇔
설상가상(雪上加霜)

■ 금의환향(錦衣還鄉) : 비단옷을 입고 고향으로 돌아온다는 뜻으로, 출세를 하여
고향에 돌아옴

■ 기호지세(騎虎之勢) : 범을 타고 달리는 듯한 기세, 즉 중도에서 그만둘 수 없
는 형세를 말함

한자성어 - ㄴ

■ 남가일몽(南柯一夢) : 한 사람이 홰나무 밑에서 낮잠을 자다가 꿈에 대괴안국 (大槐安國) 왕의 사위가 되어 남가군(南柯郡)을 20년 동 안 다스리면서 부귀영화를 누리다가 꿈을 깨었다는 내용 을 담고 있는 당(唐)나라의 소설 '남가기(南柯記)'에서 유 래한 말로서, 인생의 부귀영화가 모두 헛된 것임을 비유 하여 이르는 말

■ 낭중지추(囊中之錐) : 주머니 속에 든 송곳은 끝이 뾰족하여 밖으로 나온다는 뜻으로, 뛰어난 재주를 가진 사람은 숨기려 해도 저절로 드러난다는 뜻

■ 내우외환(內憂外患) : 나라 안팎의 근심 걱정

■ 내유외강(內柔外剛) : 겉으로는 강하게 보이나 속은 부드러움

■ 노기충천(怒氣衝天) : 성난 기색이 하늘을 찌를 정도라는 뜻으로, 잔뜩 화가 나 있음을 말함

■ 노심초사(勞心焦思) : 마음으로 애를 쓰며 속을 태움

■ 녹의홍상(綠衣紅裳) : 연두저고리에 다홍치마, 즉 젊은 여자가 곱게 치장한 복 색(服色)

■ 논공행상(論功行賞) : 공의 있고 없음, 작고 큼을 논해 그에 걸맞은 상을 줌

■ 누란지세(累卵之勢) : 달걀을 포개어 놓은 것과 같은 몹시 위태로운 형세를 말함

한자성어 – ⓒ

- 다기망양(多岐亡羊) : 학문의 길이 여러 갈래여서 진리를 찾기 어려움
- 대기만성(大器晚成) : 큰 그릇을 만드는 데는 시간이 오래 걸리듯이, 크게 될 사람은 늦게 이루어진다는 말
- 도불습유(道不拾遺) : 나라가 태평하고 풍습이 아름다워 백성이 길에 떨어진 물건을 주워 가지지 아니함
- 도원결의(桃園結義) : 유비, 관우, 장비가 도원에서 의형제를 맺은 고사에서 유래한 말로서, 의형제를 맺거나 사욕을 버리고 공동의 목적을 위하여 합심함을 뜻함
- 독서삼매(讀書三昧) : 오직 책 읽기에만 골몰하는 일
- 독야청청(獨也靑靑) : 홀로 푸르다는 뜻으로, 혼탁한 세상에서 홀로 높은 절개를 지킴
- 동고동락(同苦同樂) : 같이 고생하고 같이 즐긴다는 뜻으로, 괴로움과 즐거움을 함께 함
- 동병상련(同病相憐) : 같은 병을 앓는 사람끼리 서로 가엾게 여긴다는 뜻으로, 처지가 비슷한 사람끼리 서로 동정함을 말함
- 동분서주(東奔西走) : 사방으로 이리저리 바삐 돌아다님
- 동상이몽(同床異夢) : 같은 잠자리에서 다른 꿈을 꾼다는 뜻으로, 같은 처지에 있으면서도 목표가 저마다 다름
- 동족방뇨(凍足放尿) : 언 발에 오줌을 누어서 녹인다는 뜻으로, 다급한 처지를 일시적으로 모면하는 방법은 되나, 그 효과는 곧 없어질 뿐만 아니라 도리어 더 악화시킨다는 말
- 두문불출(杜門不出) : 문을 닫고 나오지 않는다는 뜻으로, 세상과의 인연을 끊고 은거함

한자성어 - ⓜ

- **마이동풍(馬耳東風)** : 동풍(봄바람)이 말의 귀에 스쳐도 아무 감각이 없듯이, 남의 말을 귀담아 듣지 아니하고 지나쳐 흘려버림을 말함
- **막역지우(莫逆之友)** : 서로의 뜻을 거스르지 않는 친한 벗 = 죽마고우(竹馬故友)
- **만경창파(萬頃蒼波)** : 만 이랑의 푸른 물결이라는 뜻으로, 한없이 넓고 푸른 바다를 말함
- **만시지탄(晚時之歎)** : 때늦은 한탄(恨歎)
- **망년지교(忘年之交)** : 나이를 잊고 사귄다는 뜻으로, 나이를 따지지 않고 교제하는 것
- **망양지탄(亡羊之歎)** : 여러 갈래 길에서 양을 잃고 탄식한다는 뜻으로, 학문의 길이 여러 갈래라 방향을 잡기 어려움(자신의 학문의 폭이 좁음을 탄식하는 말로도 쓰임)
- **망운지정(望雲之情)** : 타향에서 부모가 계신 쪽의 구름을 바라보고 부모를 그리워함
- **맥수지탄(麥秀之嘆)** : 무성하게 자라는 보리를 보고 하는 탄식이라는 뜻으로, 고국의 멸망에 대한 탄식을 이르는 말
- **면종복배(面從腹背)** : 얼굴 앞에서는 복종하고 마음속으로는 배반한다는 뜻 = 양봉음위(陽奉陰違)
- **명경지수(明鏡止水)** : 맑은 거울과 조용히 멈춰 있는 물이란 뜻으로, 고요하고 잔잔한 마음
- **명약관화(明若觀火)** : 밝기가 불을 보는 것과 같다는 뜻으로, 매우 명백하게 알 수 있음
- **목불인견(目不忍見)** : 눈으로 차마 보지 못할 광경이나 참상
- **무릉도원(武陵桃源)** : 속세를 떠난 별천지(別天地)
- **무소불위(無所不爲)** : 못하는 것이 없음, 권세를 마음대로 부리는 사람이나 그런 경우를 말함
- **문경지교(刎頸之交)** : 목이 달아나는 한이 있어도 마음이 변치 않는 친한 사이
- **문일지십(聞一知十)** : 하나를 들으면 열을 앎

- 문전성시(門前成市) : 대문 앞이 시장을 이룬다는 뜻으로, 세도가나 부잣집 문 앞이 방문객으로 시장을 이루다시피 함을 이르는 말 = 문정약시(門庭若市)

한자성어 - ㅂ

- 발본색원(拔本塞源) : 근본을 뽑고 근원을 막아 버린다는 뜻으로, 근본적인 차 원에서 그 폐단을 없애 버림

- 방약무인(傍若無人) : 곁에 사람이 없는 것 같이 여긴다는 뜻으로, 주위의 다른 사람을 전혀 의식하지 않은 채 제멋대로 마구 행동함을 이르는 말

- 배수지진(背水之陣) : 물러설 수 없도록 물을 등지고 적을 치는 전법의 하나로 서, 목숨을 걸고 싸우는 경우를 비유

- 백면서생(白面書生) : 방안에 앉아 오로지 글만 읽어 얼굴이 희다는 뜻으로, 세 상일에 경험이 적은 사람을 이르는 말

- 백문불여일견(百聞不如一見) : 백 번 듣는 것이 한 번 보는 것만 못하다는 뜻으 로, 무엇이든지 경험해야 확실히 알 수 있다는 말

- 백미(白眉) : 여럿 중에 가장 뛰어난 사람이나 사물

- 백아절현(伯牙絶鉉) : 백아(伯牙)가 친구의 죽음을 슬퍼하여 거문고 줄을 끊었 다는 고사에서 유래한 말로서, 참다운 벗의 죽음을 이르 는 말

- 백중지세(伯仲之勢) : 우열의 차이가 없이 엇비슷함을 이르는 말

- 부화뇌동(附和雷同) : 우레(천둥) 소리에 맞춰 함께 한다는 뜻으로, 자신의 소 신 없이 남이 하는 대로 따라함

- 분서갱유(焚書坑儒) : 중국 진시황이 학자들의 정치 비평을 금하기 위하여 책을 불사르고 유생을 구덩이에 묻어 죽인 일

- 불구대천(不俱戴天) : 하늘을 같이 이지 못한다는 뜻으로, 세상에서 같이 살 수 없을 만큼 큰 원한을 비유하여 이르는 말
- 비육지탄(髀肉之歎) : 장수가 전쟁에 나가지 못하여 넓적다리에 살이 찌는 것을 한탄한다는 뜻으로, 뜻을 펴보지 못하고 허송세월을 보냄

한자성어 - ㉯

- 사고무친(四顧無親) : 사방을 둘러보아도 친척이 없다는 뜻으로, 의지할 사람이 없음
- 사면초가(四面楚歌) : 사방에서 들리는 초(楚)나라의 노래라는 뜻으로, 적에게 둘러싸인 상태에서 누구의 도움도 받을 수 없는 처지를 당함
- 사상누각(沙上樓閣) : 모래 위의 누각이라는 뜻으로, 오래 유지되지 못할 일이나 실현 불가능한 일을 말함
- 산해진미(山海珍味) : 산과 바다의 산물(産物)을 다 갖추어 아주 잘 차린 진귀한 음식이란 뜻으로, 온갖 귀한 재료로 만든 맛좋은 음식
- 살신성인(殺身成仁) : 자신을 희생해 인(仁)을 이루거나 옳은 도리를 행함
- 삼고초려(三顧草廬) : 중국의 삼국시대에 촉한(蜀漢)의 유비(劉備)가 남양(南陽) 융중(隆中) 땅에 있는 제갈량(諸葛亮)의 초려를 세 번이나 찾아가 자신의 큰 뜻을 말하고 그를 초빙하여 군사로 삼은 고사에서 유래한 말로서, 인재를 얻기 위해 참을성 있게 힘쓰는 것을 말함
- 삼인성호(三人成虎) : 세 사람이 범을 만들어 낸다는 뜻으로, 근거가 없는 말이라도 여러 사람이 말하면 곧이듣게 된다는 말
- 상전벽해(桑田碧海) : 뽕나무 밭이 변하여 푸른 바다가 된다는 뜻으로, 세상 일이 덧없이 빠르게 변함을 말함

- 새옹지마(塞翁之馬) : 변방에 사는 한 노인이 기르는 말이 도망가고 준마(駿馬)를 데리고 돌아왔는데, 그 아들이 말을 타다가 떨어져 절름발이가 되었고, 그로 말미암아 징병(徵兵)을 면하여 다른 사람처럼 전사(戰死)하지 않고 살아났다는 고사에서 유래한 말로, 인생의 길흉화복(吉凶禍福)은 예측할 수 없다는 말 = 새옹득실(塞翁得失)

- 생자필멸(生者必滅) : 생명이 있는 것은 반드시 죽는다는 말

- 설상가상(雪上加霜) : 눈 위에 서리가 내린다는 뜻으로, 불행한 일이 거듭하여 겹침

- 소탐대실(小貪大失) : 욕심을 부려 작은 것을 탐하다가 오히려 큰 것을 잃음

- 속수무책(束手無策) : 손을 묶어 놓아 방책(方策)이 없다는 뜻으로, 손을 묶은 듯이 꼼짝할 수 없음을 말함

- 송구영신(送舊迎新) : 묵은해를 보내고 새해를 맞이함

- 수구초심(首丘初心) : 여우가 죽을 때 머리를 자기가 살던 굴로 향한다는 뜻으로서, 고향을 그리워하는 마음을 일컬음 = 호사수구(狐死首丘)

- 수불석권(手不釋卷) : 손에서 책을 놓지 않는다는 뜻으로, 글 읽기에 힘씀

- 수어지교(水魚之交) : 물과 고기의 사이처럼 떨어질 수 없는 특별한 친분 = 수어지친(水魚之親)

- 순망치한(脣亡齒寒) : 입술을 잃으면 이가 시리다는 뜻으로, 가까운 사이의 한쪽이 망하면 다른 한쪽도 그 영향을 받아 온전하기 어려움, 또는 서로 도우며 떨어질 수 없는 밀접한 관계, 서로 도움으로써 성립되는 관계 등을 비유하여 이르는 말 = 순치지세(脣齒之勢)

- 신상필벌(信賞必罰) : 상을 받을 만한 사람에게는 반드시 상을 주고, 벌을 받을 만한 사람에게는 반드시 벌을 줌. 상벌(賞罰)을 공정하고 엄중히 하는 일

한자성어 - ◎

- **아비규환(阿鼻叫喚)** : 불교에서 말하는 아비지옥으로, 뜻하지 않은 사고가 발생하여 많은 사람이 괴로움을 당하여 울부짖는 참상을 말함
- **아전인수(我田引水)** : 내 논에 물을 끌어들인다는 뜻으로, 자기의 이익만을 추구함
- **악전고투(惡戰苦鬪)** : 어려운 싸움과 괴로운 다툼이라는 뜻으로, 죽을힘을 다하여 고되게 싸움
- **안중지정(眼中之釘)** : 눈에 박힌 못이라는 뜻으로, 나에게 해를 끼치는 사람, 항상 눈에 거슬리는 사람을 말함
- **안하무인(眼下無人)** : 눈 아래 사람이 없다는 뜻으로, 교만하여 남을 업신여긴다는 뜻
- **암중모색(暗中摸索)** : 어둠 속에서 손으로 더듬어 찾는다는 뜻으로, 어림짐작으로 추측함
- **양두구육(羊頭狗肉)** : 양 머리를 걸고 개고기를 판다는 뜻으로, 겉으로는 훌륭하다고 내세우나 속은 변변찮음
- **양약고구(良藥苦口)** : 좋은 약은 입에 씀, 충언은 귀에는 거슬리나 자신에게 이로움
- **어부지리(漁父之利)** : 두 사람이 이해관계로 다투는 사이에 제3자가 이득을 얻음
- **언어도단(言語道斷)** : 말문이 막혔다는 뜻(너무 어이없어서 말하려고 해도 말할 수 없음)
- **언중유골(言中有骨)** : 예사로운 말 속에 단단한 속뜻이 들어있다는 말
- **엄동설한(嚴冬雪寒)** : 눈이 오고 몹시 추운 한겨울
- **역지사지(易地思之)** : 처지를 바꿔놓고 생각함
- **연목구어(緣木求魚)** : 나무에 올라 고기를 구하듯 불가능한 일을 하려고 한다는 뜻으로, 목적이나 수단이 일치하지 않아 성공이 불가능하다는 말, 또는 허술한 계책으로 큰일을 도모함

- 오리무중(五里霧中) : 짙은 안개가 5리나 끼어 있어 방향을 알 수 없음과 같이, 무슨 일에 대해 알 길이 없음

- 오월동주(吳越同舟) : 오나라 사람과 월나라 사람이 한 배를 탄다는 뜻으로, 어려운 상황에서는 원수라도 협력하게 된다는 뜻. 또는 사이가 나쁜 사람끼리 같은 장소와 처지에 놓인다는 뜻

- 온고지신(溫故之新) : 옛것을 익히고 그것으로 미루어 새것을 안다는 뜻

- 와신상담(臥薪嘗膽) : 섶 위에 누워 쓸개를 맛본다는 뜻으로, 원수를 갚으려고 괴로움을 견딤

- 우공이산(愚公移山) : 우공이 산을 옮긴다는 뜻으로, 남들은 어리석게 여기나 한 가지 일을 꾸준히 하면 목적을 달성할 수 있음

- 우후죽순(雨後竹筍) : 비 온 뒤에 솟는 죽순같이 어떤 일이 한 때에 많이 일어남

- 유비무환(有備無患) : 미리 준비하면 근심할 일이 없음

- 은인자중(隱忍自重) : 마음속으로 참으며 몸가짐을 자중함

- 읍참마속(泣斬馬謖) : 울면서 마속(馬謖)의 목을 벤다는 뜻으로, 법의 공정을 지키기 위해 사사로운 정을 버림을 비유함

- 의문이망(倚門而望) : 어머니가 대문에 기대어 서서 자식이 돌아오기를 기다림, 또는 그런 어머니의 마음

- 인면수심(人面獸心) : 얼굴은 사람이나 마음은 짐승 같은 사람(흉폭하고 잔인한 사람)

- 인산인해(人山人海) : 사람이 헤아릴 수 없이 많이 모임

- 일거양득(一擧兩得) : 한 가지 일을 하여 두 가지 이익을 거둠

- 일망타진(一網打盡) : 그물을 한 번 쳐서 물고기를 모두 잡음

- 일사천리(一瀉千里) : 강물이 단번에 천리를 간다는 뜻으로, 문장이나 일이 거침없이 명쾌하게 진행됨을 말함

- 일장춘몽(一場春夢) : 한바탕의 봄꿈처럼 헛된 부귀영화

- 일취월장(日就月將) : 학문이나 실력이 날로 달로 발전함

- 일필휘지(一筆揮之) : 단숨에 줄기차게 글씨나 그림을 훌륭하게 그려냄

- 일확천금(一攫千金) : 단번에 거액의 돈을 얻음
- 임기응변(臨機應變) : 뜻밖의 일을 당했을 때 재빨리 그에 맞게 대처하는 일
- 입신양명(立身揚名) : 출세하여 (부모의) 이름을 세상에 널리 알림

한자성어 - ㅈ

- 자가당착(自家撞着) : 문장이나 언행이 앞뒤가 어긋나 일치하지 않음
- 자격지심(自激之心) : 자기가 한 일에 대하여 자기 스스로 미흡하게 여기는 마음
- 자업자득(自業自得) : 불교 용어에서 유래한 말로서, 제가 저지른 일의 과오를 제가 받음
- 자중지란(自中之亂) : 같은 패 안에서 일어나는 싸움
- 자화자찬(自畵自讚) : 자기가 그린 그림을 스스로 칭찬한다는 뜻으로, 제 일을 제가 자랑함
- 전광석화(電光石火) : 극히 짧은 순간(아주 신속한 동작)
- 전전긍긍(戰戰兢兢) : 매우 두려워 벌벌 떨며 조심함
- 전화위복(轉禍爲福) : 화(禍)를 바꾸어 오히려 복(福)이 되게 함
- 절차탁마(切磋琢磨) : 옥돌을 자르고 줄로 쓸고 끌로 쪼고 갈아 빛을 낸다는 뜻으로, 학문이나 인격을 갈고 닦음
- 절치부심(切齒腐心) : 몹시 분하여 이를 갈고 속을 썩임
- 점입가경(漸入佳境) : 경치나 문장, 사건이 갈수록 재미있게 전개됨, 또는 '꼴불견'을 비유하는 말로도 쓰임
- 조령모개(朝令暮改) : 아침에 명령을 내리고 저녁에 고친다는 뜻으로, 일관성 없는 정책을 빗대어 이르는 말
- 조삼모사(朝三暮四) : 도토리를 아침에는 세 개 주고 저녁에는 네 개 준다는 뜻으로, 간사한 꾀로 남을 속여 희롱함을 이르는 말
- 좌불안석(坐不安席) : 불안, 초조, 공포 따위 때문에 편하게 앉아있지 못함

- 주객전도(主客顚倒) : 손님이 도리어 주인이 된다는 뜻으로, 대소 · 선후 · 경중이 바뀐 상태

- 주마가편(走馬加鞭) : 달리는 말에 채찍질한다는 뜻으로, 부지런하고 성실한 사람을 더 격려함

- 죽마고우(竹馬故友) : 대나무로 만든 목마를 같이 타고 놀았던 친구라는 뜻으로, 어렸을 때부터 친하게 사귄 친구

- 지록위마(指鹿爲馬) : 사슴을 가리켜 말이라고 한다는 뜻으로, 사실이 아닌 것을 사실로 만들어 강압으로 인정하게 함, 또는 윗사람을 농락하여 권세를 마음대로 부림을 비유함

- 진퇴양난(進退兩難) : 나아가지도 물러서지도 못하는 난처한 입장에 처함

한자성어 - ㅊ

- 창해상전(滄海桑田) : 푸른 바다가 변하여 뽕밭이 된다는 뜻으로, 덧없는 세상의 변천을 말함

- 천고마비(天高馬肥) : 하늘이 높고 말이 살찐다는 뜻으로, 가을은 살기 좋은 계절이라는 말

- 천의무봉(天衣無縫) : 선녀의 옷에는 바느질한 자리가 없다는 뜻으로, 글이 자연스럽고 완벽함

- 천재일우(千載一遇) : 천 년에 한 번 만난다는 뜻으로, 매우 좋은 기회를 말함

- 천진난만(天眞爛漫) : 천진함이 넘친다는 뜻으로, 꾸밈이 없이 아주 순진함

- 천편일률(千篇一律) : 여러 사물이 변화가 없이 비슷비슷함

- 청산유수(靑山流水) : 막힘이 없이 말을 잘하는 것을 비유함

- 청천벽력(靑天霹靂) : 맑게 갠 하늘의 벼락(날벼락)이란 뜻으로, 필세(筆勢)가 매우 힘참, 또는 갑자기 일어난 큰 사건이나 이변을 비유함

- 청출어람(靑出於藍) : 쪽에서 나온 물감이 쪽보다 푸르다는 뜻으로, 제자(후배)가 스승(선배)보다 나음

- 초미지급(焦眉之急) : 눈썹에 불이 붙었다는 뜻으로, 매우 위급한 상태를 말함
- 초지일관(初志一貫) : 처음 계획한 뜻을 이루려고 끝까지 밀고 나감
- 촌철살인(寸鐵殺人) : 한 치의 쇠로 사람을 죽인다는 뜻으로, 간단한 짧은 말로 어떤 일의 급소를 찔러 사람을 감동시킴
- 칠종칠금(七縱七擒) : 일곱 번 놓아주고 일곱 번 사로잡음, 즉 자유자재로 부리 는 전술

한자성어 – ㅋ~ㅎ

• ㅋ
- 쾌도난마(快刀亂麻) : 어지럽게 뒤얽힌 삼의 가닥을 썩 잘 드는 칼로 베어버린 다는 뜻으로, 무질서한 상황을 통쾌하게 풀어 놓는 것을 말함

• ㅌ
- 타산지석(他山之石) : 다른 산에서 난 나쁜 돌도 자기의 구슬을 가는 데에 소용 이 된다는 뜻으로, 남의 하찮은 언행(言行)일지라도 교훈 이 되는 점이 있음
- 탁상공론(卓上空論) : 탁자 위에서만 펼치는 헛된 논설이라는 뜻으로, 실천성이 없는 이론
- 토사구팽(兎死狗烹) : 토끼가 잡히면 사냥개를 삶아 먹는다는 뜻으로, 필요할 때는 이용하고 이용 가치가 없을 때는 홀대하거나 제거함

• ㅍ
- 파란만장(波瀾萬丈) : 파도의 물결치는 것이 만장(萬丈)의 길이나 된다는 뜻으 로, 일의 진행에 변화가 심함을 비유하는 말
- 파렴치(破廉恥) : 염치가 없어 도무지 부끄러움을 모름
- 파죽지세(破竹之勢) : 대나무를 쪼개는 기세라는 뜻으로, 세력이 강대하여 대적 (大敵)을 거침없이 물리치고 쳐들어가는 기세를 말함

■ 풍수지탄(風樹之嘆) : 바람에 흔들리는 나무의 탄식, 즉 효도를 하지 못한 자식
　　　　　　　　　　　　 의 슬픔

• ⓗ

■ 한단지몽(邯鄲之夢) : 한단에서 꾼 꿈이라는 뜻으로, 인생과 영화의 덧없음을
　　　　　　　　　　　　 말함

■ 한우충동(汗牛充棟) : 수레에 실으면 소가 땀을 흘릴 정도이고 방 안에 쌓으면
　　　　　　　　　　　　 들보에 닿을 정도란 뜻으로, 읽은 책이 매우 많음

■ 함흥차사(咸興差使) : 함흥으로 보낸 차사라는 뜻으로, 사람이 돌아오지 않거나
　　　　　　　　　　　　 소식이 없음

■ 형설지공(螢雪之功) : 갖은 고생을 하며 부지런히 학문을 닦은 공

■ 호가호위(狐假虎威) : 여우가 호랑이의 위엄을 빌림, 즉 남의 권세를 빌려 위세
　　　　　　　　　　　　 를 부림

■ 호사다마(好事多魔) : 좋은 일에는 방해되는 것이 많다는 뜻

■ 호시탐탐(虎視眈眈) : 호랑이가 눈을 부릅뜨고 노려본다는 뜻으로, 날카로운 눈
　　　　　　　　　　　　 빛으로 형세를 바라보며 기회를 노린다는 말

■ 호연지기(浩然之氣) : 하늘과 땅 사이에 넘치게 가득 찬 넓고도 큰 원기(元氣),
　　　　　　　　　　　　 자유롭고 유쾌한 마음, 공명정대하여 조금도 부끄러운
　　　　　　　　　　　　 바 없는 용기 등을 뜻함

■ 호접지몽(胡蝶之夢) : 장자가 나비가 된 꿈이란 뜻으로, 만물일체(萬物一體)의
　　　　　　　　　　　　 심정, 또는 인생의 덧없음을 비유하여 이르는 말

■ 혹세무민(惑世誣民) : 세상 사람을 속여 미혹시키고 어지럽힘

■ 화룡점정(畵龍點睛) : 용을 그릴 때 마지막으로 눈을 그려 넣음, 즉 가장 긴요
　　　　　　　　　　　　 한 부분을 끝내어 일을 완성함

■ 화무십일홍(花無十日紅) : 열흘 붉은 꽃이 없다는 뜻으로, 권세나 영화는 영원
　　　　　　　　　　　　　　 할 수 없음

■ 화중지병(畵中之餠) : 그림의 떡, 즉 실제로 이용할 수 없거나 차지할 수 없
　　　　　　　　　　　　 는 것

- 환골탈태(換骨奪胎) : 옛 사람이나 남의 글에서 그 형식이나 내용을 모방하여 자기의 작품으로 꾸미는 것, 또는 용모가 환하고 아름다워 딴 사람처럼 됨
- 회자정리(會者定離) : 만나면 언젠가는 헤어지게 되어 있음
- 후안무치(厚顔無恥) : 얼굴 가죽이 두꺼워 부끄러운 줄을 모름
- 흥진비래(興盡悲來) : 즐거운 일이 다하면 슬픈 일이 닥쳐오기 마련임

속담

- 갈치가 갈치 꼬리 문다. **同族相殘(동족상잔)**
- 같은 값이면 다홍치마, 이왕이면 다홍치마 **同價紅裳(동가홍상)**
- 까마귀 날자 배 떨어진다. **烏飛梨落(오비이락)**
- 고래 싸움에 새우 등 터진다. **鯨戰蝦死(경전하사)**
- 고생 끝에 낙이 온다. **苦盡甘來(고진감래)**
- 고양이 목에 방울 달기 **猫頭縣鈴(묘두현령)**
- 귀에 걸면 귀걸이 코에 걸면 코걸이 **耳懸鈴鼻懸鈴(이현령비현령)**
- 남이 친 장단에 춤춘다, 숭어가 뛰니까 망둥이도 뛴다. **附和雷同(부화뇌동)**
- 낫 놓고 기역자도 모른다. **目不識丁(목불식정)**
- 내 코가 석자다. **掩耳盜鈴(엄이도령)**
- 눈 가리고 아웅한다. **姑息之計(고식지계)**
- 단맛 쓴맛 다 보았다. **山戰水戰(산전수전)**
- 달리는 말에 채찍질한다. **走馬加鞭(주마가편)**
- 등잔 밑이 어둡다. **燈下不明(등하불명)**
- 불면 꺼질까 쥐면 터질까. **金枝玉葉(금지옥엽)**
- 비단 옷 입고 밤길 가기 **錦衣夜行(금의야행)**
- 서당 개 삼년에 풍월을 읊는다. **堂狗風月(당구풍월)**

■ 소 잃고 외양간 고친다. **亡羊補牢**(망양보뢰)

■ 손뼉도 마주 쳐야 소리가 난다. **孤掌難鳴**(고장난명)

■ 쇠귀에 경 읽기 **牛耳讀經**(우이독경)

■ 십 년이면 강산도 변한다. **桑田碧海**(상전벽해)

■ 엎친 데 덮친다. **雪上加霜**(설상가상)

■ 열에 한 술 밥이 한 그릇 푼푼하다. **十匙一飯**(십시일반)

■ 우물 안 개구리 **井底之蛙**(정저지와)

■ 원님 덕에 나팔 분다. **狐假虎威**(호가호위)

■ 님도 보고 뽕도 따고, 도랑치고 가재 잡고, 마당 쓸고 동전 줍고 **一擧兩得**(일거양득)

■ 입술이 없으면 이가 시리다. **脣亡齒寒**(순망치한)

■ 자라 보고 놀란 가슴 솥뚜껑 보고 놀란다. **吳牛喘月**(오우천월)

■ 제 논에 물 대기 **我田引水**(아전인수)

■ 지성이면 감천이다. **至誠感天**(지성감천)

■ 참외 밭에선 신발 끈을 고쳐 매지 말라. **瓜田不納履**(과전불납리)

■ 하나를 보면 열을 안다. **聞一知十**(문일지십)

■ 호랑이는 죽어서 가죽을 남기고 사람은 죽어서 이름을 남긴다. **虎死留皮人死留名**(호사유피 인사유명)

■ 홀아비 사정은 과부가 안다. **同病相憐**(동병상련)

독음 - ㉠

呵責 가책　　覺醒 각성　　脚注 각주　　諫言 간언　　渴望 갈망

勘案 감안　　閘門 갑문　　講壇 강단　　降等 강등　　綱領 강령

凱旋 개선　　坑內 갱내　　更生 갱생　　釀出 갹출　　舉兵 거병

健勝 건승　　傑出 걸출　　儉約 검약　　檢證 검증　　劫迫 겁박

揭載 게재　　激昂 격앙　　牽制 견제　　絹織 견직　　潔白 결백

謙虛 겸허　　梗塞 경색　　驚愕 경악　　啓蒙 계몽　　考證 고증

鼓吹 고취　　困窮 곤궁　　滑稽 골계　　貢納 공납　　攻駁 공박

寡默 과묵　　過誤 과오　　灌漑 관개　　寬容 관용　　貫徹 관철

狂亂 광란　　括弧 괄호　　廣闊 광활　　罫線 괘선　　乖離 괴리

壞滅 괴멸　　轟音 굉음　　驕慢 교만　　校閱 교열　　舊習 구습

救恤 구휼　　局面 국면　　郡縣 군현　　掘鑿 굴착　　窮乏 궁핍

蹶起 궐기　　軌道 궤도　　龜鑑 귀감　　閨秀 규수　　龜裂 균열

禽獸 금수　　琴瑟 금슬　　兢兢 긍긍　　饑饉 기근　　欺瞞 기만

忌憚 기탄　　緊縮 긴축　　吉凶 길흉　　喫煙 끽연

독음 - ㉡

裸眼 나안　　懶怠 나태　　酪農 낙농　　烙印 낙인　　卵黃 난황

捺印 날인　　捏造 날조　　濫用 남용　　納凉 납량　　耐久 내구

怒氣 노기　　祿俸 녹봉　　論功 논공　　濃厚 농후　　惱殺 뇌쇄

樓閣 누각　　漏泄 누설　　訥辯 눌변　　肋骨 늑골　　凌駕 능가

凌蔑 능멸

독음 - ㉢

茶菓 다과   茶器 다기   端午 단오   達辯 달변   談論 담론

踏襲 답습   糖尿 당뇨   唐慌 당황   貸借 대차   對峙 대치

賭博 도박   跳躍 도약   堵列 도열   淘汰 도태   禿山 독산

瀆職 독직   敦篤 돈독   頓挫 돈좌   突然 돌연   動搖 동요

杜鵑 두견   臀部 둔부   登攀 등반

독음 - ㉰

魔球 마구   寞寞 막막   莫逆 막역   蔓延 만연   蠻勇 만용

抹殺 말살   茫然 망연   媒介 매개   罵倒 매도   煤煙 매연

脈搏 맥박   盲目 맹목   蔑視 멸시   明滅 명멸   冒瀆 모독

侮蔑 모멸   模寫 모사   某處 모처   沒收 몰수   朦朧 몽롱

蒙昧 몽매   無窮 무궁   默過 묵과   紊亂 문란   紋樣 문양

問責 문책   勿論 물론   迷宮 미궁   未盡 미진   敏腕 민완

敏捷 민첩   密封 밀봉

독음 - ⓗ

撲滅 박멸　　拍車 박차　　剝奪 박탈　　反撥 반발　　反芻 반추
潑剌 발랄　　勃發 발발　　拔萃 발췌　　傍助 방조　　紡織 방직
彷徨 방황　　排泄 배설　　培養 배양　　背任 배임　　煩惱 번뇌
飜覆 번복　　筏橋 벌교　　伐採 벌채　　氾濫 범람　　汎用 범용
霹靂 벽력　　碧玉 벽옥　　僻地 벽지　　邊境 변경　　辨別 변별
瞥見 별견　　拉殺 병살　　兵站 병참　　倂呑 병탄　　堡壘 보루
報酬 보수　　布施 보시　　輔弼 보필　　復刻 복각　　捧納 봉납
鳳凰 봉황　　腐敗 부패　　憤慨 분개　　焚香 분향　　不朽 불후
崩壞 붕괴　　朋黨 붕당　　沸騰 비등　　卑劣 비열　　頻繁 빈번
嚬蹙 빈축　　憑依 빙의　　憑藉 빙자

독음 - ⓢ

祠堂 사당　　寺刹 사찰　　奢侈 사치　　詐稱 사칭　　削除 삭제
散漫 산만　　傘下 산하　　殺戮 살육　　撒布 살포　　澁滯 삽체
揷畵 삽화　　相殺 상쇄　　爽快 상쾌　　傷痕 상흔　　省略 생략
逝去 서거　　釋迦 석가　　惜敗 석패　　宣揚 선양　　旋律 선율
舌禍 설화　　殲滅 섬멸　　攝政 섭정　　省察 성찰　　歲暮 세모
燒却 소각　　遡及 소급　　騷擾 소요　　掃蕩 소탕　　贖罪 속죄
率先 솔선　　刷新 쇄신　　衰落 쇠락　　受賂 수뢰　　隨時 수시
羞恥 수치　　殉職 순직　　述懷 술회　　膝骨 슬골　　拾得 습득
僧侶 승려　　昇遐 승하　　示威 시위　　辛辣 신랄　　迅速 신속
伸張 신장　　審問 심문　　深淵 심연

독음 - ㅇ

阿諂 아첨	雅趣 아취	惡辣 악랄	安危 안위	斡旋 알선
謁見 알현	庵子 암자	壓縮 압축	怏心 앙심	隘路 애로
厄運 액운	鸚鵡 앵무	冶金 야금	掠奪 약탈	釀造 양조
語弊 어폐	臆測 억측	言辯 언변	掩蔽 엄폐	濾過 여과
黎明 여명	譯註 역주	連鎖 연쇄	演繹 연역	涅槃 열반
獵奇 엽기	永劫 영겁	靈媒 영매	隷屬 예속	嗚咽 오열
玉碎 옥쇄	溫厚 온후	壅塞 옹색	渦中 와중	緩慢 완만
旺盛 왕성	歪曲 왜곡	外延 외연	僥倖 요행	傭兵 용병
憂慮 우려	隕石 운석	鬱憤 울분	怨望 원망	越權 월권
威脅 위협	蹂躙 유린	猶豫 유예	絨緞 융단	隱遁 은둔
隱蔽 은폐	淫亂 음란	應分 응분	罹災 이재	匿名 익명
靭帶 인대	粒子 입자	孕胎 잉태		

독음 - ㅈ

慈悲 자비	爵位 작위	殘滓 잔재	箴言 잠언	障碍 장애
葬儀 장의	災殃 재앙	沮害 저해	漸進 점진	正鵠 정곡
整頓 정돈	造詣 조예	詔勅 조칙	拙速 졸속	腫瘍 종양
慫慂 종용	駐屯 주둔	躊躇 주저	浚渫 준설	仲裁 중재
蒸溜 증류	咫尺 지척	遲滯 지체	眞率 진솔	窒息 질식
叱咤 질타	嫉妬 질투	斟酌 짐작	執拗 집요	懲戒 징계

독음 - ㉾

遮斷 차단 錯覺 착각 搾取 착취 燦爛 찬란 簒奪 찬탈

刹那 찰나 斬新 참신 參酌 참작 懺悔 참회 猖獗 창궐

處暑 처서 剔抉 척결 斥候 척후 遷都 천도 鐵槌 철퇴

添削 첨삭 尖銳 첨예 妾室 첩실 滯納 체납 諦念 체념

剃髮 체발 焦燥 초조 憔悴 초췌 觸覺 촉각 囑託 촉탁

寸鐵 촌철 總括 총괄 撮影 촬영 催淚 최루 推戴 추대

酋長 추장 醜態 추태 逐出 축출 沖積 충적 衝天 충천

膵臟 췌장 脆弱 취약 惻隱 측은 熾烈 치열 稚拙 치졸

置重 치중 勅令 칙령 漆黑 칠흑 鍼灸 침구 浸蝕 침식

蟄居 칩거 稱頌 칭송

惰性 타성　　唾液 타액　　琢磨 탁마　　彈劾 탄핵　　奪取 탈취

耽溺 탐닉　　搭載 탑재　　蕩盡 탕진　　怠慢 태만　　討伐 토벌

洞察 통찰　　洞燭 통촉　　堆積 퇴적　　頹廢 퇴폐　　妬忌 투기

投影 투영　　罷業 파업　　跛行 파행　　販促 판촉　　悖倫 패륜

澎湃 팽배　　膨脹 팽창　　鞭撻 편달　　偏重 편중　　編纂 편찬

貶毀 폄훼　　平坦 평탄　　廢棄 폐기　　閉塞 폐색　　抛棄 포기

泡沫 포말　　暴虐 포학　　暴壓 폭압　　漂流 표류　　諷刺 풍자

避免 피면　　匹夫 필부　　逼迫 핍박　　瑕疵 하자　　虐政 학정

閑散 한산　　割據 할거　　割愛 할애　　函數 함수　　抗拒 항거

楷書 해서　　諧謔 해학　　邂逅 해후　　行悖 행패　　享年 향년

鄕飮 향음　　虛構 허구　　獻呈 헌정　　嫌惡 혐오　　俠客 협객

荊棘 형극　　兄嫂 형수　　慧眼 혜안　　浩蕩 호탕　　惑世 혹세

渾身 혼신　　忽待 홀대　　忽然 홀연　　弘益 홍익　　花卉 화훼

確固 확고　　擴充 확충　　幻滅 환멸　　滑車 활차　　荒唐 황당

恍惚 황홀　　懷柔 회유　　膾炙 회자　　劃策 획책　　橫行 횡행

酵母 효모　　嚆矢 효시　　後裔 후예　　燻製 훈제　　毀謗 훼방

毀損 훼손　　休憩 휴게　　胸像 흉상　　欣然 흔연　　欠缺 흠결

欽慕 흠모　　洽足 흡족　　戲弄 희롱　　稀釋 희석　　喜悅 희열

24절기

春 **(봄)**	입춘(立春)	봄의 시작(양력 2월 4일)
	우수(雨水)	강물이 풀림(양력 2월 19일)
	경칩(驚蟄)	동물이 겨울잠에서 깨어남(양력 3월 5일)
	춘분(春分)	밤과 낮의 길이가 같음(양력 3월 21일)
	청명(淸明)	날씨가 맑고 청명함(양력 4월 5일)
	곡우(穀雨)	봄비가 내려 곡식이 윤택함(양력 4월 20일)
夏 **(여름)**	입하(立夏)	여름의 시작(양력 5월 6일)
	소만(小滿)	만물이 점차 성장(양력 5월 21일 무렵)
	망종(芒種)	보리는 익고 모를 심기 좋은 때(양력 6월 6일)
	하지(夏至)	낮의 길이 최장(양력 6월 21일)
	소서(小暑)	본격적 더위 시작(양력 7월 7일)
	대서(大暑)	더위가 가장 심함(양력 7월 23일)
秋 **(가을)**	입추(立秋)	가을의 시작(양력 8월 8일)
	처서(處暑)	더위가 물러가는 시기(양력 8월 23일)
	백로(白露)	이슬이 내리고 가을 기운이 느껴짐(양력 9월 8일)
	추분(秋分)	낮과 밤의 길이가 같음(양력 9월 23일)
	한로(寒露)	찬 이슬이 내림(양력 10월 8일)
	상강(霜降)	서리가 내림(양력 10월 23일)
冬 **(겨울)**	입동(立冬)	겨울의 시작(양력 11월 7일)
	소설(小雪)	눈이 오기 시작함(양력 11월 23일)
	대설(大雪)	눈이 많이 오는 시기(양력 12월 7일)
	동지(冬至)	밤이 가장 긴 시점(양력 12월 22일)
	소한(小寒)	겨울 추위가 본격적으로 시작됨(양력 1월 6일)
	대한(大寒)	가장 춥다고 하는 절기(양력 1월 20일)

나이 호칭

명칭	연령	의미	출전
지학(志學)	15세	학문에 뜻을 두는 나이	논어(論語)
약관(弱冠)	20세	남자 나이 스무 살을 뜻함	예기(禮記)
이립(而立)	30세	모든 기초를 세우는 나이	논어(論語)
불혹(不惑)	40세	사물의 이치를 터득하고 세상일에 흔들리지 않을 나이	논어(論語)
상수(桑壽)	48세	상(桑)자를 십(十)이 네 개와 팔(八)이 하나인 글자로 파자(破字)하여 48세로 봄	–
지명(知命)	50세	천명을 아는 나이. 지천명(知天命)이라고도 함	논어(論語)
이순(耳順)	60세	인생에 경륜이 쌓이고 사려(思慮)와 판단(判斷)이 성숙하여 남의 말을 받아들이는 나이	논어(論語)
화갑(華甲)	61세	화(華)자는 십(十)이 여섯 개이고 일(一)이 하나라고 해석하여 61세를 가리키며, 한 갑자인 60년이 돌아왔다고 해서 환갑(還甲) 또는 회갑(回甲)이라고도 함	–
진갑(進甲)	62세	환갑보다 한 해 더 나아간 해라는 뜻	
종심(從心)	70세	뜻대로 행하여도 도리에 어긋나지 않는 나이. 또한 두보의 시 '곡강(曲江)'에서 유래하여 고희(古稀)라고도 함 → 從心所欲不踰矩(종심소욕불유구)	논어(論語)
희수(喜壽)	77세	희(喜)의 초서체가 칠(七)과 칠(七)을 연속으로 쓴 것으로 보여 77세를 의미	
산수(傘壽)	80세	산(傘)자를 팔(八)과 십(十)의 파자(破字)로 해석하여 80세라는 의미	
미수(米壽)	88세	미(米)자를 팔(八)과 십(十)과 팔(八)의 파자로 보아 88세라는 의미	
졸수(卒壽)	90세	졸(卒)자의 약자를 구(九)와 십(十)으로 파자해 90세로 봄	–
망백(望百)	91세	91세가 되면 백 살까지 살 것을 바라본다 하여 망백이라 함	
백수(白壽)	99세	일백 백(百)자에서 한 일(一)자를 빼면 흰 백(白)자가 된다 하여 99세로 봄	
상수(上壽)	100세	사람의 수명을 상중하로 나누어 볼 때 최상의 수명이라는 뜻. '좌전(左傳)'에는 120살을 상수(上壽)로 봄	장자(莊子)

바이에른과 독일의 역사

역사적으로 도이칠란트(Deutschland)라는 단일국가가 등장한 것은 1871년 지금의 독일 지역과 프로이센, 알자스, 로렌 지역을 합쳐 성립된 때였습니다. 바로 독일제국입니다. 이전에는 여러 개의 영방국가로 나뉘어 있었고, 그 이전에는 지역적으로는 통일되어 있었지만 프랑크 왕국이나 동프랑크 왕국이라는 이름이었습니다.

그보다 더 이전에 이 지역은 서로마제국의 영토였습니다. 375년 북부의 게르만족이 서로마제국을 쫓아내고 자신들의 왕국을 세우기 시작했고, 그중에서 로마 가톨릭으로 개종하여 동로마 제국의 인정을 받은 프랑크 왕국이 최후의 승자로 살아남았습니다. 하지만 왕위계승을 둘러싼 삼형제의 싸움으로 동·서·중프랑크(독일·프랑스·이탈리아의 시작)로 분리되었습니다. 그리고 동프랑크도 중세를 거치면서 주변국들의 성장 및 종교개혁과 30년전쟁 등을 계기로 2,000개에 가까운 영방국가로 쪼개지고 말았습니다.

1806년 프랑스의 나폴레옹 1세의 정책으로 신성로마제국마저 해체된 후에는 독일 서부지역에서는 나폴레옹 법전을 받아들인 라인연방이, 독일지역에는 프로이센과 오스트리아를 포함한 35개의 군주국과 4개의 자유도시가 통합된 '독일연방'이 세워졌습니다.

바이에른도 이때 왕국으로서 독일연방에 소중한 1표를 행사했습니다. 그러나 1871년 빌헬름 1세와 수상 비스마르크가 이끄는 프로이센을 중심으로 통일된 '독일제국'에 흡수되고 말았습니다. 바로 제1차 세계대전을 일으킨 것이 이 독일제국입니다.

이후 세계대전에서의 패배로 독일제국은 붕괴되고 바이마르 공화국으로 명맥을 잇다가 히틀러의 나치 제3제국으로 제2차 세계대전을 일으키게 됩니다.

동프랑크의 영토를 확장한 하인리히 1세의 프레스코화, 독일 들린부르크 수도원

부 록

2024학년도 대학별
구술면접 기출문제

틈틈히 보고, 생각은 더 크게 !

2024학년도

대학별 구술면접 기출문제

2024학년도 대학별 구술면접 기출문제

가천대학교

◆ 상경계열

Q 고등학교 때 경영과 관련한 활동 중 기억에 남는 것은 무엇인가?

> 답변예시 3학년 때 소비자의 심리를 분석하는 활동을 했다. 경영은 사람을 대하는 것이므로 사람에 대한 이해를 높이는 것이 중요하다는 것을 알았다. 합리적 소비와 비합리적 소비, 베블런 효과 등 소비자 심리와 관련된 개념을 탐구하고 연구하는 활동을 했다. 더 나아가 심리지표인 MBTI를 활용한 소비자 유형 테스트를 만들어서 반 친구들에게 호응을 얻을 수 있었다.

> 추가질문 베블런 효과가 무엇인가?

Q 1학년 때 기업분석활동을 했는데, 어떤 기업을 분석했는가?

> 답변예시 중고거래 플랫폼을 운영하는 기업에 대해 분석했다. 해당 기업은 밈을 활용해 동네주민끼리의 중고거래라는 서비스의 친근함을 극대화하는 데 성공했다.

Q 마케팅 믹스에 대해 설명해보시오.

Q 가격탄력성에 대해 설명해보시오.

Q 재무제표를 분석하는 활동을 했는데, 재무제표의 종류에는 무엇이 있나?

> 추가질문 재무상태표의 구성요소 세 가지는 무엇인가?

◆ 미디어계열

Q 공익광고기획자를 꿈꾸고 있는데, 많은 광고 분야 중 왜 공익광고인가?

> 답변예시 사회의 올바른 발전에 이바지할 수 있는 일을 하고 싶다. 특히나 인접국의 역사왜곡을 홍보할 수 있는 공익광고를 제작하고 싶다. 물론 공익광고로 이익을 기대하기는 어렵지만, 모든 사람이 이익을 추구하며 상업광고에만 뛰어들 수는 없다. 누군가는 이 같은 일을 해야 한다고 생각한다.

추가질문 상업광고로도 역사왜곡과 관련한 메시지를 낼 수 있다. 이 점은 어떻게 생각하나?

Q 챗GPT를 광고제작에 활용하는 것에 대해 어떻게 생각하는가?

답변예시 챗GPT를 광고제작에 활용하는 것 자체에는 긍정적이다. 그러나 챗GPT는 아직 표절, 잘못된 정보 산출 등 여러 문제도 함께 갖고 있다. 챗GPT로만 광고를 제작할 때에는 광고의 전체적인 큰 방향을 짤 때에 활용하고, 나머지 상세한 부분이나 아이디어를 구축하는 과정은 광고기획자가 전담해야 한다고 생각한다.

광운대학교

◆ 상경계열

Q 미디어와 마케팅 등 관심사가 다양한 것 같은데 구체적인 진로가 무엇이고, 본교에 진학해 무엇을 이루고 싶은가?

Q 진로와 관련해 배우고 싶은 외국어는 무엇인가?

Q 브랜드 컬러 마케팅에 대해 탐구했는데, 구체적으로 설명해보시오.

추가질문 그 마케팅 방식에 어떤 효과가 있고, 어떤 사례가 있는가?

◆ 수학과

Q 성적이 잘 유지되다가 3학년에 들어서 하락했다. 이유가 무엇인가?

Q 고등학교 때 배운 수학 개념 중 가장 재미있는 것은 무엇인가?

Q 불연속점에서의 입실론델타 논법에 대해 설명해보라.

추가질문 구체적인 함수를 하나 말해보고, 이 함수가 불연속적인지 확인할 수 있는 방법을 제시하라.

Q 인공지능을 활용했을 때의 문제점과 이에 대처하기 위한 정부의 정책을 제시해보라.

동덕여자대학교

◆ 외국어학계열

Q 고등학교 때 프랑스어를 공부했는데 이유가 무엇인가?

[답변예시] 1학년 때 프랑스 영화 한 편을 감명 깊게 보았다. 영화의 메시지뿐 아니라 프랑스어 자체의 아름다움을 느낀 시간이었다. 영화를 본 후 프랑스 문화콘텐츠를 우리말로 옮기는 번역가가 되고 싶다고 생각해, 제2외국어로 프랑스어를 선택했다.

[추가질문] 영화에 대해 자세히 이야기해보라.

[답변예시] 〈세월의 거품〉이라는 원작소설을 영화화한 작품이다. 제목처럼 사람들에게 깊은 영향을 끼치던 존재들도 세월이 흐르다보면 거품처럼 한순간에 사라질 수 있다는 내용을 담았다. 영화를 감상하고서 나 자신은 허무한 존재로 거품처럼 사라지지 않도록 나의 이름으로 번역한 작품을 남겨 사람들에게 기억되고 싶다는 생각이 들었다.

Q 프랑스의 루브르박물관을 탐구했는데, 구체적으로 말해보시오.

◆ 문헌정보학과

Q 학교생활 중 리더십을 발휘한 사례가 있는가?

Q 본인이 생각하는 본인의 성격은 어떠한가?

Q 교내에서 학생과 교사 등 세대갈등이 발생했을 때 해결할 수 있는 방법은 무엇인가?

◆ 미디어계열

Q 본 학과에 지원한 동기는 무엇인가?

> 답변예시 고등학교 때 방송부 활동을 하며 학교 축제영상이나 라디오방송을 제작했다. 그러면서 콘텐츠 제작에 흥미를 갖게 됐고 미디어 제작사의 콘텐츠 제작PD 가 되기로 결심했다. 본 학과에 입학해 미디어 이론을 바탕으로 실제 콘텐츠 를 제작하는 전문기술을 익혀야 한다는 생각으로 지원했다.

Q 어려운 내용의 책을 끝까지 읽었던 경험이 있는가?

Q 넷플릭스 같은 글로벌 OTT가 우리나라 미디어에 미치는 영향이 무엇이라 생각하는가?

◆ 정치외교학과

Q 본 학과에 지원한 동기는 무엇인가?

> 답변예시 고등학교 때 학급임원을 도맡으며 적극적이고 열정적인 태도를 기를 수 있었 다. 아울러 리더십의 중요성에 대해서도 체감할 수 있었는데, 리더십의 긍정 적인 힘에 관해 전파하는 문화콘텐츠 기획자가 되고 싶다. 이러한 콘텐츠를 제작하기 위해서, 각 국가 사이에 얽힌 힘의 논리와 관계를 탐구할 수 있는 정치외교학과를 선택해야 한다고 생각했다.

> 추가질문 구체적으로 어떤 문화콘텐츠를 말하는 것인가?

Q 북한의 체제선전에 관련한 활동을 했는데 구체적으로 말해보시오.

> 답변예시 북한의 체제선전이 기존과는 달리 SNS나 플랫폼을 통한 동영상 콘텐츠로도 이뤄지고 있다는 것을 알게 됐다. 직접 북한이 운영하는 동영상 플랫폼의 채 널을 접하고 흥미를 느꼈다. 이들의 체제선전도 국제적인 흐름에 따라 달라 지고 있다는 것을 알게 됐다.

> 추가질문 방식이 구체적으로 어떻게 변화했는가?

> 답변예시 과거에는 선군정치를 내세워 군사력을 위주로 강조하는 편이었다면, 최근에 는 북한사람들의 일상을 브이로그처럼 보여주는 체제선전을 하고 있었다. 내·외부인들에게 북한정권에 대한 친근한 이미지를 심어주려 한다는 생각 이 들었다.

삼육대학교

◆ 관광계열

Q (생활기록부를 보며) 고등학교 때 본 학과와 관련된 특별한 활동내역이 없는데 지원동기가 무엇인가?

Q 제2외국어 과목 활동 때 일본항공사에 대해 알아봤는데, 어떤 항공사가 있고 승무원 자격요건은 어떠한가?

Q 전체적으로 성적이 고르지 않은데, 이유가 무엇이고 이를 어떻게 극복할 것인가?

◆ 화학생명공학과

Q (생활기록부를 보며) 항생제에 대해 탐구했는데 항생제에 대체제가 필요한 이유는 무엇인가?

> 추가질문 천연항생제에 대해 말해보시오.

Q (생활기록부를 보며) 코로나19 자가진단키트의 민감도와 특이도란 무엇이고, 둘의 차이점은 무엇인가?

Q (생활기록부를 보며) 일반의약품이란 무엇이고 어떤 종류가 있으며, 어떤 부작용이 있는가?

성공회대학교

◆ 인문계열

Q 인문학과 함께 경영학을 필수로 이수하고 싶다고 했는데 이유가 무엇인가?

> 답변예시 여행상품을 개발하는 직업을 갖고 싶다. 소비자의 심리·행동을 연구하고 상품 트렌드를 분석해보는 경영 분야를 공부하면 도움이 되리라 생각한다. 여행상품 중에서도 일본의 소도시를 홍보해 관광상품을 개발하는 것이 목표다. 때문에 일어일문학을 주전공으로 할 생각이다.

왜 일본의 소도시를 선택했나?

답변예시 일본에는 매력적인 소도시가 많이 있다. 가령 북해도 지역은 겨울철 눈이 많이 내리기로 유명하지만, 삿포로 같은 대도시 외에도 설경이 아름다운 소도시가 많다. 이러한 소도시를 발굴하여 소규모 관광상품을 개발하면 시장성이 있을 것이라 생각한다.

◆ 사회계열

Q 학부에서 어떤 학문을 전공할 것이며 전공학습을 위해 사전에 어떤 노력을 했는가?

Q 사회복지학과 사회학은 어떤 관련이 있는가?

Q 고등학교 시절 기억에 남는 성공사례와 실패사례가 있다면 무엇인가?

성균관대학교

◆ 사범계열

Q 인공지능 발달과 제4차 산업혁명 시대에 교사의 역할은 어떻게 변화할 것이라 생각하나?

답변예시 인공지능이 발달하면서 이를 정보탐색 등 교육현장에 폭넓게 활용할 수 있으리라 생각한다. 그러나 그렇다고 해서 교사의 역할이 크게 축소되지는 않으리라 본다. 인공지능으로 얻은 정보를 적절하게 활용하는 것은 교사의 재량이다. 또한 단순한 지식 전달만이 아닌, 학생들과 정서적으로 교감하며 인간성을 길러주는 것도 여전히 인간인 교사가 더 잘할 수 있는 영역이다.

Q 교사의 교육권과 학생의 학습권 중 무엇이 더 우선한다고 보는가?

답변예시 교사의 교육권을 보장하는 것이 곧 학생의 학습권과 연결된다고 생각한다. 학교에서의 교육은 교사와 학생, 어느 한 축으로만 이뤄지는 것이 아닌 양쪽의 권리가 동등하고 균형 있게 보장될 때 참되게 실현된다고 본다.

◆ 예체능계열

Q 많은 사람들이 스포츠를 취미로서 즐기는 시대에 스포츠과학을 학문으로 탐구해야 하는 이유는 무엇인가?

답변예시 스포츠에 대한 일반인들의 수요가 갈수록 늘고 있다. 언제 어디서든 스포츠를 어렵지 않게 즐길 수 있는 시대에 스포츠를 안전하고 효과적으로 누릴 수 있는 문화를 조성하는 것도 중요하다. 스포츠를 과학적으로 분석하고 발전시키는 노력은 이러한 문화를 조성하는 데 일조할 것이다.

Q 가장 좋아하는 스포츠는 무엇인가? 또 스포츠를 관람하는 것을 좋아하는가, 직접 하는 것을 좋아하는가?

성신여자대학교

◆ 상경계열

Q 경제학에 원래부터 관심이 많았는가?

답변예시 고등학교 1학년 때 한 문학작품에서 '기본소득'이라는 개념을 접하면서 경제학에 관심을 갖게 됐다. 기본소득과 관련해 정부의 재정운용이 국민의 생활에 큰 영향을 끼친다는 사실을 알게 됐고, 경제정책에 대한 흥미도 함께 갖게 됐다. 이후 경제학과에 진학해 관련된 공부를 하고 싶다는 마음을 먹었다.

추가질문 그렇다면 졸업 이후의 계획은 무엇인가?

답변예시 정부의 경제부문 공공기관에 진출해 경제정책연구원이 되고 싶다.

추가질문 경제정책연구원이 가져야 할 자질은 무엇이라고 생각하나?

답변예시 국가의 경제상황을 분석해야 하기 때문에 객관적인 눈과 분석력을 가져야 한다고 생각한다. 아울러 경제정책을 수립할 때에는 국가의 다양한 계층의 목소리를 두루 반영해야 한다고 생각한다. 따라서 여러 전문가, 시민들과 의사소통할 수 있는 능력을 갖춰야 한다고 본다.

Q 고등학교 때 주로 경제 관련 동아리에서 활동했는데, 다른 활동 사례는 없는가?

Q 본 학과에 진학한 후에 학습계획은 어떠한가?

Q 본인의 단점은 무엇인가?

[답변예시] 한 가지 일에 집중하게 되면 해야 하는 다른 활동에는 신경을 쓰지 못하는 때가 많다. 이 때문에 공부나 여타 활동을 하면서 지장을 겪은 일이 있었는데, 이 점은 계획과 시간을 사전에 잘 배분해 극복하려고 한다.

◆ 법학계열

Q 성적이 굉장히 좋은데 학습비결이 무엇인가?

Q 인공지능의 특수 불법행위에 대해 탐구했는데 자세히 설명해보시오.

[답변예시] 인공지능에게는 사람이 가진 일반적인 권리나 능력이 없다고 생각한다. 인공지능이 사전 입력된 알고리즘을 바탕으로 표절과 같은 특수 불법행위를 범했을 경우, 이것이 인정되면 일단 사용자에게 책임을 부과한다. 그러나 사용자가 불법행위를 방지하기 위해 노력을 다한 것이 인정되면, 책임은 인공지능을 개발한 기업에게 넘어간다고 봤다. 챗GPT 등 생성형 인공지능의 발달로 파생되는 불법행위가 예상되는데, 그에 다른 책임소재를 가리는 문제도 중요하다고 생각한다.

Q 정부의 코로나19 방역패스와 관련한 과잉금지의 원칙을 탐구했는데 자세히 말해보시오.

[답변예시] 과잉금지의 원칙이란 목적의 정당성, 수단의 적합성, 피해의 최소성, 법익의 균형성으로 분류된다. 방역패스는 결과적으로 백신을 개인적 이유 혹은 양심의 자유로서 맞지 않은 사람에게 사회생활에 제한을 가하는 등 불이익을 줬다. 이런 점에서 방역패스는 수단의 적합성과 피해의 최소성에 위배되는 정책이라고 생각했다.

세종대학교

◆ 생명공학계열

Q 본 학과가 학생을 뽑아야 할 이유를 말해보시오.

> **[답변예시]** 어릴 적부터 식물을 꾸준히 길러와 이에 대한 지식과 경험이 풍부하고 흥미를 가지고 있다. 또 이러한 점을 바탕으로 고등학교 재학 중 GMO나 스마트팜에 대한 활동 등에 열정적으로 임하면서, 적성을 발견할 수 있었다. 본 학과의 커리큘럼에 누구보다 잘 적응할 수 있다고 확신한다.

> **[추가질문]** 다양한 탐구를 진행한 것 같은데 기억에 남는 한 가지를 말해보라.

> **[답변예시]** 기후변화 상황에서 농작물의 안정적 생육환경을 조성할 수 있는 스마트팜에 대한 탐구를 진행했다. 스마트팜의 장단점과 함께 친환경적인 측면에서 어떠한 특성을 갖고 있는지 탐구했다. 더 나아가 스마트팜 기술에 적용되는 신경망, 열역학 등과 같은 개념도 함께 알아보는 시간을 가졌다.

> **[추가질문]** 스마트팜이나 GMO 기술에 관심이 많은 것 같은데 우리나라에서 이런 기술을 상용·보급함에 있어 장애가 되는 점은 없는가?

Q 학과 졸업 후에는 어떤 진로계획을 갖고 있나?

> **[답변예시]** 우리나라가 국제 농업시장에서 경쟁력을 가질 수 있게 하는 식물생산 관련분야의 과학자가 되고 싶다.

> **[추가질문]** 답변한 진로를 감안할 때 많은 국제 전문가들과 협업하게 될 텐데 이러한 협업과정에서 가장 중요한 역량은 무엇인가?

> **[답변예시]** 협업에서는 의사소통능력이 필수적이라고 생각한다. 고등학교 시절 보건시간에 친구들과 협업할 기회가 있었다. 나와는 다른 영역에 관심을 둔 친구였기 때문에 과제를 선정해 진행하는 과정에 있어 의견차와 갈등을 빚었다. 그러나 의사소통을 통해 서로의 관심사를 공유하며 절충하는 주제를 선정할 수 있었다.

◆ 정보통신학부

Q 인생의 가치관이 있다면 본인이 생각하는 진로와 어떻게 연관되는가?

답변예시 무엇이든 끈기 있게 하자는 것이 인생의 가치관이다. 끈기는 많은 일들을 가능케 하는 가치이자 자질이라고 생각한다. 계획하는 진로는 누구나 통신자원을 공유할 수 있는 탈중앙화된 통신 서비스를 구축하는 일을 하는 것이다. 정보보안과 관련된 지식을 쌓고, 보안을 위한 끈기 있는 노력을 기울여 진로에 나아갈 수 있도록 노력할 것이다.

Q 전공과 관련한 신문기사를 읽은 적이 있는가?

답변예시 현대 암호학에서 주로 쓰이는 암호체계가 향후 보안성을 잃을 수 있다는 기사를 읽었다. 다만 이것은 암호체계 자체에 결함이 있는 것이 아니며, 양자컴퓨터의 등장 등 기존을 훨씬 뛰어넘는 연산능력을 갖춘 시스템이 등장하며 나타나는 필연적인 결과라는 내용이었다. 이와 관련해 새로운 암호체계는 어떻게 변화할 것인지, 기존의 암호체계는 어떤 적응과정을 거쳐야 할 것인지 연구해보고 싶었다.

◆ 호텔관광학부

Q 리더로서 창의력이 필요한 이유가 무엇이라 생각하나?

답변예시 리더가 이끌어야 할 집단은 구성원 간에 공통점도 있겠지만, 반면 차이점도 있을 것이다. 각자 성격과 성향이 다르고, 서로 다른 환경에서 성장했으며, 다양한 가치관을 갖고 있다. 이렇듯 저마다 다른 개개인을 이끌기 위해서는 때때로 다른 수단과 방법을 생각해내야 한다. 유연하고 창의성 있는 태도로 조직을 이끌어야 한다고 본다.

Q 입학한 학과가 막상 자신과 맞지 않는다고 느낀다면 어떻게 할 것인가?

답변예시 처음 새로운 환경과 마주했을 때 스스로 생각했던 현실과는 달라 당황할 수 있다고 생각한다. 그러나 이런 상황에서 좌절하고 회피부터 하려는 태도보다는 적극적으로 적응하려는 태도가 바람직하다고 본다. 혼자서 적응하기 힘들다면 선배, 동기 등 학우들과 교수님들에게 도움을 청해 극복하려는 태도를 견지할 것이다.

이화여자대학교

◆ 사범계열

Q 본교의 본 학과에 지원한 동기는 무엇인가?

답변예시 고등학교 때 약 2년간 다문화 가정 아이들을 위한 멘토링 봉사활동에 참여하며 교육학자로서의 꿈을 키웠다. 아울러 우리나라 최고 여성교육기관이라고 평가되는 본교에 걸맞은 교육 분야의 여성지도자로 성장하고 싶다.

Q 우리나라 교육의 문제점은 무엇이라 생각하는가?

답변예시 우리나라에 만연한 과도한 경쟁이 학생들의 성장과 진로에 악영향을 끼치고 있다고 본다. 교육적으로는 학생들이 다양한 적성을 발견하고 진로를 탐색할 수 있도록 진로관련과목을 활성화해야 한다. 또한 사회적으로 뿌리 깊은 대학서열화 문제를 해소할 수 있도록 노력해야 한다.

Q 고등학교 수업과 대학교 수업의 공통점과 차이점이 무엇이라 생각하는가?

Q 학교에서의 체벌이 가져올 수 있는 효과가 있다면 무엇이라 생각하는가?

◆ 식품생명공학과

Q 자신 있는 과목과 없는 과목은 무엇인가?

답변예시 생명과학 과목에 자신이 있다. 원래 흥미가 있는 과목이라 스스로 학습계획을 짜서 부족한 부분에 대한 복습을 철저히 해왔다. 반면 수학 과목은 자신감이 부족하다. 개념은 잘 익히는 편이나 이를 문제에 적용하는 것에 어려움을 느껴, 선생님과의 1대1 튜터링에 참여해 보완하려 했다.

Q 2학년 때 전체적으로 성적이 떨어졌는데 이유가 무엇인가?

Q 본 학과에 입학해 더 깊게 탐구하고 싶은 활동은 무엇인가?

답변예시 고등학교 생명과학 시간에 DNA의 알레르기 항원을 검출하는 활동을 했다. 딸기와 브로콜리 등의 작물에서는 검출하는 데 성공했지만, 공기 중에서 검출하는 데는 실패했다. 활동 과정에서 여러모로 아쉬운 부분이 있어 이와 관련된 활동을 심화해 하고 싶다.

Q 본인이 순수하게 하고 싶은 활동과 대학입시를 위해 해야 하는 활동이 충돌한다면 무엇을 택할 것인가?

◆ 건축도시시스템공학과

Q 본인의 어떤 특성이 본 학과와 맞는다고 생각하는가?

Q 영어동아리에서 활동했는데 기억에 남는 활동은 무엇인가?

답변예시 유대인들의 토론을 이용한 전통적 교육방법인 하브루타 토론을 했다. '경쟁이 아닌 협력의 중요성'이라는 주제로 동아리원들과 1대1 영어토론을 진행하며, 질문과 질문을 통해 다양한 아이디어를 도출할 수 있었다. 나의 생각을 마음껏 표현하는 토론경험이 향후에도 굉장히 중요하다는 것을 깨달았다.

Q 본 학과에 입학해 무엇을 하고 싶은가?

답변예시 건축구조, 도시, 환경설비 등 다양한 건축분야에 관심이 많다. 학과에 입학해 전문성을 키워, 특히 건축구조와 시공에 관련된 경력을 향후 쌓아나가고 싶다.

Q 미래의 건축은 어떻게 변화할 것 같은가?

답변예시 인공지능과 고령화, 기후변화, 에너지 위기 등 미래를 주름잡을 다양한 이슈가 건축에도 반영되리라 본다. 가령 저출산 고령화로 노인인구가 증폭될 것을 예상해볼 때 노인들을 위한 의료, 요양, 생활편의 등 다양한 서비스가 건축에 수반될 것이다. 이 과정에서 인공지능이 다방면에 활용될 수도 있을 것이다.

인하대학교

◆ 사학과

Q 동아리 활동에서 역사신문을 제작했는데 자세히 말해보시오.

답변예시 일제강점기 당시 일제가 폈던 민족말살정책에 대한 글을 썼다. 일제가 이 정책을 시행하게 된 계기와 상세한 내용을 담았다.

Q 특별히 열심히 한 활동은 무엇인가?

답변예시 역사와 관련한 활동을 주로 했다. 특히 역사적인 사건과 역사서를 소개하는 블로그 활동을 왕성하게 했고, 서울에 있는 역사탐방 명소를 소개하는 활동도 했다. 서울 내 한 지역을 중심으로 가까운 곳을 따라 역사탐방을 다닐 수 있는 경로를 짜 친구들에게 소개했다.

Q 서울 종묘가 어떤 곳인지 아는가? 방문한 소감은 어떠했나?

답변예시 여름과 겨울에 한 번씩 방문했다. 더 없이 신성한 장소라는 생각이 들었고, 역대 왕과 왕비의 신위를 모신 장소답지 않게 검소한 건축양식이 눈에 띄었다.

◆ 행정학과

Q 3학년 때 토론동아리에서 우리사회의 공정을 주제로 토론했다고 되어 있는데 자세히 이야기해보라.

Q 최근 신냉전의 현황과 이에 따른 우리나라 외교정책방향에 대해 글을 작성했는데 자세히 이야기해보라.

Q 최저가격제의 사례와 장단점을 한 가지씩 이야기해보시오.

한국외국어대학교

◆ 외국어학계열

Q 스포츠 에이전트를 꿈꾸고 있는데 이유가 무엇인가?

답변예시 고등학교 때 잠시 축구부에 소속돼 활동을 했다. 그곳에서 기량이 뛰어난 부원들을 많이 봤으나, 정보가 부족해 해외 선진국의 유소년 팀으로의 진출 시도가 무산되는 경우를 목격했다. 더 넓은 무대에서 재능을 펼치지 못하는 모습을 보고, 스포츠 에이전트가 되어 해외 구단에 뛰어난 어린 선수들을 진출시키고 싶다는 마음이 들었다.

추가질문 축구 말고도 다른 나라와 교류를 증진할만한 스포츠는 없는가?

답변예시 우리나라는 전통적인 E-스포츠 강국이다. 최근에는 E-스포츠 시장도 전 세계적으로 성장하고 있으니, 이러한 점을 활용해 외국과 선수육성과 리그운영, 국제대회 개최 같은 부분에서 다채롭게 협력할 수 있다고 본다.

Q 2학년 진로활동에서 소설 〈돈키호테〉를 읽었는데 감상이 어떠했나?

> 답변예시 읽기 전에는 단순히 영웅의 일대기를 그린 소설이라고 생각했으나, 한 인간의 무모함과 용기, 목표의식에 대해 이야기하는 작품이었다. 감상 후 나의 진로를 생각하면서 무엇이든 해보고 이루려는 용기가 필요하다는 것을 느꼈다.

◆ 예체능계열

Q 메타버스와 스포츠를 어떤 방식으로 연계할 수 있는가?

> 답변예시 가상환경인 메타버스는 시간과 공간의 제약이 적다. 이러한 점을 활용해 일정한 시간과 공간이 필요한 스포츠를 조금 더 편하게 즐길 수 있는 환경을 만들 수 있다.

> 추가질문 메타버스로는 현실 스포츠 환경을 완벽하게 구현하기 어렵다. 이 점에 대해서는 어떻게 생각하나?

> 답변예시 현재로서는 100% 구현하기 힘들지만 현장음이나 영상매체, 관련기기 등으로 보완할 수 있는 여지가 있다고 본다. 또한 향후 기술이 발전하면 할수록 현실을 반영한 메타버스의 활용은 필수불가결하게 될 것이라 생각한다.

Q 비인기종목을 미디어를 통해 활성화할 수 있다고 했는데, 구체적으로 말해보라.

> 답변예시 초등학교 재학 중 비인기종목 선수로 활동했었다. 당시에 TV에서 방영하던 한 예능 프로그램에서 해당 비인기종목에 도전하는 내용을 방영했었다. 그런데 방영 이후 해당 종목을 배우고 싶어 하는 사람들의 수요가 크게 늘었다는 이야기를 접했다. 물론 미디어의 인기에 따라 영향력의 편차가 심할 수는 있으나, 대중들에게 비인기종목의 재미와 열정을 전달할 수 있다면, 활성화에 어느 정도 도움을 줄 수 있다고 본다.

| 찾아보기 |

[ㅇ]

좋은 책을 만드는 길, 독자님과 함께 하겠습니다.

The 똑똑한 청소년 시사상식

개정10판1쇄 발행	2024년 07월 05일 (인쇄 2024년 06월 25일)
초 판 발 행	2016년 09월 05일 (인쇄 2016년 07월 29일)
발 행 인	박영일
책 임 편 집	이해욱
편 저	시사상식연구소
편 집 진 행	김준일 · 이보영 · 남민우
표지디자인	박종우
편집디자인	박지은 · 남수영
발 행 처	(주)시대고시기획
출 판 등 록	제10-1521호
주 소	서울시 마포구 큰우물로 75 [도화동 538 성지 B/D] 9F
전 화	1600-3600
팩 스	02-701-8823
홈 페 이 지	www.sdedu.co.kr

I S B N	979-11-383-7378-4 (43030)
정 가	18,000원